国家自然科学基金项目“农业基础设施供给绩效评价：基于‘双QE’框架”（项目编号：71273086）

农业基础设施供给绩效评价：基于“双QE”框架

曾福生 郭 珍 李 飞 夏玉莲／著

PERFORMANCE EVALUATION OF AGRICULTURAL INFRASTRUCTURE SUPPLY: BASED ON THE "DOUBLE QE" FRAMEWORK

经济管理出版社
ECONOMY & MANAGEMENT PUBLISHING HOUSE

图书在版编目（CIP）数据

农业基础设施供给绩效评价：基于“双QE”框架/曾福生等著．—北京：经济管理出版社，2016.12

ISBN 978-7-5096-4744-8

Ⅰ.①农…　Ⅱ.①曾…　Ⅲ.①农村—基础设施建设—研究—中国　Ⅳ.①F323

中国版本图书馆CIP数据核字（2016）第289556号

组稿编辑：郭丽娟
责任编辑：梁植睿
责任印制：司东翔
责任校对：赵天宇

出版发行：经济管理出版社
（北京市海淀区北蜂窝8号中雅大厦A座11层　100038）
网　　址：www.E-mp.com.cn
电　　话：（010）51915602
印　　刷：北京九州迅驰传媒文化有限公司
经　　销：新华书店
开　　本：720mm×1000mm/16
印　　张：20.25
字　　数：364千字
版　　次：2017年3月第1版　　2017年3月第1次印刷
书　　号：ISBN 978-7-5096-4744-8
定　　价：68.00元

目 录

因此，总体上讲，在资源和技术“双重”约束下，农业基础设施供给质量低下、效率不高、供需脱节的情况普遍存在，难以满足发展现代农业的要求，制约了农业综合生产能力的提高，影响了社会主义新农村建设和农业现代化的进程。近年来频繁发生的自然灾害，更加凸显了农业基础设施建设的重要性和紧迫性。自 20 世纪 90 年代以来，农业自然灾害成灾率提高了近 6%。2014 年全国作物受旱面积 3.4 亿亩、受灾面积 1.8 亿亩、成灾面积 8516 万亩、绝收面积 2227 万亩，因干旱造成粮食损失 2006 万吨、经济作物损失 276 亿元、直接经济总损失 910 亿元。2014 年冬到 2015 年春，北方冬麦区降水量较常年同期少近 4 成，旱情峰值造成 1219.3 千公顷农作物受灾，157.1 万人、94.6 万头大牲畜因干旱饮水困难。在这种情况下，要保持农业生产稳定发展，就必须加强农业基础设施建设，提高抵抗旱涝灾害的能力。农业基础设施投资是一个公共产品供给问题，又是一个资源的合理配置问题，还是一个利益问题。说到底，是一个绩效问题。提高农业基础设施的供给绩效，既符合公共财政的要求，又符合农业发展需要，还能满足农民对农业基础设施的需求。因此，需要加强资本存量测度、农业基础设施绩效评价、绩效实现等方面的研究。

此外，全球新公共管理运动兴起并在中国得以推广。从英国政府推行的雷纳评审为起点，“新公共管理”模式应运而生，这实质上是一场在绩效评价理论指导下的行政改革运动。实践证明：增强绩效管理是解决政府管理低效率和无效率问题的有效措施。20 世纪 90 年代以来，发达国家普遍面临着越来越大的财政压力，既不能增加税收负担，又必须保证公共服务的规模和质量，还要提高公共服务供给的效率和有效性。绩效评价逐渐成为全球新公共管理运动的时代呼唤，在中国也得到了积极响应。2002 年，财政部首次提出建立“中央本级项目预算绩效考评制度”。《中华人民共和国国民经济和社会发展第十二个五年规划纲要》从规划层面上正式明确了绩效评价在整个政府管理改革中的重要地位。随着中国公共财政改革的推进，农业基础设施供给的绩效评价将成为公共财政改革和公共项目管理的重要内容。

二、研究意义

（一）理论意义

从整体上构建一套农业基础设施供给绩效评价的理论与方法体系，奠定农业基础设施供给绩效研究的理论基础，有利于为国内同行开展农业基础设施供给管理领域的研究提供借鉴，推进该领域研究的深化和细化。同时，进一步丰富农业基础设施投资管理理论，也是对宏观经济与管理理论研究的有益补充。

（二）现实意义

一是有助于优化资源配置。建立绩效评估体系，创设资源再配置机制和利益机制，引导公共资源的流向和流量，切实提高农业基础设施投资绩效是本研究的关键所在。科学测算资本存量，从数量、质量、公平和效率四维视角研究绩效评价，发现农业基础设施投资存在的不足，有利于解决农村基础设施建设投资供求矛盾，对于资源优化配置长远目标的实现具有重要的现实意义。同时，应促进公共支出的科学化、民主化和法制化，完善公共支出管理体制，推进公共资源优化配置。二是为服务“三农”做出贡献。农业基础设施供给绩效的好坏直接制约着农业综合生产力的发展。我国农业基础设施严重滞后于农业发展的需要，直接影响了农业现代化进程。缺乏有效的绩效评价体系和测算标准是导致农业基础设施绩效难以提高的关键。因此，加强绩效评估，提高农业基础设施投资绩效，将会为发展现代农业、促进农民增收、繁荣农村经济、全面推进社会主义新农村建设奠定良好的物质基础，这也是贯彻落实科学发展观与建设和谐社会的客观要求。三是有利于建设服务型政府、实现基本公共服务均等化。无论是新绩效预算的改革驱动还是新公共管理理论的发展，绩效评估都已成为其相关研究中的一个重点课题。基本公共服务均等化不仅是公民的基本权利，也是服务型政府义不容辞的责任。农业基础设施供给是实现城乡基本公共服务均等化的重要内容，其建设和发展情况直接影响到基本公共服务均等化的水平和实现程度。通过绩效评价促进农业基础设施供给绩效，有利于最终实现基本公共服务均等化。因此，对农业基础设施供给绩效评价的研究具有重要的理论和现实意义。

三、国内外研究动态

（一）关于农业基础设施在农业发展中的作用研究

发展经济学家关于基础设施对经济发展的重要作用的研究可追溯到 20 世纪早期，罗森斯坦·罗丹（Rosenstein-Rodan，1943）和 Rostow（1960）认为人资本。基础设施对经济增长的作用存在地区差异。范九利等（2004）发现因基础设施地区覆盖程度或存量存在差异，东部地区基础设施对经济增长的作用逐步降低，而西部地区却逐年增长。郭小东等（2007）采用三阶滞后 PVAR 模型，揭示了公共投资对经济增长是一种“非对称互动关系”作用方式。谢长青和钱文荣（2009）发现小城镇基础设施存量与规模收益存在正相关，规模净收益曲线呈倒 U 形。鞠晴江和庞敏（2005）认为农村基础设施对中国农业生产、非农生产及农民收入均存在统计上的显著影响，而且都存在规模经济效益。刘晓昀等（2003）发现，在贫困地区基础设施投资可以显著改善贫困农户的生产和生活状况，但这种影响因户主人力资本状况和非农就业经历而存在差异，具有较高人力资本水平或者具有非农就业经历的农户在此过程中获益更大。刘伦武（2006）、董明涛等（2014）基于动态性视角，采用协整分析的方法，论证了农业基础设施对农业经济增长的长期促进作用，并进一步分区域（东部、中部和西部）论证了它们之间的长期协整关系和地区差异性。余国新和张建宏（2008）论证了新疆水利基础设施对农业经济增长的影响，认为它们之间存在着双向因果关系。

（2）农业基础设施对农业经济增长结构效应的研究。基础设施的结构效应（structure effect）是指基础设施内部结构变动对经济增长的影响，但在整个基础设施体系中，基础设施属性及功能的差异，导致不同的基础设施对经济增长存在差异化的影响，从而形成了基础设施的“结构效应”。因基础设施兼具服务民生和促进经济的双重作用，因此需要合理配置基础设施，促进需求多样化和需求结构的变动。刘秉镰等（2010）主要以交通基础设施为切入点，分析发现不同的交通基础设施具有不同的结构效应，在中国交通基础设施体系中，高速公路和二级公路基础设施对经济增长的作用占 25.7%，同时铁路和公路基础设施解释了中国 11.08%的全要素生产率增长。交通运输仓储和邮电通信投资以及电力、煤气及水的生产与供应等整个基础设施较集中，郭庆旺和贾俊雪（2006）研究发现交通运输仓储和邮电通信具有较大的正影响。Zhang 和 Fan（2004）分析了灌溉设施和公路设施两类基础设施对中国农业经济发展的影响，前者对中国省际农业经济增长的产出弹性为 0.127，而后者仅为 0.004。吴清华等（2015）在此基础上将公路设施分解为等级公路和等外公路，进一步验证了灌溉设施对中国农业经济的促进作用强于公路设施的结论。同时从地区服务差异来看，灌溉设施和等级公路的作用主要体现在中部和西部地区。这种交通或公路基础设施影响的地域差异在刘生龙和胡鞍钢（2010）的研究中也得到验证。Fan 等（2005）利用坦桑尼亚的家庭调查数据研究了公共投资和道路对家庭收入和贫困的影响，发现基础设施的可获得性与家庭收入之间呈显著的正相关关系。陈银娥等（2012）发现能源基础设施对农民收入具有正向促进作用，而社会事业基础设施投资却存在抑制作用。鞠晴江和庞敏（2005）发现教育基础设施的作用最显著，其他诸如电力、道路和通信等基础设施的作用存在差异。此外，Gibson 和 Rozelle（2003）基于家庭调查数据分析了巴布亚新几内亚农村道路基础设施对贫困的影响，研究发现，公路基础设施获得性越高（即人们到最近的硬化道路所花费的时间越短），贫困发生的概率越低。刘生龙等（2011）基于微观视角，利用 CHNS（中国健康与营养调查）数据库，分析了道路、通信和自来水基础设施对中国农村居民收入增长的影响。罗仁福等（2011）通过对三期 101 个样本村的面板数据和 2007 年 2000 个农户截面数据进行分析，结合农户对农村基本公共服务的满意度和投资意愿，认为今后农村基本公共服务的投向应集中于乡村道路和村组道路的硬化、灌溉水源清淤和灌溉渠道维护等方面。

（3）农业基础设施对农业经济增长技术效应的研究。20 世纪 60 年代以来，索洛等学者将全要素生产率作为长期经济增长来源的重要组成部分。全要素生产率是产出增长中不能由要素投入增长所解释的部分，它反映了除要素投入之外的其他因素（如新技术、干中学、组织管理能力等）带来的产出增长的部分（Jorgenson，2009）。全要素生产率的增长常被界定为技术进步率，在新古典学派经济增长理论中也常采用全要素生产率的增长来衡量纯技术进步在生产中的作用。王自锋等（2014）、范丽霞和李谷成（2012）等认为全要素生产率通常被视为技术进步的代表性指标，农业全要素生产率就是农业科技进步率，所以可从农业全要素生产率视角分析农业基础设施的“技术效应”。国内外学者就基础设施对全要素生产率增长的影响进行了广泛而深入的研究。Aschauer（1989）开创了基础设施对经济增长研究的先河，实证分析后发现美国公共资本的产出弹性为 0.39，而且他认为 1971～1985 年公共资本增速放缓使得全要素生产率下降。之后许多学者对基础设施与生产率的关系进行了检验（Fernald，1999；Everaert & Heylen，2001；Bronzini & Piselli，2009），他们的研究结果都在不同程度上支持基础设施对地区生产绩效具有积极影响的研究结论。Devarajan（1996）认为政府生产性的活动是长期经济增长和生产率提高的关键因素。刘生龙和胡鞍钢（2010）、谢里等（2011）分析了中国基础设施对全要素生产率的影响，发现这种影响存在差异性（如交通和信息基础设施更能促进全要素生产率的增长）。当然，公共投资对全要素生产率的影响也并非完全是正向影响。李成等（2015）通过研究发现，公共投资与全要素生产率增长之间存在负向关系，并认为应减少公共投资的规模。Grilliches（1957）和Alston（1958）首次将全要素生产率概念应用于农业领域，Jorgenson和Gollop（1992）在对美国私人非农经济部门与第二次世界大战后农业的生产率进行了比较后发现，全要素生产率的增长对农业经济增长的贡献达到82%。农业全要素生产率的增长对农业经济的贡献同样适用于中国。Fan（1991）认为中国农业生产率增长的63%来自生产效率改善，37%来自技术进步；汪小勤和姜涛（2009）认为农田灌溉基础设施及农村电力基础设施能极大地克服生产要素、资源禀赋和生态条件对农业技术效率的负面影响，提升农业技术效率，提高农业产出；米建伟等（2009）认为农业科研投资和水利投资对农业生产率增长具有显著的促进作用。改革开放以来，农业技术进步是TFP（Total Factor Productivity）增长的主要来源，配置效率波动是导致TFP波动的主要原因（石慧等，2008；全炯振，2009；Mao & Koo，1997；孟令杰，2000；顾海等，2002；陈卫平，2006）。杨印生等（2010）指出公共投资是推动粮食主产区农业生产率增长最主要的驱动力。李谷成和冯中朝（2010）通过对不同作物品种的全要素生产率的研究为上述结论提供了深厚的行业基础。

（4）农业基础设施对农业经济增长成本节约效应的研究。根据生产理论，扩大农业经营规模能产生规模效应，降低投资的边际成本。王志刚等（2011）认为，在规模经营的条件下，将劳动密集型生产环节外包是降低农业生产成本的有效手段。但是，自20世纪80年代农村土地制度改革以来，中国已成为土地细碎化最严重的国家（农户户均地块数为5.6块，块均土地面积为0.38公顷）。土地细碎化是制约农户生产技术选择、实现规模经营的最大障碍（谭淑豪，2011）。也有学者认为，农业经营规模过大容易导致生产者过度依赖社会化服务，从而使农业平均生产成本上升（郭亮，2012）。此外，许多学者研究了农业技术进步对降低农业生产成本的重要作用。农业新技术虽然本身不是劳动或土地的替代品，却能起到类似于“催化剂”的作用，促进资源禀赋中相对稀缺的、昂贵的要素被相对丰富的、廉价的要素取代（郭熙保、苏甫，2013）。劳动节约型技术和土地节约型技术是降低农业生产成本的有效手段，但它们均无法有效克服中国农户小规模经营和土地细碎化等导致的技术效率低下问题。除农业规模经营和农业技术进步外，依据公共产品理论，农业基础设施对降低农业生产成本也具有不可忽视的作用（Holtz－Eakin，1994；Morrison & Schwartz，1996），农业基础设施建设是发挥农业规模经营和技术进步等成本节约手段作用的“先行投资”。Aschauer（1989）开创了基础设施对提高生产率作用研究的先河。之后，许多学者把他的研究方法和思路拓展到农业经济领域，其中一个研究重点是农业基础设施与农业生产成本的关系。Teruel（2005）研究了菲律宾公共基础设施对提高农业生产率及降低农业生产成本的影响，认为公共基础设施供给不足是导致20世纪80年代后菲律宾农业生产率下降的主要原因。Holtz-Eakin（1994）、Morrison和Schwartz（1996）及Onofri和Fulginiti（2008）分析了农业基础设施对生产要素的配置功能，认为农业基础设施能优化生产要素配置，对生产要素不仅具有替代效应，而且具有互补效应。Evans和Karras（1994）却发现，美国政府公共支出对农场私人生产成本存在负向影响。Mamatzakis（2003）认为，不完善的农业基础设施系统是造成希腊农业生产率低、农业生产成本过高的主要原因。国内关于此方面的研究较少。辛毅（2006）认为，农业基础设施能显著降低农业生产成本。曾福生和李飞（2015）从规模效应和结构效应的角度分析了农业基础设施降低粮食（稻谷、小麦和玉米）成本的作用机理及作用效果。研究发现：农业基础设施存量的增加能显著降低粮食生产的平均成本（规模效应）；农业基础设施对劳动要素具有替代作用，对资本要素和中间要素具有互补作用，同时，农业基础设施改善了粮食生产要素中的资本—劳动比和中间—劳动比（结构效应），促进了粮食生产成本的降低。吴清华等（2014）发现农业基础设施与农业生产成本之间存在正向关系。

（5）农业基础设施对农业经济增长空间溢出效应的研究。公共投资的空间溢出效应（spillover effect）是指本地区公共基础设施建设对相邻地区的经济发展的一种辐射作用。随着空间计量经济学的发展，大多数传统经典统计学和计量经济学中相互独立的基本假设被打破，事物之间的空间相关性得到重视（Tobler，1979；Griffin et al.，2008；Anselin & Getis，2010），特别是在公共投资的空间溢出性研究上（Roberto Ezcurra et al.，2005；A. M. Pereira et al.，2003；A. F. Haughwout，2002）。潘文卿（2015）以投入产出表为基础，对比分析了1997年和2007年中国区域经济发展的溢出效应，研究发现，区域间溢出对中国经济增长的贡献在上升，而且溢出效应主要来源于东南沿海地区及其邻近区域。刘生龙和胡鞍钢（2010）、张学良（2012）、胡煜和李红昌（2015）均认为交通基础设施对中国的经济增长有着显著的空间溢出效应，若不考虑空间溢出效应对经济增长的影响，交通基础设施的作用可能被高估。若基于产业角度，交通基础设施对工业和制造业的空间溢出效应大于对农业产业的影响；若基于交通枢纽层级（全国性、区域性、地区性）角度，东部和中部地区各类交通枢纽都有显著正向空间溢出效应，中部地区不同交通枢纽的差异较小，而西部地区却仅有区域性交通枢纽存在显著的正向空间溢出效应。此外，李涵

刘春梅（2010）运用因子分析法和二元离散选择模型，实证研究了农村公共服务满意度及其影响因素。④结构方程模型。樊丽明、骆永民（2008）依据山东省 214 个行政村 670 份调查问卷所得到的调查数据，运用结构方程模型实证分析了农民对农村基础设施的满意度及其影响因素的作用力大小问题。

（六）关于农业基础设施供给效率的研究

关于农业基础设施供给效率的研究，很多文献都是从财政支农效率以及公共物品的效率方面展开的。1954 年萨缪尔森首次提出公共物品供给效率这一概念，他认为公共物品供给有效率是指公共物品与每一种私人物品的边际转换率等于所有家庭私人物品边际替代率之和。迈尔斯（2001）对拥挤性公共物品的供给效率进行了研究，结果显示：要想使公共物品供给有效率就不能实行统一税制或要求消费者为公共物品供给支付相同的价格。Byrnes 和 Hayes（1986）通过研究表明，公共物品总体供给效率由配置效率、技术效率和体制效率构成，三者缺一不可。国外分析公共支出效率的理论主要有 X-效率理论（H. 莱本斯坦，1996）、垄断经营经济理论（尼斯坎尼，1973）和公共产品公平供给最有效理论（David Hume，1975）。David Hume 等福利经济学家认为公共产品最公平的供给是最有效率的。Rongen（1995）利用实际调研数据，对挪威地方政府财政预算（主要是对六种地方性公共服务的财政支出）效率进行了研究。Rawls（1999）从社会分配结果的视角衡量了公共品供给效率。Afonso 和 Fernandes（2008）采用半参数分析法和 DEA-Tobit 二阶段法评估了葡萄牙地方政府公共服务投资效率，并对其影响因素进行了分析。Pradhan（1996）通过对印度农业部门公共支出的效率进行研究，证实部分社会经济变量抑制了公共服务投资效率的改进与政府生产没有达到最优规模是造成公共服务投资效率低下的主要原因。

沈淑霞和秦富（2004）利用指数法衡量中国财政支农的规模效率。李焕彰和钱忠好（2004），李琴、熊启泉和李大胜（2006）利用生产函数测算出财政支农资金规模绩效逐年下降，且“农业基本建设支出”的效率最低。张林秀、罗仁福和刘承芳等（2005）通过研究发现不同地区、不同模式的农村小型水利工程管理效率水平是不一样的。刘文勇、吴显亮和乔春阳（2008）运用农民消费品支出函数模型对我国农村公共产品的相对供给效率进行了实证研究。管新帅和王思文（2009）运用两阶段 DEA 方法对我国地方公共物品供给效率的地区差异进行了实证研究。周晓平（2009）运用 AHP 方法，赵连阁和王学渊（2010）运用 DEA 方法评价了小型农田水利工程治理绩效和不同模式治理下农户用水效率差异。朱玉春、唐娟莉和刘春梅（2010）运用数据包络分析法对我国2005~2007年28个省（市、自治区）的农村公共服务效率进行了实证研究，并从综合技术效率、纯技术效率与规模效率三个方面对农村公共服务效率进行了分解。刘天军（2012）运用DEA-Malmquist生产率指数法测算了2000~2009年陕西省农村公共物品的供给效率，并分析了农村公共物品供给效率的影响因素，研究结果显示陕西省农村公共物品供给效率存在显著的地区差异，影响地区效率差异的因素主要有人均GDP、人口规模、财政分权度、公共物品供给政策等。徐淑红（2009）研究了农村基础设施投资效率。何平均（2012）从静态和动态的角度测评了2000~2010年我国各省的农业基础设施供给效率，并对农业基础设施供给效率的影响因素进行了研究。曾福生和郭珍（2013）运用DEA-Tobit两步法分析了中国省际农业基础设施的供给效率及其影响因素。晏强（2014）对粮食主产区农村基础设施投资效果进行了研究。曾福生、郭珍和高鸣（2014）运用投入角度的S-SBM模型和Malmquist-Luenberger指数测算了1989~2010年中国农业基础设施投资的静态和动态效率，在此基础上研究了农业基础设施投资效率的收敛性。

（七）关于农业基础设施供给公平性的研究

Tillmann（2005）对公平与效率之间的关系进行了分析，认为公平并不代表无嫉妒的、典型的平均主义，典型的平均主义是低效用的，公平应是兼顾效率的分配方式。Benediet（2006）对效率、公平与平等的关系进行了研究，认为公平是描述社会资源分配状态的一种工具，公平性可以用贫困率、收入差距等指标衡量。萨瓦斯认为，可以通过投入公平、支出公平、效果公平、需求满意程度公平原则判断公共服务供给是否公平。Tiebout（1956）提出了地方政府有效供给公共服务的理论模型，为公共服务有效供给做出了重要贡献。阿玛蒂亚·森从能力平等的角度为公共服务均等化提供了重要的经济学理论。公平分为起点公平、规则公平与结果公平三种形式。众多学者普遍接受的观点是，公平应该是起点公平、规则公平和结果公平的统一体。对于公平性的衡量，总结已有研究文献，衡量途径主要有以下三种：一是国外研究公平性时较常使用的，如基尼系数、变异系数、阿特金森指数、泰尔指数等统计方法；二是通过设计一套评价指标体系加以衡量；三是通过建立模型来推导模拟资源的不平衡性。

加大对农村基础设施的投入对减少收入差距、减贫有积极作用。Lall和Somik（1999）、Fan Shenggen和Hazell（1999）、Ellis和Kutengule（2003）使用印度的数据进行实证研究，研究发现：农村基础设施投入能有效缓解贫困、提高农民收入、促进农村发展。刘晓昀、辛贤和毛学锋（2003）研究发现贫困地区农村基础设施投入能提高农户人均收入，能促进农户家庭的消费。郭劲光和高静美（2009）利用 1987~2006 年统计数据实证分析了基础设施建设投资对于贫困以及与贫困密切相关的农村人均收入和收入分配状况的影响效果。研究发现，基础设施的数量（存量）方面和质量方面对于贫困和农民收入的相关影响都非常重要，基础设施数量的增加及质量的改进同时起到降低贫困、提高农村收入并改变收入构成的作用。然而，目前基本上还没有关于农业基础设施区域间供给是否公平的相关研究。

（八）关于促进农业基础设施有效供给的对策研究

（1）财政角度。李纯英（2001）认为当前我国农民收入增加遇到了很大困难，这种困难靠农民自己是难以解决的，需要另辟蹊径，即主要由国家投资，进行大规模的农业基础设施建设。李焕彰和钱忠好（2004）认为要提高财政支农资金的配置效率，需改变财政支农资金的支出结构，压缩农业事业费支出，增加农业基础设施投入及农业科技投入。杨林、韩彦平和孙志敏（2005）运用公共财政相关理论，从制度创新、体制改革、融资方式创新、政策导向等角度探寻我国有效增加农村基础设施供给的具体对策。沈尤佳（2005）认为在传统农业向优质、高效、科学化的现代农业转变过程中，政府应重视农村基础设施建设，财政资金应向农村基础设施建设倾斜。谭理思（2008）认为新农村建设中的农业基础设施建设需要财政的支持。何平均（2010）从公共财政的视角，分析了农业基础设施财政投入的规模、结构、使用效率以及带动效应等方面存在的问题，并提出相应的对策。赵俊（2011）对保障我国农业基础设施有效供给的财政政策进行了分析。

（2）制度角度。陈杰（2001）认为制度缺陷是农业基础设施建设滞后的根源，提出应改善制度安排，提供有效的产权制度安排，健全实施与监管机制等相应的制度激励措施。柴盈（2008）认为良好的制度安排在中国封建时期灌溉设施建设绩效和灌溉绩效的提升中发挥了非常重要的作用。马培衢（2009）在考察广东省徐闻县农业基础建设制度变迁的基础上，发现农业基础建设制度变迁的内在动力在于农民有把握投资获利机会的自主发展权，其成功的关键在于农民自发逐利、社区精英协同与地方政府助民成利三股力量的契合。

（3）投融资角度。费振国（2007）指出造成农业基础设施供给不足的关键是融资困境，应创新融资制度以提高农业基础设施供给效率。杜君楠和阎建兴（2008）认为加强农业基础设施建设需要广泛吸引不同的投资主体，形成政府财政资金、政策性金融资金、商业金融资金与农户投资相辅相成的农业基础设施投入格局。田国双和王敏（2011）提出应建立多渠道投资机制、完善金融服务体系、创新投融资方式、提高投资效益和优化投融资环境，以促进农业基础设施的有效供给。

（4）其他对策建议。孙翠清和林万龙（2009）以间接的显示偏好法来研究我国农村公共产品问题，并设计了近似理想需求系统。涂圣伟（2010）认为农民主动接触、对需求偏好进行表达能促进农村公共物品供给效率的改进。余佶（2006）将农村基础设施分为公共物品、准公共物品及俱乐部物品，在此基础上提出应建立政府、市场与社区联合供给的多中心供给模式。杨雪梅和王征兵（2013）认为作为农村社会的当家人——村干部应在农村基础设施建设中担任重要的角色。

（九）国内外文献评述

综上所述，国外对绩效评价的理论研究比较系统，且已把相关理论运用在政府绩效评价实践上，国内虽已展开了相关研究，但还处于起步阶段，如何吸收和借鉴国外理论与经验，进而提高我国政府提供公共物品的绩效，还需进行深入研究。对农业基础设施这一特定领域的针对性研究较少，学者更多地从农村公共物品供给效率、质量、农户满意度进行研究，农业基础设施虽然是农村公共物品的重要组成部分，但作为现代农业发展的基础，农业基础设施有自己的特殊性，需要对其进行具有针对性的研究。现阶段学者对农业基础设施的研究集中在农业基础设施在农业发展中的作用、农业基础设施现状与问题及相应的对策上，对农业基础设施供给绩效方面的实证研究较少，且对农业基础设施供给绩效评价的研究只是从一个角度出发，如从供给效率或供给质量出发，没有建立农业基础设施供给绩效的综合指标体系。对农业基础设施供给绩效进行评价应借鉴国外绩效评价的标准，从数量、质量、效率与公平性等方面出发，建立一个较完善的评价系统。

四、主要研究方法

（一）永续盘存法（PIM）

永续盘存法中农业基础设施建设被看作一个存量的过程。永续盘存法

（PIM）进行资本存量核算，实质是对不同时期的资本流量逐年进行调整、折算，以累加成意义一致的资本存量（Gold Smith，1951）。该方法的理论基础是生产耐用品模型，具体思想是，设役龄为 τ，每一期末的资本存量 K(t) 可以表示为过去投资与不同役龄的资本品的相对效率序列{d(τ)}的加权和，权数为各自的相对效率：

$$K(t)=\sum_{\tau=0}^{\infty} d(\tau)I(t-\tau) \tag{1-1}$$

其中，资本品相对效率依赖于物品的役龄。比较重要的是重置率与重置需求的界定。农业基础设施资本存量序列测算：①经济折旧率的选择。在资本品相对效率按照几何方式递减情况下，有：$d(\tau)=(1-\delta)^{\tau}$。其中，$d(\tau)$ 代表资本品的相对效率，δ 代表折旧率，τ 代表时期。可以用法定残值率代替资本品的相对效率，只要估算平均经济寿命期，那么，折旧率 δ 就可以求出来。②基年资本存量的估计。以 1978 年为基准，采用估算的方法来求得基年农业基础设施投资的资本存量。估算初始资本存量的方法借鉴 Hall 和 Jones（1999）的方法。③当年投资额的选取。大部分近期研究采用资本形成总额或固定资本形成总额，利用历年财政支农资金的 15%计算得到基年农业基础设施投资数据。④投资品价格指数的构造。拟选取 1978～2011 年各年农业生产资料价格指数（1978=100）作为投资品价格指数的替代，用以进行农村固定资产投资价格指数缩减。

（二）DEA 方法

数据包络分析（DEA）是一种常用的非参数评价方法，DEA 方法无须事先确定评价指标权重，特别适合于多投入、多产出情况下对多个评价对象的相对效率进行分析。设有 n+1 个被评价的同类对象，称为决策单元（DMU），每个决策单元都有 m 种输入和 s 种输出，分别用 $X_j=(x_{1j},x_{2j},\cdots,x_{mj})^T$ 和 $Y_j=(y_{1j},y_{2j},\cdots,y_{sj})^T$ 表示第 j 个 DMU 的输入向量和输出向量，其中：x_{ij} 为第 j 个 DMU 对第 i 种输入的投入量（$x_{ij}>0$），y_{rj} 为第 j 个 DMU 对第 r 种输入的投入量（$y_{rj}>0$），它们均可根据历史数据得到（j=0，1，2，…，n；i=1，2，…，m；r=1，2，…，s）。

（1）SBM 模型。在生产过程中，常伴随着较为明显的“非期望产出”，即“副产品”，在评价经济效率时，传统的 DEA 模型无法衡量和排除这些干扰因素。因此，学者们在传统的 DEA 模型的基础上提出了基于松弛量对效率进行测度的模型，即 SBM 模型，其可以解决决策单元的投入和产出的冗余短缺问题。SBM 模型是非经向模型，其松弛变量越小，效率值就越高。运用此模型可以很好地测度出农业基础设施效率，并找出影响农业基础设施效率的根本因素。本书选取了 1978~2011 年面板数据，投入指标主要拟选择农业基础设施投资、播种面积和乡村劳动力，输出指标拟选择农业 GDP 和农村居民人均纯收入。

（2）Malmquist-DEA。采用基于 Malmquist-DEA 计算的农业基础设施投资效率在年度以及决策单元的投资效率变化（MPI）及其组分变化情况，动态研究农业基础设施投资效率变化的内在推动力，阐释单个决策单元投资效率变化情况及其特点。Malmquist 指数最初由 Malmquist（1953）提出。在实证分析中，研究者普遍采用 Fare 等（1994）构建的基于 DEA 的 Malmquist 指数。从 t 时期到（t+1）时期，Malmquist 指数可以表示为：

$$M_0^t(X^t,Y^t,X^{t+1},Y^{t+1})=\left[\frac{D_0^t(X^{t+1},Y^{t+1})}{D_0^t(X^t,Y^t)}\times\frac{D_0^{t+1}(X^{t+1},Y^{t+1})}{D_0^{t+1}(X^t,Y^t)}\right]^{\frac{1}{2}} \tag{1-2}$$

其中，（X^{t+1}，Y^{t+1}）和（X^t，Y^t）分别表示（t+1）时期和 t 时期的投入和产出向量；D_0^t 和 D_0^{t+1} 分别表示以 t 时期技术 T^t 为参照，时期 t 和时期（t+1）的距离函数。若该指数大于 1，表明从 t 时期到（t+1）时期全要素生产率是增长的。上述 Malmquist 指数可以分解为不变规模报酬假定下的规模效率变化指数（EC）和技术进步指数（TP），其中技术效率变化指数还可进一步分解为纯技术效率指数（PEC）和规模效率指数（SEC），并利用 MML 指数，假定每个生产决策对象都使用 N 种投入要素（$x=(x_1,x_2,\cdots,x_N)\in R_+^N$），得到 M 种"好的产出"（$y=(y_1,y_2,\cdots,y_M)\in R_+^M$）和 J 种"坏的产出"（$b=(b_1,b_2,\cdots,b_N)\in R_+^J$）。t=1，2，…，T，代表每一时期，k=1，2，…，K，代表每个生产决策对象（DMU）。同时假定生产可能性集 $p(x)$ 满足闭集和凸性条件。因此，生产可能性集可表达如下：

$$p(x)=\{(y,b),x\in R_+^N\} \tag{1-3}$$

式（1-3）必须满足以下三个条件：

$$(y,b)\in p(x),y'\leqslant y\Rightarrow(y',b)\in p(x) \tag{1-4}$$

$$(y,b)\in p(x),b=0\Rightarrow y=0 \tag{1-5}$$

$$\text{if}(y,b)\in p(x),0\leqslant\theta\leqslant 1\Rightarrow(\theta y,\theta b)\in p(x) \tag{1-6}$$

式（1-4）说明非合意产出保持不变，期望产出可以任意支配的情况；式（1-5）为"零结合公理"，即如果没有非期望产出，也就没有期望产出；式（1-6）说明非合意产出的减少是有成本的。在一定投入水平下，若合意产出减少，非期望产出也必须按比例减少（陈红蕾等，2014）。由于受资源和环境的约束，减少农业生产中的非期望产出，势必会使农业生产效率受到影响。因此，需要借助方向距离函数（Directional Distance Function）对产出进行修正。

为模拟农业生产过程中合意产出增加和非合意产出减少的过程，基于一般的谢菲尔德（Shepherd）产出距离函数，合意产出与非合意产出在给定方向上存在非对称性。因此，方向距离函数（DDF）可表示为：

$$\vec{D}(x,y,b;\vec{g})=\max\{\beta:(y+\beta\vec{g}_y,b-\beta\vec{g}_b)\in p(x)\} \qquad (1-7)$$

其中，$\vec{g}=(\vec{g}_y,\vec{g}_b)$ 为方向向量，Chung 等（1997）认为方向向量 $\vec{g}$ 是可观测的，且 $\vec{g}=(y,b)$。因此，方向距离函数式（1-7）可转化为：

$$\vec{D}(x,y,b;\vec{g})=\max\{\beta:[(1+\beta)y,(1-\beta)b]\in p(x)\} \qquad (1-8)$$

式（1-8）说明方向距离函数旨在实现合意产出最大化增长，而非合意产出最大化减少的目标。具体的生产可能性集（PPS）和方向距离函数（DDF）示意图如图 1-1 所示。

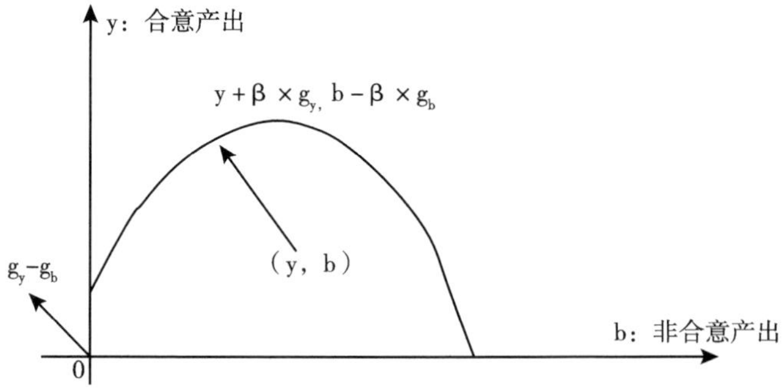

图 1-1　方向距离函数（DDF）

对于生产率指数（Meta-frontier Malmquist Luenberger，MML）的计算，首先需要确定基准技术参照，Tulkens 等（1995）认为存在同期基准技术（Contemporaneous Benchmark Technology，CBT）、跨期基准技术（Intertemporal Benchmark Technology，IBT）和全局基准技术（Global Benchmark Technology，GBT）三种情况。全局基准技术包括所有跨期技术（Oh，2010），如式（1-9）所示：

$$MML(X^t,y^t,b^t,x^{t+1},y^{t+1},b^{t+1})=\frac{1+\vec{D}^G(x^t,y^t,b^t)}{1+\vec{D}^G(x^{t+1},y^{t+1},b^{t+1})} \tag{1-9}$$

式（1-9）中全局方向距离函数（GDDF）定义为：

$$\vec{D}^G(x,y,b)=Max(\beta/(x,y+\beta y,b-\beta b)\in PPS^G) \tag{1-10}$$

若 MML>1，说明全要素生产率增长，反之下降。同时，Oh（2010）发现 MML 指数能分解为技术效率变化指数（Technical Efficiency Change，EC）、最佳前沿变化指数（BPC，Best Practice Gap Change）和技术缺口比率变化指数（TGC，Technical Gap Change）。具体分解过程如下：

$$MML(X^t,\ y^t,\ b^t,\ x^{t+1},\ y^{t+1},\ b^{t+1})=\frac{1+\vec{D}^G(x^t,\ y^t,\ b^t)}{1+\vec{D}^G(x^{t+1},\ y^{t+1},\ b^{t+1})}$$

$$=\frac{1+\vec{D}^t(x^t,\ y^t,\ b^t)}{1+\vec{D}^{t+1}(x^{t+1},\ y^{t+1},\ b^{t+1})}\times\frac{1+\vec{D}^I(x^t,\ y^t,\ b^t)/1+\vec{D}^t(x^t,\ y^t,\ b^t)}{1+\vec{D}^I(x^{t+1},\ y^{t+1},\ b^{t+1})/1+\vec{D}^{t+1}(x^{t+1},\ y^{t+1},\ b^{t+1})}\times$$

$$\frac{1+\vec{D}^G(x^t,\ y^t,\ b^t)/1+\vec{D}^I(x^t,\ y^t,\ b^t)}{1+\vec{D}^G(x^{t+1},\ y^{t+1},\ b^{t+1})/1+\vec{D}^I(x^{t+1},\ y^{t+1},\ b^{t+1})}$$

$$=\frac{TE^{t+1}}{TE^t}\times\frac{BPR^{t+1}}{BPR^t}\times\frac{TGR^{t+1}}{TGR^t}=EC\times BPC\times TGC \tag{1-11}$$

在式（1-11）中，EC 衡量的是不同时期技术的“追赶效益”（Catching-up Effect），EC>1 说明技术效率增长，反之技术效率降低；BPC 衡量的是同期基准技术前沿的变化，BPC>1 说明同期基准技术前沿移向跨期基准技术前沿，说明存在“创新效应”（innovation effect）；TGC 衡量跨期基准和全局基准的技术缺口比率，TGC>1 说明固定组的技术前沿面距全局技术前沿面的距离减小，说明存在“技术领导效应”（technical leadership effect）。

（三）空间计量模型

依据空间计量经济学理论，农业基础设施空间溢出效应的主要作用有以下几种情况：①相邻区域间农业产出的相互影响（即 y_i 对 y_j 的影响，$i\neq j$）；②某区域农业生产投入要素对邻近区域农业产出的影响（即 X_i 对 y_j 的影响）；③某区域未纳入模型考虑的因素对邻近区域农业产出的影响（即 ε_i 对 y_j 的影响）。因此，综合以上三种情况可以将农业基础设施对农业产出的空间溢出模型设定为：

$$Y_{it}=\beta X_{it}+\rho\sum_{j=1}^{N}W_{ij}Y_{jt}+\theta\sum_{j=1}^{N}W_{ij}X_{jt}+\mu_i \quad (\mu_i=\lambda W\mu+\varepsilon_i) \tag{1-12}$$

其中，i 和 j 分别表示不同的区域；W_{ij}表示 N×N 的空间权重矩阵；X_{it}为自变量向量，$X_{it}=[PI_{it}, L_{it}, M_{it}, La_{it}, Inv_{it}]$；β 表示解释变量回归系数向量；ρ 表示因变量空间回归系数；θ 表示自变量空间回归系数；λ 表示空间误差回归系数。

（1）当 ρ≠0 而 θ=0 时，式（1-12）为空间滞后模型（Spatial Lag Model）：

$$Y_{it}=\beta X_{it}+\rho\sum_{j=1}^{N}W_{ij}Y_{jt}+\mu_i \tag{1-13}$$

（2）当 λ≠0 而 ρ=0 时，式（1-12）为空间误差模型（Spatial Error Model）：

$$Y_{it}=\beta X_{it}+\mu_i, \mu_i=\lambda W\mu+e_i \tag{1-14}$$

（3）当 ρ≠0，θ≠0，而 λ=0 时，式（1-12）为空间杜宾模型（Spatial Durbin Model）：

$$Y_{it}=\beta X_{it}+\rho\sum_{j=1}^{N}W_{ij}Y_{jt}+\theta\sum_{j=1}^{N}W_{ij}X_{jt}+e_i \tag{1-15}$$

式（1-14）至式（1-16）为三种常见的空间计量模型，需要根据数据结构选择一个最适合的模型，因此需要对以上三个模型进行检验。具体的检验步骤如下：首先，在未考虑空间相关性的基础上进行面板的 OLS 回归，通过似然比率检验（LR Test）考察空间和时间维度是否同时显著。其次，通过拉格朗日乘数检验（LM Test）判断模型中的空间滞后变量或空间误差变量是否对因变量有影响。若拒绝零假设，则说明模型中应包含空间交互影响的元素，选择 SLM 或 SEM 空间计量模型，若 SAR 或 SEM 空间计量模型的零假设被拒绝，则需选择 SDM 模型（Elhost，2010；LeSage & Pace，2009）。最后，利用 Wald 检验进一步对空间计量模型进行甄别。

五、可能的创新

本研究可能的创新如下：

第一，视角创新：以农业基础设施供给绩效为主题，通过“双 QE”绩效评价指标将农业生产、交换、分配和消费链条上的特征予以体现并对其进行绩效评价。这是研究视角的创新。

第二，理论创新：构建一个多学科融合的“双 QE”绩效评价框架，对农业基础设施供给绩效进行评价，具有一定的理论意义。

第三，观点创新：①绩效是数量和质量的统一、功效与价值的统一、目的与手段的统一、过程与结果的统一。数量是条件性标准，效率是手段性标准，质量是功能性目标，公平是目的性和价值取向标准。绩效评价应实现四个标准之间的平衡。②绩效评价首要的基本价值在于“3E”，但是，质量也日渐成为评估的主流范畴，且越来越强调追求公平等多元价值。因此，“双 QE”绩效评价框架体现了理论发展脉络，符合实践发展趋势。

第四，方法创新：运用永续盘存法（PIM）进行农业基础设施资本存量核算，运用层次分析法和综合指标体系法评价质量绩效；运用 DEA 方法中的 SBM 模型和 Malmquist-DEA 计算相对效率和动态效率变化，利用 MML 指数修正农业全要素生产率；采用空间计量模型分析农业基础设施的溢出效应；运用泰尔指数，评价区域之间农业基础设施的均等化程度；运用综合指标体系法分析农业基础设施供给的整体绩效。

第二章 农业基础设施供给的理论框架

一、农业基础设施的概念界定

许多学者从服务性质、需求大小（王俊岭等，2006）、服务功能（彭代彦，2002）、资金密集程度（刘伦武，2002）、生产性质（李锐，2003）和社会功能（鞠晴江，2005）等角度对农村基础设施范围进行了界定。虽然关于农村基础设施的界定不尽相同，但农村基础设施并不等同于农业基础设施却得到了一致的认可。张朝华（2009）认为农业基础设施不同于农村公共产品与农村基础设施，农业基础设施只是农村公共产品当中与农业生产有着直接联系的部分，同样，农业基础设施也不同于农村基础设施，农业基础设施只是农村基础设施的一部分。本研究认为农村基础设施与农业基础设施的主要区别在于：前者是一个“场域”概念，只要是建设在农村，并为农业生产和生活服务的基础设施都属于农村基础设施；农业基础设施属于产业服务范畴，也就是说为农业生产服务的基础性设施都属于农业基础设施，它包括农田水利建设、农产品物流体系等（见图 2-1）。

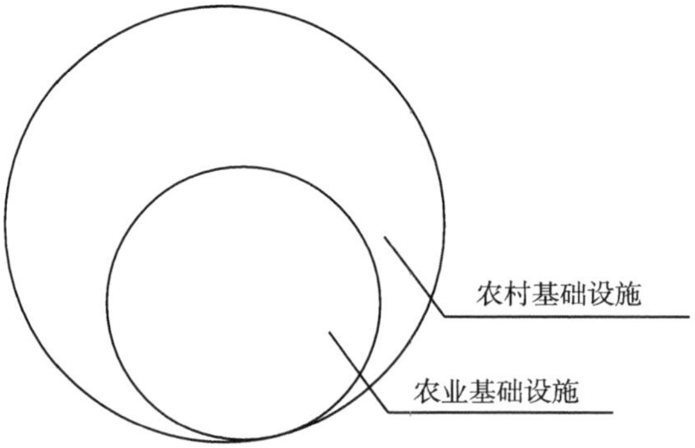

图 2-1 农村基础设施与农业基础设施概念范围

二、农业基础设施的性质

（一）基础性和先行性

农业基础设施是农业发展的基础，如果缺少农业基础设施，那么农业生产将难以正常进行，生活所需的农产品难以被供给，势必影响国家粮食安全。由于农业基础设施是农业生产的间接投入而非直接投入，是为农业生产提供服务的系统，因此农业基础设施具有先行性，在时间上农业基础设施投资需先于直接生产性投资。

（二）生产分散性

由于农业生产具有时间上的季节性及空间上的扩散性，不同地区主要种植作物不同，对农业基础设施需求差异较大；农业生产经营者间存在异质性，体现在主要收入来源、种植作物、农田所处位置等方面，农业生产经营者对农业基础设施的需求比较分散。因而，农业基础设施供给也具有分散性，这就要求对农业基础设施的供给和管理必须更加灵活。

（三）正外部性

农业基础设施供给的正外部性是指供给者从农业基础设施供给中得到的个人收益小于社会收益，而付出的个人成本大于社会成本。由于大部分农业基础设施具有非排他性，供给者不能排除非付费者对农业基础设施的使用，虽然社会成员能享有农业基础设施供给的好处，但供给者从农业基础设施供给中得到的收益不能弥补成本，因而不愿供给农业基础设施，农业基础设施的私人供给不足。由于某些农业基础设施的非排他性，在农业基础设施使用过程中将出现“公地悲剧”、“囚徒困境”等情况。

（四）系统性

从农业基础设施的内涵可知，农业基础设施是一个复杂的大系统，涵盖的范围相当广泛，根据不同的标准，可以将它看成不同子系统的集，每个子系统又由更小的子系统构成，层层分解，层次分明，从而形成一种层次结构。农业基础设施体系是一个有机的整体，影响农民生产各环节的设施子系统可谓环环相扣，缺一不可。如农业产前基础设施的不完善可能导致农户产量低甚至颗粒无收，农业产中基础设施配套不完备可能使农产品产量下降、成本上升、产品质量不高，农业产后基础设施配套不完善可能导致农户增产不增收。

（五）公平性

农业基础设施供给的公平性是指有些农业基础设施在地域上具有排他性，农业生产经营者获得农业基础设施的数量与质量受到地域限制。中国各地区的农业生产经营者由于所处地区经济发展水平的不同，能获得的农业基础设施也各不相同，因此，需要供给方（主要是上级政府）采取特殊措施，尽可能公平地向不同地域农业生产经营者供给农业基础设施。由于经济发展水平的差异，地区间农业基础设施供给具有明显差异性，财政资金短缺的地区农业基础设施建设资金不足，这些落后地区的农业基础设施不管是在数量上还是在质量上都与发达地区存在较大差距。因此，在农业基础设施供给中，必须注重缩小农业基础设施供给的区域差异，使供给趋向于公平。

三、理论基础

（一）农业经济增长理论

18 世纪 50 年代出现了最早有关农业经济增长方面的理论研究，最著名的是以法国经济学家魁奈为代表的“重农学派”。他们认为农业生产是农业经济增长的重要源泉，资本是进一步扩大农业生产的基础条件，通过优化和集中整理土地资源才能促进农业生产收益的提高。亚当·斯密强调了土地、劳动、资本、技术进步等投入对农业经济增长的影响，认为技术进步能提高要素配置效率，提高农业产出。与斯密的观点相类似，李嘉图认为制约农业增长的主要因素是土地、资本、劳动以及技术进步。在这四个因素中，他认为资本的积累是实现农业经济增长的基本源泉，依靠科技进步实现创新则是促进农业经济增长的动力。美国经济学家舒尔茨在《改造传统农业》中强调发展中国家应该积极改造传统农业，重视政府对农业的投资。传统农业因生产要素收益率低，对储蓄和投资缺乏足够的刺激，促进传统农业向现代农业转变的主要措施就是投入现代产品，包括人力资本和现代物质资本。政府对农业的投资主要指农业生产过程中所需要的种子、化肥和农业机械等物质资本。张培刚在《农业与工业化》中探讨了农业改进和工业发展之间动态的演进关系，认为在工业化初级阶段需要“以农促工”，而在工业化的中期阶段应当是“工业反哺农业”。同时，因为农业本身的弱质性以及农村资本相对缺乏，若不对农村进行投资，农业发展将受到限制，但资本逐利特性决定了“工业资本反哺农业”的非自主性。因此，需要加强农村公共基础设施建设，改善农业生产条件，逐步引导工业资本反哺农业，促进农业的现代化发展。

此外，有关农业经济增长的模型也很好地诠释了资本对农业经济增长的显著作用。①柯布—道格拉斯（C-D）生产函数。在探讨投入与产出关系时，假定技术经济条件不变，L 和 K 分别表示劳动力投入和资本投入。在现代公共资本的研究中常对模型中的资本变量进行分类，采用公共资本投入和私人资本投入作为影响经济增长的资本变量。在农业经济增长中常采用农业基础设施作为农村公共资本投资的替代变量，这足以说明农业基础设施投资对农业经济增长的作用。②索洛经济增长模型。作为新古典经济学框架内的经济增长模型，假定市场在完全竞争条件下，资本和劳动力可以相互替代，在 C-D 函数的基础上发现资本和劳动投入要素的增加可以完全解释产出的增长，索洛将不能解释的部分界定为外生的技术进步的作用。在此模型中，将投资作为内生变量，分析投资对经济增长的影响。索洛模型也常用于农业经济增长的分析中，一般也采用农村公共投资作为模型中资本的替代变量。由此可见，农业基础设施对于促进农业经济增长具有显著作用。

（二）规模经济理论

虽然传统的“规模经济理论”在西方古典经济学和马克思主义政治经济学中都得到了诠释，但马克思主义政治经济学理论体系中并未对规模经济理论进行深入论述，我们只能从分工、协作及资本集中等方面窥见其规模经济思想。在西方古典经济学中，亚当·斯密从分工和专业化视角解释了劳动生产率提高的原因，其后穆勒（1948）和杨格（1928）在分工理论基础上，论述了大规模生产对生产成本及收益的影响。在第二次工业革命后，马歇尔、张伯伦、罗宾逊等进一步对规模经济理论进行了拓展，认为存在规模报酬递增→规模报酬不变→规模报酬递减的演变趋势，而且马歇尔具体区分了基于厂商资源配置的“内部规模经济”和基于企业间协作的“外部规模经济”。当代“规模经济理论”中主要是莱宾斯坦的 X 效率理论、科斯的交易成本理论等。上述“规模经济理论”主要集中探讨资本相对密集的工业产业，但无论是规模经营或规模经济还是规模报酬，均属于生产力范畴，并非只存在于工业领域。同样，在农业领域也存在着规模经济（速水佑次郎、拉坦，1985）。

农业规模经济是指在生产过程中各种农业生产要素（如土地、劳动和资本）的规模化使用，在所有的农业生产要素中，土地是农业生产中最重要、最基本的投入单元，因而农业的规模经济首先表现为土地利用的规模化。早期研究认为，在中国实行土地规模经营的农业发展方向存在诸多弊端（张德元等，2003；罗必良，2000；万广华等，1996），但随着农业科技进步等因素被纳入农业生产的研究范围、农村劳动力转移以及农业生产对投入品（化肥、农药、良种）和资本的依赖性增加，农业的规模化经营已成为实现中国农业现代化的基本共识（张光辉，1996；杨雍哲，1995；王为农，1995），因为农业规模经营有助于降低农产品的生产成本。当然，实现农业规模经济不仅需要土地和生产要素的“集聚”，而且与生产体系相适应的农业基础设施服务体系也至关重要，因此农业规模化发展需要加强农业基础设施投资。

此外，农业基础设施本身存在的规模效应或规模经济也决定了对其进行投资的必要性。根据《新帕尔格雷夫经济学大辞典》的定义，规模经济是指考虑在既定的技术条件下，生产一单位单一的或复合产品的成本，如果在某一区间生产的平均成本递减，那么，就可以说这里有规模经济（许庆等，2011）。农业基础设施作为服务于农业生产的公共投资，在一定程度上能减少农户生产成本中的固定成本，如小型农田水利基础设施等。此外，农业基础设施能对生产要素之间的替代关系产生影响，良好的基础设施环境能为粮食生产中的社会化服务提供基础，使农业生产中的劳动力成本降低，同时，农业基础设施也能影响农业生产成本中的可变成本。所以，农业基础设施本身的规模经济效应也决定了对农业基础设施投资的必要性。

（三）社会先行资本理论

“社会先行资本”的概念最先被奥地利学派著名经济学家、发展经济学先驱人物之一、平衡增长理论的先驱——罗森斯坦·罗丹在《东欧和东南欧国家的工业化若干问题》一文中提出。其主要含义是指“在一般的产业投资之前，一个社会应具备的在基础设施方面的积累”。罗森斯坦·罗丹认为基础设施对推进工业化进程具有非常重要的意义。诸如通信、电力、运输等基础工业的建设，必须早于能获得快捷收益的直接生产性投资，这些基础投资构成了社会经济的基础设施结构和作为一个总体的国民经济的分摊成本。根据经济起飞理论，无论是发展中国家还是发达国家，在国民经济发展的过程中，都会形成经济起飞期，仅周期存在差异。经济起飞期是使一个国家从经济落后状态转型到现代化的重要时期。因此，完成经济起飞是所有国家的期盼，对一个国家的经济发展至关重要。国家是否能成功地实现经济起飞，且起飞周期是否能持久，在很大程度上取决于社会先行资本的状况。这些理论对中国经济发展具有重要的参考价值。

同时，社会先行资本具有资本的属性和结构。资本作为一种稀缺性的生产性资源，是人们从事生产活动的主要投入要素之一。许多学者对资本或资本积累在社会经济发展中的作用进行了大量的研究。其中，以亚当·斯密为代表的古典经济增长理论认为，资本积累量的大小是经济增长率高低的关键。凯恩斯主义的现代经济增长理论认为资本积累在经济增长中具有重要作用。哈罗德—多马模式则认为资本积累是经济增长中唯一的决定性因素。罗斯托在经济增长阶段论中，把资本积累率的提高看作是经济发展的先决条件和重要前提。社会先行资本在资本积累的过程中发挥了重要作用（何平均，2012）。从农业生产过程来看，农业基础设施投资作为农业经济发展的“社会先行资本”，改善了整个生产过程的生产条件，为新型农业经济主体的培育和农业现代化发展创造了物质基础。

（四）空间溢出理论

传统的经济理论研究主要以时间和单要素等理想假设为基础，然而现实的经济系统是一个复杂的庞大系统，系统各个要素变量之间存在着复杂的相互影响和相互关联，且在地理空间承载之上运行。因而，若排除地理空间维度的衡量，即使在同一理论框架下，舍弃或忽略一些重要因素也可能导致大不相同的结果，难免会对现有经济现象的解释存在欠缺。任何一个地区的经济活动都不可能独立存在，总是与其他相邻或者周边的经济体有着密切联系。正如，当研究样本的边界仅仅定义为行政边界时，技术外溢、迁移、贸易往来、交易模式和公共政策等能把经济体连接起来的因素往往被忽略，而忽略经济体之间潜在的空间联系往往造成对经济变量推断产生误差（Rey & Janikas，2005）。以具有极强的网络特征的高速公路、通信设施等基础设施为例，这些基础设施通常连接着各个区域，而相邻地区之间的经济联系往往较为密切，所以某一地区基础设施的发展能在一定程度上降低相邻地区的运输成本和交易费用，从而对相邻地区经济增长产生积极影响。换言之，一个地区基础设施对于相邻地区的经济增长具有正的空间溢出效应。

同样，在农村公共产品领域，农业基础设施也具有网络特征，特别是农田水利灌溉系统，无法破除地域的局限，因此也存在空间溢出效应。但现有研究中鲜有文献就此问题展开研究。另外，农业基础设施的功能具有系统性和扩展性，无法破除区域的局限。同时，由于农业在中国是一个“弱质产业”和“基础产业”，政府财政投入较大，农业基础设施供给主体（地方政府）间存在“模仿效应”或“示范效应”。这种效应不仅体现在财政支出规模方面，而且体现在财政支出结构等方面。为提高本地区的经济绩效，地方政府间公共支出存在显著的正相关，一些政策通常会相互模仿或参照（Case，et al.，1993）。因此，从空间溢出角度分析农业基础设施投资的必要性，对指导地区农业基础设施建设，准确衡量农业基础设施作用具有重要意义，同时也对确定区域公共财政投向，避免重复建设具有现实指导价值。

（五）城乡基本公共服务均等化理论

苏格兰哲学家休谟在《人性论》中将公共产品论述为那些不会对任何人产生突出的利益，但对整个社会来说必不可少，且它的生产必须通过集体行动来实现的产品。保罗·萨缪尔森在《公共支出的纯粹理论》和《公共支出理论的图式探讨》中提出将公共产品定义为这样一类产品：每一个人对这种产品的消费并不减少任何他人对这种产品的消费，纯粹的公共产品具有非排他性和非竞争性特征。然而在现实中，还有许多产品无法满足萨缪尔森界定的公共产品，布坎南在 1965 年的“俱乐部的经济理论”中首次对准公共产品进行了讨论，公共产品的概念得以拓宽，他认为只要是集体或社会团体决定，为了某种原因通过集体组织提供物品或服务，便是公共产品。所谓基本公共服务均等化，就是要使得全体公民都能得到可获得性、非歧视性和可接受性的基本公共服务，使每一个公民可以享受到均等化、普遍化、一体化的基本公共服务。在我国，随着经济社会的发展，当前城镇与农村之间公共产品的供给存在差异，造成了供给失衡，导致城镇与农村之间享有的公共服务存在不均等现象。孔子曾说“丘也闻有国有家者，不患寡而患不均，不患贫而患不安。盖均无贫，和无寡，安无倾”。这体现了我国在春秋战国时期“均等化”的思想。如今，“均等化”、“平等”等理念均成为各国普遍的价值追求，这是社会进步和文明的体现。我国的基本公共服务非均等化问题主要体现在城镇与农村之间、发达地区与落后地区之间。基础设施的供给属于政府基本公共服务供给的范畴，但政府在公共产品供给上的城市偏向，导致了农村地区基本公共服务的缺乏。对于农业基础设施而言，它主要服务于农业生产，公共财政加大对于农业基础设施的支持力度，既是践行城乡基本公共服务均等化的要求，同时也是促进农业现代化，实现农业供给侧结构性改革的基本要求。

四、农业基础设施供给绩效评价的“双 QE”框架构建

学者们在研究中对农业基础设施供给绩效评价有所涉及，如徐淑红（2010）运用永续盘存法测算了农村基础设施投资资本存量，朱玉春团队运用不同的实证方法研究农户对农村公共物品满意度以衡量供给效果，骆永民和樊丽明（2008）实证分析了农民对农村基础设施的满意度，何平均（2012）运用 DEA 方法研究了 2000~2010 年我国各省的农业基础设施供给效率。现有研究对如何提升农业基础设施供给绩效有重要的参考意义，但存在三个方面的局限性：其一，只是从某一方面对农业基础设施供给绩效进行了研究，没有在综合考虑农业基础设施供给绩效的基础上，对农业基础设施供给的经济性、效率性、有效性、公平性以及农业基础设施供给的投入、过程、产出、结果进行评价，因而，不能从整体上把握农业基础设施供给的绩效。其二，现有研究涵盖的内容较广，更多是对农村公共产品、农村基础设施进行研究，专门针对农业基础设施供给绩效的研究很少。其三，对农业基础设施供给公平性的研究基本没有，学者们仅对农村基础设施的减贫效果进行了研究，对农业基础设施供给是否公平、各地区农业基础设施供给差距的研究基本没有。下文将在界定农业基础设施供给绩效评价内涵的基础上，构建能全面反映农业基础设施供给绩效的评价指标体系。

如上所述，农业基础设施供给绩效评价是对农业基础设施供给的经济性、效率性、有效性和公平性进行评价。但农业基础设施供给的经济性、效率性、有效性和公平性无法直接度量，如何构建合适的评价指标体系对农业基础设施供给绩效进行评价至关重要，这也正是农业基础设施供给绩效评价所要解决的基本问题。

在具体的绩效评价过程中，必须寻找能进行直接度量的间接性指标。这些间接性指标可以从农业基础设施供给的投入、过程、产出和结果中寻找，如产出的数量及质量，投入是否有效率。综上所述，农业基础设施供给绩效评价指标体系涵盖两个层次：一是包括经济性指标、效率性指标、有效性指标和公平性指标在内的终极指标，二是包括投入类指标、过程类指标、产出类指标和结果类指标在内的初始指标。在农业基础设施供给绩效评价指标体系中，初始指标包括投入类、过程类、产出类和结果类指标。投入类指标用于反映农业基础设施供给所投入的资金、技术和劳动力等变量；过程类指标用来衡量在农业基

础设施供给过程中，项目是否按计划进行，农业基础设施建设资金的使用是否有浪费现象，质量是否达到要求等；产出类指标用来衡量农业基础设施供给的数量与质量，通过供给数量与质量的历史比较，衡量农业基础设施供给的改进情况；结果类指标用于评价农业基础设施供给的公平性。

对农业基础设施供给绩效进行评价，不能直接使用上述初始指标，还需考虑投入、过程、产出、结果之间的关系，对农业基础设施供给的经济性、效率性、有效性和公平性进行衡量。只有这样，才能切实可行地对农业基础设施供给绩效进行评价。因此，依据农业基础设施供给绩效评价的内涵，在初始指标的基础上，构建绩效评价的经济性指标、效率性指标、有效性指标和公平性指标。经济性指标通过投入类指标、过程类指标与相应标准的比较得出，衡量农业基础设施供给的单位成本，衡量供给既定数量与质量的农业基础设施投入是否最低；效率性指标通过投入类指标与产出类指标的比较，衡量既定的投入是否获得了最大的满足农业发展需要的农业基础设施；有效性指标用于反映农业基础设施供给目标的实现程度，它还将效率指标与效果指标放在一起考虑；公平性指标用来反映供给结果是否公平。

在考虑农业基础设施供给绩效评价指标体系的初始指标和终极指标的基础上，结合农业基础设施供给绩效的内涵，构建农业基础设施供给绩效评价指标体系，如图 2-2 所示。本研究构建的农业基础设施供给绩效评价体系包含农业基础设施供给数量（Quantity）、供给质量（Quality）、供给效率（Efficiency）、供给公平性（Equity）四个方面的内容，简称为农业基础设施供给绩效评价的“双 QE”框架。农业基础设施供给效率是指农业基础设施投入与产出之间的比例，力求以最少的投入获得最大的产出；农业基础设施供给数量衡量投入农业基础设施建设后农业基础设施的存量，农业基础设施供给数量充足是现代农业发展的基础；农业基础设施供给质量衡量农业基础设施本身的质量及农业基础设施系统的结构是否合理，只有工程质量达标、农业基础设施系统的结构合理，才能使农业基础设施在农业减灾和农业生产中真正发挥作用。现代农业的发展和农民收入的提升主要是由农业基础设施供给的质量因素而不是数量因素决定的。由于我国各地区经济发展水平差距大，在经济发达、地方财政收入多或者村庄内集体企业多且效益好的地区（如东部地区），各级地方政府及村集体供给农业基础设施的能力强，而在经济落后、乡镇政府负债累累、村集体没有收入来源的一些地区（如西部地区），农业基础设施供给则呈短缺趋势，不同地区之间农业基础设施供给差距大。因此，对农业基础设施供给结果的公平性进行评价有利于制定相关政策，使落后地区也能得到充足的农业基础设施供给。本研究构建的农业基础设施供给绩效评价的“双 QE”框架，从供给数量、供给质量、供给效率和供给公平性对农业基础设施供给绩效进行评价，兼顾了绩效评价的初始指标（投入类指标、产出类指标和效果类指标）和终极指标（经济性指标、效率性指标、有效性指标和公平性指标），且利用相关数据能切实可行地对农业基础设施供给绩效进行评价。

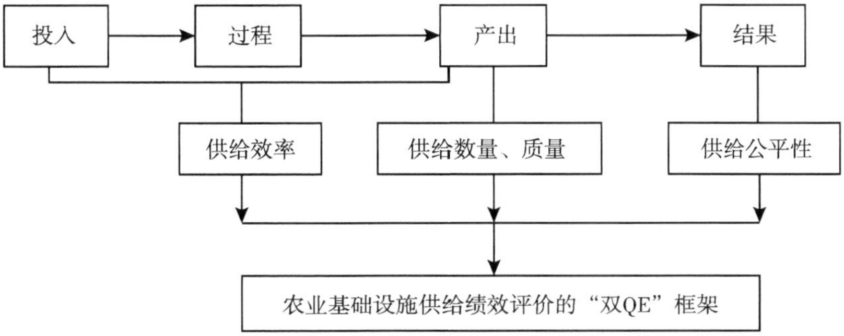

图 2-2　农业基础设施供给绩效评价的“双 QE”框架

供给数量测算是农业基础设施供给绩效评价的基础，对供给数量进行测算才能了解农业基础设施供给的历史数据，农业基础设施供给数量能满足农业生产的需要是农业基础设施供给的初步目标。但仅对农业基础设施供给数量进行测算，不能从根本上反映农业基础设施投入后的产出情况，在确保供给数量的基础上，农业基础设施供给质量得到保证才能真正发挥农业基础设施的作用。农业基础设施供给质量是农业基础设施供给绩效评价的关键。只有供给数量满足农业生产的需要，供给质量有保障，才能实现粮食安全、农业增产等农业基础设施供给的目标。对供给数量与质量进行评价是为了衡量农业基础设施投入后的产出情况，农业基础设施供给数量与供给质量是绩效评价中的绝对指标。仅对农业基础设施供给数量与供给质量进行评价，并不能全面反映农业基础设施的供给绩效，还需考虑农业基础设施的资源配置效率，公共服务是否均等化，考虑投入产出比率与农业基础设施供给结果的公平性。供给效率衡量投入与产出的比率，即是否以既定的农业基础设施投入获得了最大的产出，供给公平性衡量各地区农业基础设施供给的差距，供给效率与供给公平性是农业基础设施供给绩效的相对指标。本研究基于“4E”标准及“IOO”模型构建的农业基础设施供给绩效评价指标体系能够衡量农业基础设施供给目标的实现程度，对农业基础设施供给绩效进行较全面的评价。

第二篇

农业基础设施对农业经济增长的效应研究

第三章　农业基础设施对农业经济增长的规模效应

在保障国家粮食安全和促进农业现代化发展的背景下，中国粮食产量实现了“十二连增”。2015 年中国粮食总产量达到约 6.2 亿吨，相比 2003 年增长约 44%。与此同时，中国农林牧渔产值也增长迅速，2013 年农林牧渔总产值为 6.64 万亿元，比 2000 年增长约 1.68 倍，年均增长率达到 11.59%。粮食产量和农林牧渔产值的高速增长主要得益于国家财政对农业投入的增加。2000 年国家财政支农资金为 1232 亿元，2012 年国家财政支农支出达到 12388 亿元，年均增长率为 19.43%。其中，2000 年用于农业基础设施建设的支出为 367.57 亿元，2012 年达到 2129.99 亿元，年均增长率为 14.47%。经济发展的历史证明：公共投资无论是生产性的，还是非生产性的，都是社会经济发展过程中不可或缺的组成部分（刘卓珺等，2006）。对弱质性较强的农业产业而言，农业基础设施公共投资对农业经济增长的促进作用是毋庸置疑的。作为农业经济发展的“先行资本”，农业基础设施有利于改善农业生产条件，提高农业生产效率，促进农业经济增长。

1994 年世界银行发布的《世界发展报告》提出：“基础设施存量每提高 1%，就会促进 GDP 也增长 1%。”这一结论在很多研究中得到了佐证，甚至有些研究结论中基础设施的弹性系数更大。樊胜根等（2002）认为政府在农业基础领域的公共投入（如农业研发、灌溉、教育和基础设施等），不仅能推动农业产出的增长，而且有助于缓解农村贫困。刘伦武（2006）、谢海军等（2008）、姜涛（2009）等采用不同方法论证了农业基础设施作为生产性的公共投资对农业经济增长具有的正向影响。Barro（1989）、Gwartney 等（1998）、Mueller（2003）、Chen 和 Lee（2005）、Sheehey（1993）、杨子晖（2011）、马雪彬等（2012）通过对不同国家或地区的政府公共投资规模与经济增长之间的研究，发现它们两者之间的关系并非单调的线性关系，而是存在着非线性特征。在经济发展初期，政府通过公共投资提供了大量具有正外部效应的公共物品和服务，有效地改善了私人投资环境，促进了私人投资的增长。一旦公共投资超过某一极限，达到过度拥挤状态时，政府公共投资对经济增长的作用将由“促进”转为“阻碍”，即经济规模不同，公共投资对经济增长的作用也不同（沈能等，2012）。然而，农业经济增长是否需要具备类似的条件？或者说影响农业经济增长的公共投资是否也具有门槛特征？对于此类问题，许多学者进行了深入研究。沈能等（2012）证实农业科研公共投资对贫困地区经济增长存在门槛特征，农业科研的减贫效应表现为先提高后降低。王艾敏（2015）认为农村信息化水平对农村经济增长的影响存在“双门槛”特征，且存在农村信息化高水平陷阱，即低信息化水平对应较高的农村经济增长，而高信息化水平对应较低的农业经济增长。Lau 等（1993）、Lockheed 等（1980）、Phillips 等（1986）和郭剑雄等（2011）认为教育公共投资对农业经济增长的作用存在“门槛效应”，当人力资本存量超越门槛值时，它的重要作用方能凸显。

现有研究成果给本研究提供了诸多借鉴和启示，但还存在以下几点改进的可能：①在研究内容上，大部分文献集中于探讨农业基础设施与农业经济增长之间的因果关系，缺乏对于农业基础设施增收效应或规模效应具体特征及实现形式的分析。②在研究视角上，现有研究主要从农业基础设施与农业经济增长的线性关系角度进行实证分析，较少有研究探讨农业基础设施与农业经济增长之间可能存在的非线性关系。③在研究方法上，现有文献主要采用面板门槛模型（PTR），该模型的主要缺陷在于无法有效模拟门槛跨越的过程，把门槛跨越过程简单设定为离散的两体制，而转换过程可能并不具有离散跳跃性，而是具有连续性和渐变性。鉴于此，本章利用 2000~2013 年省级面板数据，采用非线性面板平滑转换模型，以农业基础设施存量规模作为转换变量，全面探讨中国农业基础设施对农业经济增长规模效应的门槛特征，以期为中国农业现代化和粮食安全提供科学的理论参考。

一、理论模型构建

一般的面板数据模型假定各截面单元参数具有同质性，在分析中很难彻底捕捉到截面的异质性（刘建民等，2015）。在现有关于门槛效应或门槛特征的研究中引进 Hansen（1999）提出的面板门槛模型（PTR）进行实证分析（韩海彬等，2015；张兵等，2015；谢杰，2012）。模型设定如下：

$$y_{it}=\mu_i+\beta_1'x_{it}I(q_{it}\leq\gamma)+\beta_2'x_{it}I(q_{it}>\gamma)+e_{it} \tag{3-1}$$

其中，i 代表地区，t 代表时间，μ_i为观测的特定个体固定效应，e_{it}为随机误差项，I(·)为示性函数，q_{it}为门限变量，γ为门限值。当可观测的门限变量q_{it}跨越门限值γ后，模型发生突变。但在现实的经济运行中，这种转换并非离散跳跃的，可能具有连续性和渐变性。为克服面板门槛模型（PTR）的缺陷，González 等（2005）在此基础上进一步提出了面板平滑转换模型，在模型中用一个连续的转换函数替代面板门槛模型中离散的示性函数，这样不仅可以较好地捕捉面板数据本身的截面异质性，而且允许模型参数随转换变量的变化而做连续、平滑的非线性转变，更贴近经济现实（苏静等，2013）。具体如式（3-2）所示：

$$y_{it}=\mu_i+\beta_0'x_{it}+\beta_1'x_{it}g(q_{it};\gamma,c)+e_{it} \tag{3-2}$$

农业基础设施规模与农业经济增长并非简单的线性关系，农业经济的增长可能会随着农业基础设施存量或农业基础设施规模的变化呈现出非线性变化。为此，本章尝试利用面板平滑转换模型（PSTR）分析它们之间可能存在的非线性关系，模型具体设定如下：

$$AEG_{i,t}=\mu_i+\beta_{00}AIS_{i,t}+\beta_{10}HUM_{i,t}+\beta_{20}EMP_{i,t}+\beta_{30}TFP_{i,t}+\beta_{40}STR_{i,t}+(\beta_{01}AIS_{i,t}+\beta_{11}HUM_{i,t}+\beta_{21}EMP_{i,t}+\beta_{31}TFP_{i,t}+\gamma_{41}STR_{i,t})g(q_{i,t};\gamma,c)+\varepsilon_{i,t} \tag{3-3}$$

其中，AEG 为农业经济增长率；AIS 为农业基础设施规模；HUM 为农村人力资本水平；EMP 为农村劳动力就业结构；TFP 为农业技术水平；STR 为农业产业结构。μ_i为各地区间差异的非观测效应；$\varepsilon_{i,t}$为随机扰动项；i 为截面个数；t 为时间；$q_{i,t}$为转换变量。本研究选取农业基础设施公共投资占农业产值的比重（即农业基础设施规模）作为转换变量。同时，$g_j(q_{i,t};\gamma,c)$为关于$q_{i,t}$的连续有界转换函数，其 Logistic 函数的设定形式为：

$$g_j(q_{i,t};\gamma,c)=\left\{1+\exp\left[-\gamma\prod_{j=1}^{m}(q_{i,t}-c_j)\right]\right\}^{-1},\gamma>0,c_1<c_2<\cdots<c_m \tag{3-4}$$

其中，$c=(c_1,c_2,c_3,\cdots,c_m)$，是含有位置参数的 m 维向量，决定了动态变化和转换发生的位置，常被称为门槛水平；γ为平滑参数，表示从一个状态转移到另一个状态的速度，是决定转换速度或平滑程度的参数，常被称为斜率系数；m 表示转换函数$g_j(q_{i,t};\gamma,c)$含有的位置参数的个数，通常取值为 1 或 2（苏静等，2013）。下面探讨 m = 1 和 m = 2 时 Logistic 函数的具体表达：

$$m=1\rightarrow g_j(q_{i,t};\gamma,c)=\{1+\exp[-\gamma(q_{i,t}-c)]\}^{-1} \tag{3-5}$$

$$m=2\rightarrow g_j(q_{i,t};\gamma,c_1,c_2)=\{1+\exp[-\gamma(q_{i,t}-c_1)(q_{i,t}-c_2)]\}^{-1} \tag{3-6}$$

由式（3-5）可知：存在$\lim_{q_{i,t}\to-\infty} g_1(q_{i,t};\ \gamma,\ c)=0$ 且$\lim_{q_{i,t}\to+\infty} g_1(q_{i,t};\ \gamma,\ c)=1$。当转换函数$g_1(q_{i,t};\ \gamma,\ c)=0$ 和$g_1(q_{i,t};\ \gamma,\ c)=1$ 时分别对应式（3-3）的低体制和高体制，而 $0<g_1(q_{i,t};\ \gamma,\ c)<1$ 时，式（3-3）则在低体制和高体制之间平滑转换。

在面板平滑转换模型（3-3）中，农业经济增长（$AEG_{i,t}$）关于农业基础设施存量规模（$AIS_{i,t}$）的边际效应可表示为：

$$e_{i,t}=\frac{\partial AEG_{i,t}}{\partial AIS_{i,t}}=\beta_0+\beta_1 g_j(q_{i,t};\gamma,c) \tag{3-7}$$

但由于其是介于 0~1 的数值，所以可将其看作关于和的加权平均值。当其为正值时，表示农业基础设施存量规模对农业经济增长的影响随着转换变量的增加而增长，反之则下降。

在模型估计之前，需要进行异质性检验（Homogeneity Test），判断模型是否存在非线性关系。在式 $\gamma=0$ 处按一阶泰勒级数展开，构造线性辅助回归模型，然后分别估计线性固定效应模型和线性辅助回归模型，并根据这两个模型的残差平方和构造 F 统计量①（H_0：$\gamma=0$；H_1：$\gamma\neq0$）。若原假设被拒绝，则需进一步进行“剩余非线性效应检验”，检验模型中是否只存在唯一的转换函数（H_1：$\gamma=1$）或者包含两个转换函数（H_1：$\gamma=2$）。当存在两个转换函数（即H_1：$\gamma=2$）时，式（3-1）可表示为：

$$AEG_{i,t}=\mu_i+\beta_0 X_{i,t}+\beta_1 X_{i,t} g_1(q_{i,t};\gamma_1,c_1)+\beta_0 X_{i,t} g_2(q_{i,t};\gamma_2,c_2)+\varepsilon_{i,t} \tag{3-8}$$

其中，$X_{i,t}$为所有解释变量的向量集，与 r=1 相似，若 r=2 需要将转换函数 g_2（$q_{i,t}$；r_2，c_2）在 $r_2=0$ 处进行泰勒展开，判断是否存在非线性效应。如果拒绝原假设，则需要继续检验，直到不再拒绝原假设，则此时为面板平滑转换模型包含转换函数的个数（苏静等，2013）。

二、变量选择及说明

本研究的变量选择及说明如下：

①被解释变量：农业产值增长率。②解释变量和转换变量：农业基础设施

① $F=\frac{SSR_0-SSR_1}{mk}\Big/\frac{SSR_1}{TN-N-mk}$

存量占农业产值的比率。其中农业基础设施存量是利用永续盘存法进行估算，折旧率在综合现有资本存量研究文献中折旧率选取范围的基础上，选取10.1%作为本章折旧率指标，而初期资本存量则采用中经网数据库提供的流量数据。[①] ③其他控制变量：a. 农村人力资本水平（HUM）。用于控制各地区农村居民受教育水平对农业经济增长的影响，该变量采用“1与各地区农村居民平均每百个劳动力中不识字或很少识字比率之差”。b. 农村劳动力就业结构（EMP）。用于控制各地区农村劳动力就业水平对农业经济增长的影响（苏静等，2013），该变量采用“第一产业从业人员占乡村人口总数的比率”。c. 农业技术水平（TFP）。用于控制各地区农业技术进步对农业经济增长的影响，该变量采用“农业全要素生产率”。[②] d. 农业种植结构（STR）。用于控制各地区农业种植结构对农业经济增长的影响，该变量采用粮食播种面积与农作物总播种面积的比值。

本章选取了2000~2013年中国29个省（市、自治区）（未包含西藏，将重庆纳入四川进行数据统计）面板数据为研究数据，上述变量数据主要来源于《中国农村统计年鉴》和《中国统计年鉴》，有关价值变量均以2000年作为可比价进行处理，变量的描述性统计如表3-1所示。为了尽可能减少异方差对估计结果的影响，本章将对所有变量进行对数处理。

表3-1 解释变量和控制变量数据的描述性统计

变量名称	平均值	标准差	最大值	最小值
AIS	0.233	0.230	1.000	0.026
HUM	93.289	5.756	99.300	67.440
EMP	0.382	0.095	0.601	0.146
TFP	1.036	0.111	1.558	0.610
STR	0.651	0.123	1.000	0.328

① 中经网统计数据库，http://db.cei.gov.cn/page/Default.aspx。

② 采用Oh等（2010）提出的MML（Meta-frontier Malmquist Luenberger）生产率指数对农业全要素生产率进行测算，该方法的主要优势在于同时考虑了期望产出和非期望产出及农业生产技术前沿面异质性等问题，但因篇幅有限，文中并未列举，如需此数据可与作者联系。

三、实证分析

（一）非线性考察与模型选取

为判断农业基础设施规模与农业经济增长之间是否存在非线性关系，需要对模型进行线性检验和剩余非线性检验。首先，以农业基础设施规模作为转换变量，在拒绝原假设（具有线性关系）基础上考察其与农业经济增长之间是否存在非线性关系；然后进行剩余非线性检验，以考察农业基础设施规模与农业经济增长中最优非线性转换函数个数（杨子晖，2011）。根据 González 等（2005）的研究，线性检验是利用转换函数当时的一阶泰勒展开式来构造辅助回归式，并采用 F 统计量进行检验。① 剩余非线性检验原理与线性检验类似，唯一的不同在于剩余非线性检验是利用式（3-8）中的第二个转换函数 $[g_2(q_{i,t};\ \gamma_2,\ c_2)]$ 的一阶泰勒展开式来构造辅助回归式，检验结果如表 3-2 所示。

表 3-2　线性检验与剩余非线性效应检验

	m=1	m=2
H_0：$\gamma=0$Or H_1：$\gamma=1$	1.815（0.010）	1.632（0.279）
H_0：$\gamma=1$Or H_1：$\gamma=2$	0.947（0.271）	0.916（0.485）
AIC	-0.879	-0.856
BIC	-0.592	-0.567

注：括号内数值为对应的 P 值。

由表 3-2 可知：①模型在 1%的水平上拒绝原假设，说明农业基础设施规模与农业经济增长之间存在显著的非线性关系；②根据 AIC 和 BIC 准则，当 m=1 时 AIC 和 BIC 分别为-0.879 和-0.592，均小于 m=2 时的数值，说明最优位置参数个数仅 1 个。

（二）模型估计及结果解释

由表 3-3 的估计结果可知：①农业基础设施规模与农业经济增长之间并

① $LM_F=(SSR_0-SSR_1)/[SSR_0/(TN-N-1)]$，其中 SSR_0 和 SSR_1 分别为线性条件下和面板平滑转换模型下的残差平方和；T 和 N 分别为时间跨度和个体数。

非线性关系，不同的农业基础设施规模对农业经济的影响存在明显的差异。当农业基础设施规模低于 54.72%（$e^{-0.603}=54.72\%$）时，农业基础设施对农业经济增长具有明显的规模效应（$\beta_{00}=1.585$）。但当农业基础设施规模超过门槛值（54.72%）时，农业基础设施对农业经济增长的作用由“促进”转为“抑制”（$\beta_{00}+\beta_{01}=-2.557<0$）。②模型转换速度并非趋近于简单两体制的面板门槛模型，转换速率较缓慢（$\gamma=1.873$）。此外，由图 3-1 可知：中国绝大部分省区的农业基础设施规模低于 54.72%的门槛值，因为图中曲线并非对称且大部分坐标点都位于门槛值左侧。图 3-2 为基于旱涝保收规模的转化函数变化。

表 3-3 模型估计结果

	变量及系数名称	系数估计值	T 值
线性部分参数估计	AIS（β_{00}）	1.585 ***	2.247
	HUM（β_{10}）	-1.065 ***	-2.210
	EMP（β_{20}）	-0.919 ***	-2.454
	TFP（β_{30}）	1.568 ***	1.803
	STR（β_{40}）	-0.167	-0.330
非线性部分参数估计	AIS（β_{01}）	-4.142 ***	-5.877
	HUM（β_{11}）	2.103 ***	4.367
	EMP（β_{21}）	1.796 ***	4.804
	TFP（β_{31}）	-3.068 ***	-3.530
	STR（β_{41}）	0.331	0.645
位置参数	-0.603		
斜率系数	1.873		

注：*** 表示在 1%的水平上统计显著。

从控制变量上看，①农村人力资本水平和农村劳动力就业水平对农业经济增长的影响在线性模型和非线性模型中都是显著的。在线性模型中农村人力资本水平和农村劳动力就业水平的弹性系数分别为-1.065 和-0.919，表明它们与农业经济增长存在负相关关系。在非线性模型中农村人力资本水平和农村劳动力就业水平的弹性系数均为正，且与线性模型中系数之和大于零，这说明农村人力资本水平和农村劳动力就业水平对农业经济增长的影响随着农业基础设施规模的提高而提高。②无论在线性模型还是非线性模型中，农业技术水平对农业经济增长的影响均显著。在线性模型中农业技术水平的弹性系数为 1.568，

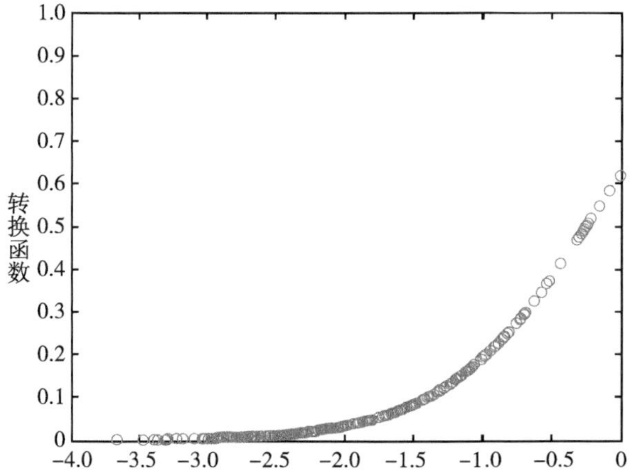

图 3-1 基于农业基础设施规模的转化函数变化图

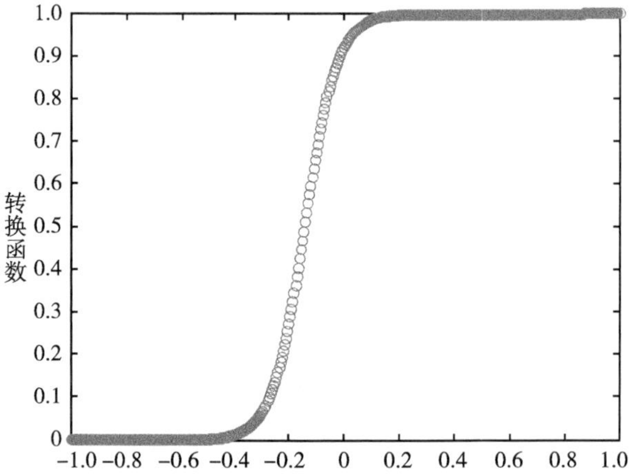

图 3-2 基于旱涝保收规模的转化函数变化

而在非线性模型中的弹性系数为-3.068，这说明农业技术水平对农业经济增长的作用随着农业基础设施规模的提高而降低。③在线性模型和非线性模型中，农业产业结构对农业经济增长均不显著。

（三）模型稳健性检验

上文通过面板平滑转换模型验证了农业基础设施规模与农业经济增长之间的非线性关系，且存在门槛效应；同时利用转换函数变化图更准确地模拟了农业基础设施规模在门槛值前后的转换过程，并非现有研究中假定的以极快的速度实现门槛值之间的转换。但是，为了更进一步确定农业基础设施规模与农业经济增长之间的非线性关系和门槛效应，本研究拟采用旱涝保收面积与耕地面积的比值作为农业基础设施规模的替代变量对模型进行稳健性检验。① 水利基础设施在中国农业生产中发挥着至关重要的作用（特别是西北地区），中国大约有65%的粮食作物、75%的经济作物和90%的蔬菜作物都生长在灌田上（马林靖等，2007）。水利基础设施作为中国农业基础设施的重要组成部分，它能显著提高中国小麦、玉米和水稻单产（韩青等，2010；杜威漩，2005），从而对促进农业经济增长具有重要意义。各地区旱涝保收面积是衡量地区水利基础设施作用的重要指标，旱涝保收的土地占整个耕地的面积越大，在一定程度上越能说明农业基础设施的存量规模。因此，本章选取旱涝保收面积与耕地面积的比值作为农业基础设施规模的替代变量，具体回归结果如表3-4所示。

表3-4　模型稳健性估计结果

	变量及系数名称	系数估计值	T值
线性部分参数估计	AIS（β_{00}）	11.084***	3.735
	HUM（β_{10}）	-0.746**	2.526
	EMP（β_{20}）	-1.357***	-2.787
	TFP（β_{30}）	1.155	0.995
	STR（β_{40}）	-0.036	-0.052
非线性部分参数估计	AIS（β_{01}）	-36.876***	-16.741
	HUM（β_{11}）	1.198***	2.526
	EMP（β_{21}）	1.489***	4.121
	TFP（β_{31}）	-1.269	-1.472
	STR（β_{41}）	-0.748	-1.460
位置参数	-0.314		
斜率系数	17.190		

注：*** 和 ** 分别表示在1%和5%的水平上统计显著。

综合看来，模型稳健性检验的估计结果（见表3-4）与上文中回归结果（见表3-3）保持一致。这些实证结果均表明：①农业基础设施规模与农业经济增长之间具有非线性关系。②跨越门槛值后，农业基础设施对农业经济增长的关系将由“促进”转向“抑制”，但在稳健性检验模型中的门槛值为

① 其中2000年、2001年和2013年少数省份的旱涝保收面积数据缺失，本章采用近三年平均值替代

73. 05%（$e^{-0.314}=73.05\%$），大于表 3-3 中的门槛值，这是由替代变量的数据结构造成的。③稳健性检验中的门槛值转换为 17. 190，高于表 3-3 中的转换速率结果，但两者均属于较缓慢范围，并非面板门槛模型中设定的 0~1 快速转换结构。

本章小结

本章基于 2000~2013 年中国 29 个省（市、自治区）的面板数据，利用面板平滑转换模型选取农业基础设施规模（农业基础设施/农业产值）作为转换变量，分析了农业基础设施与农业经济增长之间的关系，并以旱涝保收比率（旱涝保收面积/耕地面积）作为转换变量的替代变量对模型稳定性进行了检验。研究结果表明：农业基础设施规模与农业经济增长之间存在稳定的非线性关系，发生门槛转换的值为 54. 72%；当农业基础设施规模跨越门槛值 54. 72%后，提高农业基础设施规模对农业经济增长的影响将由正向转变为负向，转换过程也相对缓慢，而且目前中国大部分地区的农业基础设施规模均未达到门槛水平。

第四章　农业基础设施对农业经济增长的结构效应

一、理论模型构建

1980 年 Sims 建立了基于时间序列分析的向量自回归（VAR）模型，这种方法常用于研究时间序列的预测和系统的动态冲击（李伟军等，2011）。但随着经济现象复杂化以及研究方法的不断创新，学者们发现 VAR 模型存在两个重要的缺陷：一是无法有效处理好面板型数据结构；二是在估计过程中没有考虑个体的异质性。因此，VAR 模型对数据的数量和形式都存在限制（连玉君，2009）。Holtz-Eakin 等（1988）提出了基于面板数据的面板向量自回归模型（Panel-VAR，PVAR）。相比基于时间序列的 VAR 方法，面板向量自回归模型放缓了时间长度，考虑了截面异质性等问题。一般认为只要 $T \geqslant m+3$ 就可以对方程进行有效估计，若 $T \geqslant 2m+2$ 就可以得到稳态下的滞后参数（其中 T 和 m 分别表示时间长度和滞后阶数）。PVAR 沿袭 VAR 的优点，不再需要区分内生变量和外生变量，而是把所有变量均视作内生，可以真实反映出各变量之间的互动关系。正交化脉冲—响应函数能够分离出一个内生变量的冲击给其他内生变量所带来的影响（郭小东等，2007），因此可以用来分析具有不同功能的农业基础设施对农业经济增长的影响程度。

应用面板向量自回归模型的步骤如下：首先，对模型进行广义矩估计。但在这之前需要去除时间效应和个体效应的影响，前者一般采用组内均值差分法，后者一般采用向前均值差分法。其次，进行脉冲响应函数分析。这一步骤的基本思路是将 VAR（p）模型表示成 VMA（∞）模型，并假定给在某期的一个内生变量一个单位脉冲，计算由该脉冲引起的其他内生变量当前及未来的取值，我们把其他内生变量在当前及未来的取值称为对这个脉冲的响应函数，能够准确地描述各个变量相互影响的互动特征（高铁梅，2009）。最后，进行方差分解。方差分解的目的是通过分析每一个结构冲击对内生变量变化的贡献程度（其基本思路是将 VAR（p）模型表示成 VMA（∞）模型），计算每个内生变量的方差，并将其分解成 K 个（模型变量个数）不相关结构冲击方差的线性组合，每个结构冲击方差与内生变量方差之比就是该结构冲击对内生变量变化的贡献程度。

为研究农业基础设施结构效应的动态特征，即分析农业经济增长与农业基础设施结构之间的相互关系，本章引进面板向量自回归模型，模型具体设定如下：

$$y_{it} = \sum_{j=1}^{m} \beta_j y_{it-j} + \eta_i + \gamma_t + \mu_{it} \qquad (4-1)$$

PVAR 模型将人均农业 GDP 和农村公路密度（road）、灌溉投资水平（irri）及农村电力投资水平（elec）四个指标均作为内生变量。因此，式（4-1）中的y_{it}为人均农业 GDP 和农村公路密度、灌溉投资水平及农村电力投资水平的向量，即$y_{it} = [gdp_{it}, road_{it}, irri_{it}, elec_{it}]$；$y_{it-j}$表示以内生变量的 j 阶滞后项作为解释变量；m 为滞后阶数，i = 1，2，3，…，29，表示 29 个省、市、自治区（西藏和重庆数据除外），β_j为解释变量的系数矩阵，η_i表示个体效应的向量，γ_t表示时间效应的向量，μ_{it}为随机干扰项。由上述可知：①面板向量自回归模型的内生变量均受到自身及滞后期的影响，是一个反馈系统；②通过设置η_i、γ_t两个向量解决了 VAR 模型中存在的两大缺陷。因此，面板向量自回归模型在处理“大 N 小 T”型数据时要优于 VAR 模型。

二、变量说明及数据来源

PVAR 模型主要应用于面板数据，为此本章选取了 2000~2013 年中国大陆 29 个省、市、自治区作为研究范围，考察具有不同功能的农业基础设施对农业经济增长的影响。其中，农业经济增长采用人均农业 GDP（单位：元/人）进行衡量，以 2000 年作为基础年份，利用 GDP 平减指数进行数据处理。该数据主要来源于历年《中国农村统计年鉴》。然而，在我国现有的数据统计体系中，缺乏对不同农业基础设施投资量的统计，现有大部分研究采用其他实物数据进行补充。由于数据可得性限制，本章仅使用灌溉、农村电力和农村公路三类农村基础性设施来表征农业基础设施的结构。其中：①灌溉投资。本章采用有效灌溉面积和耕地面积的比值作为灌溉投资的代理变量。李谷成等（2015）采用有效灌溉面积作为反映灌溉投资的代理变量，他们认为灌溉基础设施的功能和作用受到气候等因素的影响较大，水库数量、水库库容量、堤防长度等并不能有效衡量灌溉设施的水平。Mendes（2009）和李宗璋（2013）认为有效灌溉面积和耕地面积的比值更能反映农业灌溉设施的差异。相关数据来源于历年《中国农村统计年鉴》。②农村电力。采用农村用电量（单位：万千瓦时）作为变量。③农村公路。本章采用农村公路密度作为变量，现有很多研究中采用农村公路里程与省级行政区域的土地面积比值作为变量（李宗璋，2013；李谷成等，2015），另外对于农村公路里程的核算标准存在差异，很多研究将二级公路、三级公路、四级公路和等外公路均视为农村公路。但 2006 年 3 月 1 日起施行的《农村公路建设管理办法》第一章第二条规定：农村公路包括县道、乡道和村道。中国道路等级的划分是根据流量及质量等因素划分的，存在不匹配现象。因此，考虑到农村公路的地域及质量等因素，本章仅将三级公路和四级公路的总和作为农村公路里程，同时考虑到基于地区面积核算农村公路密度存在不妥，将采用农村人均农村公路里程（单位：千米/万人）作为农村公路密度的代理变量。各省区农村公路里程数据来源于《中国交通年鉴》、《中国第三产业统计年鉴》和各省市统计年鉴。有关价值变量均以 2000 年作为可比价进行处理，变量的描述性统计如表 4-1 所示。为尽可能减少异方差对估计结果的影响，本章将对所有变量进行对数处理。

表 4-1　变量的描述性统计分析

变量名称	均值	标准差	最大值	最小值
人均农业 GDP（gdp）	5507.54	4520.91	28314.60	736.72
农村电力（elec）	177.06	277.33	1801.86	1.50
农村公路（road）	39.91	50.31	409.75	3.38
灌溉投资（irri）	0.57	0.23	1.00	0.20

注：人均农业 GDP、农村电力、农村公路和灌溉投资的单位分别为：元/人、万千瓦时、千米/万人、%。

三、实证分析

（一）变量平稳性检验及滞后期选择

据不完全统计，面板单位根检验常用方法主有 LLC、IPS、Breintung、ADF-Fisher 和 PP-Fisher 五种，其中 LLC、Breintung 适用于“同根”的情形，IPS、ADF-Fisher 和 PP-Fisher 适用于“不同根”的情形。因此，一般只采用两种面板数据单位根检验方法，即相同根单位根检验 LLC 检验和不同根单位根检验 IPS 检验，如果在两种检验中“均”拒绝存在单位根的原假设，则我们说此序列是平稳的，反之则不平稳。通过 LLC 和 IPS 的检验结果可知：人均农业 GDP、农村公路、灌溉投资水平及电力投资水平的水平值均无法同时拒绝原假设；一阶差分值均在 1%的水平上拒绝存在单位根的原假设。因此，这四个变量均为一阶单整平稳序列（见表 4-2）。

表 4-2　变量单位根检验

变量	Levin-Lin-Chu 检验	IPS 检验	是否平稳
gdp	12.937（1.000）	23.009（1.000）	不平稳
elec	-2.5e+03***（0.000）	-1.162（0.123）	不平稳
road	-3.908***（0.000）	-1.632（0.051）	不平稳
irri	0.785（0.784）	9.739（1.000）	不平稳
D. gdp	-1.919***（0.028）	-2.546***（0.001）	平稳
D. elec	-1.2e+03***（0.000）	-8.410***（0.000）	平稳
D. road	-5.263***（0.000）	-8.022***（0.000）	平稳
D. irri	-3.700***（0.000）	-6.953***（0.000）	平稳

注：D. 表示变量的一阶差分；表中第二列数字代表 LLC 检验调整后的 T 统计值；第三列数字代表 IPS 检验中 Z 统计值；括号内为对应的 P 值；***、**、* 分别代表在 1%、5%和 10%的置信水平下显著（下同）。

建立 PVAR 模型需要确定变量滞后期，滞后期过长或过短将分别导致自由度损失或检验结果可靠性降低。目前，主要采用 AIC、BIC 和 HQIC 三种方式选择滞后期。由表 4-3 可知，在滞后三期水平上各变量对应的 AIC、BIC 和

HQIC 检验值最小。因此，所有变量均选择滞后三期。

表 4-3　滞后期检验结果

滞后期	AIC 值	BIC 值	HQIC 值
1	26.619	28.177	27.241
2	27.260	29.132	28.010
3	24.135*	26.374*	25.035*
4	29.437	32.111	30.515
5	24.662	27.861	25.956

（二）广义矩估计

本章使用 STATA 12.0 利用 PVAR2 命令得到 GMM 估计系数，如表 4-4 所示。可知：①当以其自身作为依赖变量时，滞后一期的人均农业 GDP、农村电力、农村公路和灌溉都具有显著的正向影响，估计系数分别为 0.752、0.796、0.928 和 0.577。②当以人均农业 GDP 作为依赖变量时，滞后一期和滞后两期的农村公路对人均农业 GDP 的影响显著为正，且估计系数分别为 0.285 和 0.167。灌溉投资的滞后期估计系数为正，但不显著；农村电力的滞后期估计系数为负，也不显著。PVAR 模型是一种非理论解释上的结构模型，对估计参数的解释较困难，仅反映变量之间的局部关系，系数估计值并没有太大的实际价值（姚旭兵等，2015）。因此，关于此类模型的结论分析主要基于脉冲响应函数或方差分解得到。

表 4-4　PVAR 模型的广义矩估计（GMM）结果

	gdp	P 值	elec	P 值	road	P 值	irri	P 值
$gdp_{(t-1)}$	0.752***	0.000	0.002	0.974	0.114	0.540	0.023	0.842
$elec_{(t-1)}$	-0.464	0.363	0.796***	0.000	-0.322	0.489	-0.163	0.637
$road_{(t-1)}$	0.285**	0.041	0.102*	0.055	0.928***	0.000	0.086	0.363
$irri_{(t-1)}$	0.154	0.608	0.081	0.449	0.287	0.394	0.577**	0.022
$gdp_{(t-2)}$	0.201	0.120	0.026	0.506	0.197	0.106	-0.017	0.708
$elec_{(t-2)}$	0.054	0.792	0.004	0.955	0.102	0.560	-0.139	0.415
$road_{(t-2)}$	0.167*	0.086	-0.043	0.124	0.094	0.310	-0.021	0.682
$irri_{(t-2)}$	0.015	0.909	0.015	0.672	0.067	0.624	0.214	0.176

续表

	gdp	P 值	elec	P 值	road	P 值	irri	P 值
$gdp_{(t-3)}$	-0. 182 **	0. 034	-0. 059 *	0. 098	-0. 275 ***	0. 007	0. 015	0. 815
$elec_{(t-3)}$	-0. 028	0. 824	-0. 047	0. 366	-0. 074	0. 599	0. 150	0. 222
$road_{(t-3)}$	-0. 032	0. 680	0. 051 **	0. 030	0. 006	0. 932	-0. 018	0. 696
$irri_{(t-3)}$	0. 097	0. 318	0. 048	0. 145	0. 030	0. 794	0. 044	0. 618

注：t-1、t-2 和 t-3 分别代表滞后一期、滞后二期和滞后三期。

（三）脉冲响应函数分析

图 4-1 中 Figure 1 至 Figure 6 均是由蒙特卡洛模拟 1000 次得到的置信区间为 95%的脉冲响应函数图。各图中中间的线为 IRF 点估计值，另外上下两条线分别为 5%和 95%置信区间的上下边界。另外，图中横轴表示滞后期，纵轴表示响应程度。由图 4-1 中 Figure 1 至 Figure 3 可知：①给定农村电力一个正交化的冲击后，人均农业 GDP 在当期和前两期负向响应较小，之后逐步扩大。这说明增加农村电力投资将导致人均农业 GDP 减少（Figure1）。这个结论似乎有点出乎意料，但根据李谷成等（2015）的研究，农电设施对农业全要素生产率的影响并不显著，因为中国的农村分散居住和电工素质等影响农电设施的有效利用。笔者认为除了上述原因之外，也可能与农村电力投资的福利动机和农业生产能源利用方式有关，农村电力投资更多的是为了满足人的基本生存条件和福利条件均等化的要求，并非具有明显的生产特性，而且现有农业机械使用的能源以柴油和汽油为主，农村电力主要用于生活。同时，随着农村电力条件的改善，农村居民通过电视、手机等通信媒介加强了与外界的信息沟通，加强了城乡之间的联系，有利于非农就业，提高非农就业收入，从而对农业收入产生负面影响。②给定农村公路一个正交化的冲击后，人均农业 GDP 从当期开始表现出明显的正向影响，随后正向影响逐步扩大（Figure2）。这充分反映了农村公路投资对于农业经济发展的正向影响。因为加强公路基础设施建设能促进区域间生产要素的流动，农户获取生产资料的交易成本更低，同时农村公路基础设施的建设也对提高农业机械化普及率有一定的帮助。③与农村公路对人均农业 GDP 的影响类似，给定灌溉投资一个正交化的冲击后，人均农业 GDP 从当期开始直至第六期均表现出逐步扩大的正向影响（Figure3）。这说明灌溉条件的改善对人均农业 GDP 具有明显的正向影响。因为中国的粮食（水稻、小麦和玉米）生产对水的依赖性很强，灌溉投

资主要用于沟渠的改造、水库的扩容清淤以及中低产田改造，这些都对改善农田灌溉具有重要意义。

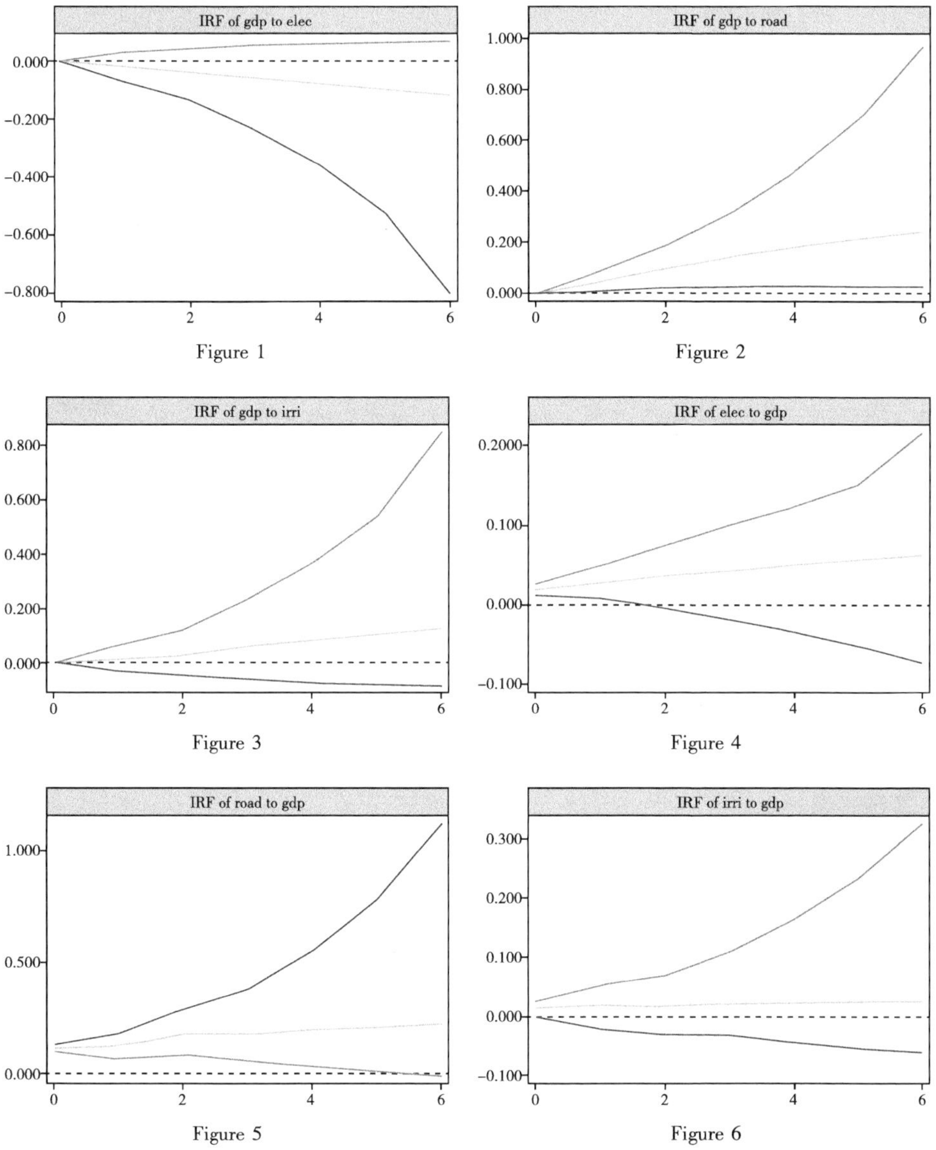

图 4-1 脉冲响应函数

注：蒙特卡洛模拟 1000 次得到 95%的置信区间。

本章小结

本章利用 2000~2013 年中国大陆 29 个省（市、自治区）的面板数据，采用面板自回归模型（PVAR）从农村公路、农村电力和灌溉投资三方面分析中国农业基础设施的结构效应。研究结果表明：①中国农业基础设施与农业经济增长之间存在双向互动关系；②中国农业基础设施内部存在结构效应，农村公路和灌溉投资对农业经济增长具有显著的正向影响，而农村电力却表现为负向影响；③农业经济增长对农村公路建设、灌溉投资和农村电力投资均存在正的反馈效应。上述结论主要是利用现有宏观数据进行实证分析得出的，与结论对应的政策含义是现阶段中国农业基础设施的投向应该主要以农村公路和灌溉等生产性投资为主。但这一结论是否与农户微观需求相匹配还需进一步分析，根据罗仁福等（2011）基于 101 个样本村的三期面板数据和 2007 年 2000 户农户的截面数据，从农户对农村公共服务的满意程度和投资意愿的视角进行分析后，认为道路、灌溉和饮用水等方面是今后农村公共投资的主要方向。李强等（2006）采用小组访谈对农村公共投资意向进行了调查，发现农户虽然对现有道路、灌溉等基础设施的满意程度比较低，但他们的投资意愿却非常高。这一结论同样得到了王明昊和赵阳（2008）的佐证。因此，基于宏观数据分析的结论与微观意愿调查的结论形成了耦合关系，都证明了向农村道路和灌溉投资的必要性，将有利于促进农业经济增长。但不可否认，像农村电力投资等有利于改善农村居民福祉的投资也是有必要的。中国农业基础设施投资不仅要改善生产条件，促进农业发展，同时因农村地区公共服务缺乏，在保障公共产品供给的同时也应注重公共服务的质量。

第五章 农业基础设施对农业经济增长的技术效应

改革开放以来，中国创造了世界农业史上的奇迹：用占世界 1/10 的耕地，生产了全球 1/4 的粮食，养活了全世界 1/5 的人口。目前，国内外学者一致认为：中国农业全要素生产率的提高能够充分解释改革开放以来中国农业的大发展。实行家庭联产承包责任制（HRS）是推动改革开放初期中国农业全要素生产率高速增长（约 7%）的主要原因（Lin，1992）。然而，提高农业全要素生产率不仅需要依靠制度变迁或技术进步，而且农业基础设施对农业全要素生产率的基础性作用也不容忽视。全要素生产率常被视为技术进步的代表性指标，是衡量单位总投入的总产量的生产率指标（王自锋等，2014）。本章试图将农业基础设施对农业全要素生产率的影响总结为农业基础设施的“技术效应”。农业全要素生产率作为衡量各种投入要素的综合性指标，反映了农业技术进步和农业资源配置效率。由此可见，提高农业基础设施的技术效应存在“双重通道”：一是“效率通道”，农业基础设施—生产要素配置优化—农业全要素生产率；二是“技术通道”，农业基础设施—农业技术进步—农业全要素生产率。但前者仅具有短期的水平效应，而后者具有长期的增长效应。因此，对农业基础设施技术效应的分析可分别从水平效应和增长效应进行验证。

农业全要素生产率的核心是农业生产中各种投入要素的综合生产率，它是反映农业技术进步和农业资源配置效率的重要指标（车维汉等，2010），也是衡量农业增长绩效的重要指标，是比较区域农业发展能力和水平的基准工具。所以，农业全要素生产率得到了发展经济学家和农业经济学家的持续关注（应瑞瑶等，2012）。有关农业基础设施与农业全要素生产率的关系、农业全要素生产率测度及农业全要素生产率增长来源和机理的研究颇丰。

（1）关于中国农业基础设施与农业全要素生产率的关系。李宗璋（2013）采用面板数据固定效应变截距模型进行分析，认为电力基础设施、农村公路和灌溉投资显著影响农业全要素生产率，但作用传导路径存在差异。电力基础设施通过农业技术进步和技术效率双重渠道影响农业全要素生产率，公路和灌溉基础设施仅分别通过技术进步和技术效率对农业全要素生产率产生影响。为减小内生性问题对回归结果的影响，李谷成等（2015）采用一阶差分 GMM 方法研究了三类农业基础设施（公路、灌溉和农电设施）对农业全要素生产率的影响，认为它们之间存在结构性差异，公路设施能够显著促进农业全要素生产率提高，灌溉设施会降低农业全要素生产率，农电设施对农业全要素生产率没有显著影响。综合来看，现有研究并未就此问题达成一致。

（2）关于农业全要素生产率的核算。随着中国农业投入—产出数据的逐步完善和核算方法的不断创新，农业全要素生产率的测算也不断发展。① 随着人们对 TFP（全要素生产率）的认识逐渐深化，生产前沿面方法开始得到广泛应用，相对 SFA（随机前沿分析）技术，DEA（Malmquist 指数）的应用较广泛（范丽霞、李谷成，2012）。最初采用 DEA-Malmquist 指数用于核算农业全要素生产率（石慧等，2008；方福前等，2010；郑云，2011；赵伟等，2005；李尽法等，2008；PC Chen et al.，2008；李谷成，2009；白林等，2012；高帆，2015）。随着农业生产中面源污染的加剧，许多学者将面源污染物或农业碳排放量界定为非合意产出，采用 Malmquist Luenberger 指数基于环境规制视角对农业全要素生产率进行核算（闵锐等，2012；齐亚伟等，2012；高鸣等，2015）；同时也有学者关注到了中国农业生产中农业技术使用上存在的区域差异，通过引入共同前沿技术面，采用 Meta-frontier Malmquist 指数能有效解决核算中技术差异而导致的衡量偏差（张毅等，2013；何彬等，2013）。综合近期有关文献发现：考虑到非合意产出或技术异质性的 TFP 年均增长率略小，中国农业全要素生产率年均增长率为 2%~5%。

关于农业全要素生产率及农业全要素生产率增长的影响因素。农业全要素生产率是一般意义上水平值的概念，是农业总产量与各要素投入的加权平均之比。然而，在实证经验研究中，农业全要素生产率的增量概念应用得更广泛。Kumbhakar 和 Lovell（2000）基于随机前沿生产函数，将 TFP 增长分解为：技术进步、技术效率、规模效率和配置效率。在此基础上国内学者研究发现：改革开放以来，农业技术进步是 TFP 增长的主要来源，配置效率波动是导致 TFP 波动的主要原因。李谷成等（2010）通过不同作物品种的全要素生产率的研究更为上述结论提供了深厚的行业基础。中国农业 TFP 的增长因素分析

---

① 应瑞瑶和潘丹（2012）认为：现有文献对农业 TFP 的测算主要有三种方法：一是增长会计法（包括代数指数法和索洛余值法）；二是随机前沿分析法（SFA）；三是数据包络分析法（DEA）。

主要包括制度变迁、公共基础设施投入（包括农业科技和农业基础设施投入）等方面。制度变迁主要是分析以家庭联产承包责任制为代表的农业改革对农业全要素生产率增长的影响（McMillan et al.，1989；Fan，1991；Lin，1992）；Fan和Pardey（1997）、Fan和Zhang（2004）、王红林等（2002）、李谷成等（2015）认为R&D和基础设施建设对农业TFP增长有重要影响。同时，农村老龄化（匡远配等，2015）、农业FDI（孙致陆等，2014；孟令杰，2014）、农村金融（谭霖等，2011；尹雷，2014）、人力资本（李谷成，2009）、要素配置扭曲（朱喜等，2011）也是影响中国农业全要素生产率增长的因素。

国内外学者的相关研究，给了我们较好的参考和启示，但还有以下几点可以改进：一是农业全要素生产率的测度。现有对中国农业全要素生产率的核算中，同时考虑非合意产出和农业生产技术区域异质性对农业全要素生产率影响的研究较少。二是在研究中国农业全要素生产率增长来源或增长机理中，现有研究集中于制度变迁、人力资本、农业科技等方面，很少涉及农村公共产品对农业全要素生产率的影响。随着农业基础设施存量的增长，农业生产条件得到改善、农业生产要素配置得到优化，这都为农业技术进步和提高农业全要素生产率提供了现实基础。但迄今为止，力图准确描绘农业基础设施对农业全要素生产率增长的方式和路径的研究较少。鉴于此，本章拟采用Oh等（2010）提出的MML指数，综合考虑非期望产出和农业生产技术前沿面异质性对中国农业全要素生产率的影响；同时基于农业基础设施技术效应的作用机理分析，从水平效应和增长效应视角分析中国农业基础设施的技术效应。

一、理论模型构建

（一）研究假定

农业生产过程包含要素投入和产出两部分。其中要素投入主要是资本、劳动、土地和物质生产资料（如化肥、农药等），产出主要分为两类：一是粮食产量或农业产值；二是农业生产过程中还伴随着大量废气、废水、废弃物等不利于生态环境和农业可持续发展的产出。前者这类“好的产出”通常界定为期望产出（Desirable Outputs），后者这类“坏的产出”被定义为非期望产出（Undesirable Outputs）。然而，大量已有文献却忽视了非期望产出对生产效率的负向影响。基于此，本章试图引进Oh等（2010）提出的MML生产率指数，模型将非期望产出和期望产出包含在内，并把它们作为产出变量，同时考虑了技术结构构成的所有生产可能性的集（即技术前沿面异质性）。具体构造过程如下：

假定每个生产决策对象都使用 N 种投入要素 $[x=(x_1,x_2,\cdots,x_N)\in R_+^N]$，得到 M 种“好的产出” $[y=(y_1,y_2,\cdots,y_M)\in R_+^M]$ 和 J 种“坏的产出” $[b=(b_1,b_2,\cdots,b_N)\in R_+^J]$。t=1，2，…，T，代表每一时期，k=1，2，…，K，代表每个生产决策对象（DMU）。同时假定生产可能性集 p（x）满足闭集和凸性条件。因此，生产可能性集可表达如下：

$$p(x)=[(y,b),x\in R_+^N] \tag{5-1}$$

式（5-1）必须满足以下三个条件：

$$(y,b)\in p(x),y'\leqslant y\Rightarrow(y',b)\in p(x) \tag{5-2}$$

$$(y,b)\in p(x),b=0\Rightarrow y=0 \tag{5-3}$$

$$\text{if}(y,b)\in p(x),0\leqslant\theta\leqslant 1\Rightarrow(\theta y,\theta b)\in p(x) \tag{5-4}$$

式（5-2）说明非合意产出保持不变，期望产出可以任意支配的情况；式（5-3）为“零结合公理”，即如果没有非期望产出，也就没有期望产出；式（5-4）说明非合意产出的减少是有成本的。在一定投入水平下，若合意产出减少，非期望产出也必须按比例减少（陈红蕾等，2014）。由于受资源和环境的约束，减少农业生产中的非期望产出，势必会使农业生产效率受到影响。因此，需要借助方向距离函数（Directional Distance Function）对产出进行修正。

（二）方向距离函数（DDF）

为模拟农业生产过程中合意产出增加和非合意产出减少的过程，基于一般的谢菲尔德（Shepherd）产出距离函数，合意产出与非合意产出在给定方向上存在非对称性。因此，方向距离函数可表示为：

$$\vec{D}(x,y,b;\vec{g})=\max[\beta:(y+\beta\vec{g}_y,b-\beta\vec{g}_b)\in p(x)] \tag{5-5}$$

其中，$\vec{g}=(\vec{g}_y,\vec{g}_b)$ 为方向向量，Chung 等（1997）认为方向向量 $\vec{g}$ 是可观测的，且 $\vec{g}=(y,b)$。因此，方向距离函数式（5-5）可转化为：

$$\vec{D}(x,y,b;\vec{g})=\max\{\beta:[(1+\beta)y,(1-\beta)b]\in p(x)\} \tag{5-6}$$

式（5-6）说明方向距离函数旨在实现合意产出最大化增长，而非合意产出最大化减少的目标。具体的生产可能性集（PPS）和方向距离函数（DDF）示意图如图 5-1 所示。

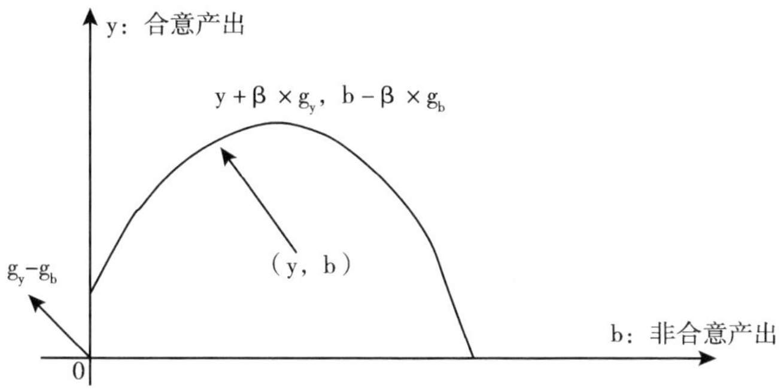

图 5-1　方向距离函数（DDF）

（三）Meta-frontier Malmquist Luenberger（MML）生产率指数

中国是一个幅员辽阔的国家，农业生产受自然条件影响较大，不同地区间生产条件的差异使得农业生产方式和采用的生产技术差异较大。以水稻为例，中国东北地区和南方地区都种植水稻，但因土地规模、地形和气候等因素的不同，两个地区水稻的生产技术差异非常大，生产效率差异明显。因此，在测度中国农业全要素生产率时不得不考虑不同地区或不同作物间存在的技术前沿面异质性问题。为此，本章采用 MML 生产率指数将不同生产技术前沿面纳入同一技术前沿面进行生产效率的分析。首先，需要确定基准技术参照，Tulkens 等（1995）认为存在同期基准技术（Contemporaneous Benchmark Technology，CBT）、跨期基准技术（Intertemporal Benchmark Technology，IBT）和全局基准技术（Global Benchmark Technology，GBT）三种情况，全局基准技术包括所有跨期技术。本章基于全局基准技术构建 MML 指数（Oh，2010）［见式（5-7）］：

$$MML(X^t,y^t,b^t,x^{t+1},y^{t+1},b^{t+1})=\frac{1+\vec{D}^G(x^t,y^t,b^t)}{1+\vec{D}^G(x^{t+1},y^{t+1},b^{t+1})} \tag{5-7}$$

其中，全局方向距离函数（GDDF）定义为：

$$\vec{D}^G(x,y,b)=Max[\beta/(x,y+\beta y,b-\beta b)\in PPS^G] \tag{5-8}$$

若 MML>1，说明全要素生产率增长，反之下降。同时，Oh（2010）发现 MML 指数能分解为技术效率变化指数（Technical Efficiency Change，EC）、最佳前沿变化指数（Best Practice Gap Change，BPC）和技术缺口比率变化指数（Technical Gap Change，TGC）。具体分解过程如下：

$$MML(X^t,\ y^t,\ b^t,\ x^{t+1},\ y^{t+1},\ b^{t+1})=\frac{1+\vec{D}^G(x^t,\ y^t,\ b^t)}{1+\vec{D}^G(x^{t+1},\ y^{t+1},\ b^{t+1})}$$

$$=\frac{1+\vec{D}^t(x^t,\ y^t,\ b^t)}{1+\vec{D}^{t+1}(x^{t+1},\ y^{t+1},\ b^{t+1})}\times\frac{1+\vec{D}^I(x^t,\ y^t,\ b^t)/1+\vec{D}^t(x^t,\ y^t,\ b^t)}{1+\vec{D}^I(x^{t+1},\ y^{t+1},\ b^{t+1})/1+\vec{D}^{t+1}(x^{t+1},\ y^{t+1},\ b^{t+1})}\times$$

$$\frac{1+\vec{D}^G(x^t,\ y^t,\ b^t)/1+\vec{D}^I(x^t,\ y^t,\ b^t)}{1+\vec{D}^G(x^{t+1},\ y^{t+1},\ b^{t+1})/1+\vec{D}^I(x^{t+1},\ y^{t+1},\ b^{t+1})}$$

$$=\frac{TE^{t+1}}{TE^t}\times\frac{BPR^{t+1}}{BPR^t}\times\frac{TGR^{t+1}}{TGR^t}=EC\times BPC\times TGC \tag{5-9}$$

在式（5-9）中，EC 衡量的是不同时期技术的“追赶效益”（Catching-up Effect），EC>1 说明技术效率增长，反之技术效率降低；BPC 衡量的是同期基准技术前沿的变化，BPC>1 说明同期基准技术前沿移向跨期基准技术前沿，说明存在“创新效应”（Innovation Effect）；TGC 衡量跨期基准和全局基准的技术缺口比率，TGC>1 说明固定组的技术前沿面距全局技术前沿面的距离减小，说明存在“技术领导效应”（Technical Leadership Effect）。

二、农业基础设施技术效应的分析框架

农业基础设施的技术效应以农业全要素生产率为研究对象，因此其技术效应可分解为两个层次：一是水平效应，即较高的农业基础设施存量水平，对应较高的农业全要素生产率；二是增长效应，即较高的农业基础设施存量水平，对应较高的农业全要素生产率增长率。为此，将生产函数形式设定如下：

$$Y=AF(K,L) \tag{5-10}$$

其中，A 表示农业全要素生产率水平，同时考虑到农业全要素生产率受要素配置和农业技术进步的影响，将式（5-10）变换为：

$$Y=\theta TF(K,L) \tag{5-11}$$

其中，θ 表示要素配置效率，T 表示农业技术进步。但由于农业基础设施的要素配置效率存在“天花板”极限（即 $\theta\leqslant1$），农业基础设施对农业生产要素配置效率存在递减效应。因此，假定：

$$T'(f)=0,\ \theta'(f)\geqslant0,\ \theta''(f)\leqslant0 \tag{5-12}$$

其中，f 表示农业基础设施。

农业基础设施对农业全要素生产率的水平效应：①假定在 T_1 的农业技术条件不变的情况下，随着农业基础设施存量水平提高（如图 5-2 所示，从 f_1 到 f_2），农业生产要素的配置效率 θ（f）和农业全要素生产率也会逐步提高。②若将农业技术条件作为内生性因素，农业基础设施将不仅对农业生产要素配置效率产生影响，对农业技术进步也将产生影响。农业技术进步相对而言可能没有明显的极限［即 $T'(f)\geqslant 0$］，也不存在先验约束。因此，提高农业基础设施水平（从 f_1 到 f_2）能从农业生产要素配置效率［θ(f)］的角度和农业技术进步（从 T_1 到 T_2）角度促进农业全要素生产率的增长。

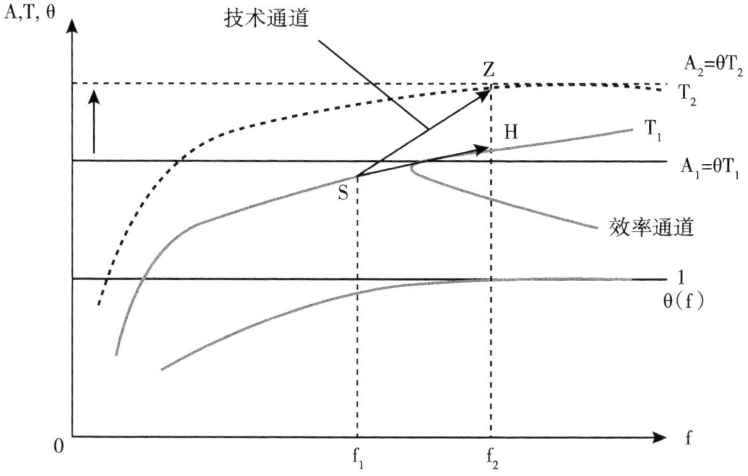

图 5-2　农业基础设施技术效应的分析框架

农业基础设施对农业全要素生产率的增长效应：主要以农业全要素生产率的增长率为研究对象，具体表达为：

（1）假定在 T_1 的农业技术条件不变的情况下，农业基础设施对农业生产要素配置效率的影响形式为：$\theta=1-e^{-f}$，并由此可得到农业基础设施对要素配置效率增长率［$g_\theta(f)$］和农业全要素生产率增长率［$g_A(f)$］的函数形式如下：

$$g_A(f)=g_\theta(f)=\frac{e^{-f}}{1-e^{-f}} \tag{5-13}$$

对式（5-13）关于农业基础设施求一阶导数得到式（5-14），可知：在农业技术条件外生的前提下，农业基础设施对农业生产要素配置效率增长率的影响为负，说明较高的农业基础设施水平将对应较低的农业生产要素配置效率增长率和较低的农业全要素生产率增长率。

$$g_A'(f)=g_\theta'(f)=\frac{e^{-f}(1-f-e^{-f})}{(1-e^{-f})^2}<0 \quad (5-14)$$

（2）若将农业技术条件作为内生性因素，农业基础设施对农业全要素生产率增长率的影响可表示为：

$$g_A'(f)=g_\theta'(f)+g_T'(f) \quad (5-15)$$

而从式（5-12）可知：农业基础设施对农业生产要素配置效率增长率为负向影响。因此，农业基础设施对农业全要素生产率增长率［$g_A'(f)$］的影响取决于农业基础设施对农业技术进步的推动作用［$g_T'(f)$］。如果存在 $g_T'(f)\geqslant -g_\theta'(f)$，即农业基础设施对农业技术进步的推动作用强于农业生产要素配置效率增长率的负向影响，农业基础设施的增长效应才存在。

三、实证分析

（一）农业全要素生产率指数及分解

（1）产出指标：①合意产出。采用以 2000 年为不变价的农业产值。②非合意产出。已有文献中主要是采用面源污染物，包括化学需氧量（COD）、氮（N）或磷（P）等污染物（赖斯芸等，2004；闵锐等，2012；李谷成等，2011；潘丹等，2013）或农业碳排放量（张林等，2015），本章拟采用农业碳排放量作为非合意产出①。

（2）投入变量：为满足 DEA 分析中决策单元（DMU）与投入变量个数的经验法则，本章仅选取了劳动、土地、机械和化肥四个指标作为投入变量。其中，劳动力投入采用“各地区按三次产业分就业人数”中的第一产业从业总人数；土地投入采用各地区农作物播种面积，考虑到中国普遍存在的农业复种、休耕和弃耕现象，采用农作物播种面积比采用耕地面积代替农业土地投入更准确（张林等，2015）；机械动力投入是指包括农业生产中使用的拖拉机、

① 在农业生产中碳排放主要源于四个方面：一是在农业生产中使用化肥、农药、农膜等导致的直接或间接的碳排放；二是农机具在使用柴油等化石能源过程中直接或间接所产生的碳排放；三是土地利用过程中破坏了土壤有机碳库，造成的碳流失从而形成的碳排放；四是灌溉过程中电能利用间接耗费化石燃料所形成的碳排放。具体计算请参见《中国农业碳排放的区域差异及影响因素研究》一文。

打捆机、播种机等各种农业机械的总动力指标进行替代（张屹山、崔晓，2014）；化肥投入采用各地区农用化肥施用量（折纯量）。

表5-1列出了中国2000~2013年MML生产率指数及其分解。由表5-1可知：除湖南、江西外，其他省份的农业全要素生产率均为正增长，这与Choi Yongrok等（2015）的研究结论基本一致。此外，2000~2013年中国29个省（市、自治区）的农业全要素年均增长率为2.6%，低于李谷成（2009）和高帆（2015）的研究①。

表5-1　2000~2013年各省MML生产率指数及其分解

省份	MML	EC	BPC	TGC	省份	MML	EC	BPC	TGC
皖	1.008	0.988	1.052	0.970	豫	1.012	0.990	1.056	0.968
京	1.053	1.018	1.034	1.001	鄂	1.015	0.994	1.040	0.982
闽	1.051	1.043	1.008	1.000	湘	0.999	0.982	1.047	0.972
甘	1.026	1.000	1.053	0.974	苏	1.024	1.000	1.040	0.984
粤	1.006	0.997	1.005	1.003	赣	0.998	0.982	1.037	0.980
桂	1.023	1.006	1.042	0.976	吉	1.008	0.988	1.042	0.979
黔	1.016	1.001	1.033	0.982	辽	1.023	1.000	1.043	0.981
琼	1.007	0.999	1.008	1.000	内蒙古	1.008	0.983	1.052	0.975
冀	1.043	1.007	1.055	0.982	宁	1.063	1.031	1.071	0.962
黑	1.036	1.009	1.048	0.979	青	1.068	1.038	1.039	0.990
沪	1.005	1.000	1.005	1.000	鲁	1.035	1.004	1.052	0.981
晋	1.035	1.005	1.064	0.968	新	1.022	1.000	1.046	0.977
陕	1.026	1.010	1.042	0.976	滇	1.015	1.000	1.034	0.982
川	1.017	1.000	1.033	0.985	浙	1.040	1.013	1.027	0.999
津	1.065	1.032	1.031	1.000	全国	1.026	1.004	1.039	0.983

注：①表中各指数为各省在样本时间内生产率的几何平均数；②群组划分是按照粮食生产功能将29个省（市、自治区）划分为粮食主产区（13个）、粮食主销区（11个）和粮食平衡区（6个）三个群组；③本章有关MML生产率指数数据均为MaxDEA Ultra 6软件在强可处置性下整理得到。

① 李谷成（2009）和高帆（2015）核算的中国农业全要素生产率年均增长率分别为3.5%和3.1%。

（二）水平效应和增长效应的实证检验

1. 模型设定

对农业全要素生产率的影响是一个动态过程，它不仅与当前影响农业全要素生产率的因素相关，也受初始条件等方面的影响。为此，本章试图将农业全要素生产率滞后项（$TFP_{i,t-1}$）纳入回归模型中，控制初始条件对农业全要素生产率的影响，另将农村人力资本水平、城镇化水平及受灾比率等因素作为控制变量分析其对农业全要素生产率的影响。将计量模型设定如下：

$$TFP_{i,t}=\alpha+\beta TFP_{i,t-1}+\varphi Inf_{i,t}+\eta X_{i,t}+\mu_i+\varepsilon_{i,t} \tag{5-16}$$

$$TFP'_{i,t}=\alpha+\beta TFP'_{i,t-1}+\varphi Inf_{i,t}+\eta X_{i,t}+\mu_i+\varepsilon_{i,t} \tag{5-17}$$

其中，TFP 为农业全要素生产率；TFP′为农业全要素生产率增长率；Inf 为农业基础设施存量；X 为影响农业全要素生产率和农业全要素生产率增长率的控制变量，包括人力资本水平、城镇化水平、农业机械化水平和受灾率等因素。i=1，2，3，…，29，表示研究地区；t=1，2，3，…，T，表示时间；μ_i 为地区效应，控制不可观测的因素对被解释变量的影响；$\varepsilon_{i,t}$ 为随机误差项。为了防止模型中存在异方差，对所有变量取对数。

2. 变量说明及来源

（1）解释变量。农业基础设施（Inf）：目前学者们主要采用货币和实物两类指标进行衡量。但是，货币指标由于通常是投资量的直接加总，往往偏离基础设施的真实价值；实物指标因度量单位的差异也存在缺陷。通常较准确的方法是利用永续盘存法估算农业基础设施，但折旧率的选取和初期资本存量对盘存结果影响较大，所以，学者们对农业基础设施的估算结果存在差异。因此，本章在综合现有资本存量研究文献中折旧率选取范围的基础上，取折旧率为 10.1%作为本章折旧率指标（曾福生等，2015）。

（2）控制变量。为了能客观评价农业基础设施对农业全要素生产率的影响，在模型中还选取了四个对农业全要素生产率有显著影响的因素作为控制变量。①人力资本水平（Hum），采用各地区农村居民平均受教育年限来替代农村人力资本状况，具体根据《中国农村统计年鉴》（2000～2014）中每百名劳动力不同文化程度的分类，将文盲和小学、初中、高中、中专、大专以上以 4 年、9 年、12 年、12 年和 15 年为权重进行加权平均（骆永民等，2012）。②城镇化水平（Urb），选用城镇人口占总人口的比重。③农业机械化水平（Pow），采用各地区农用机械总动力来衡量。农业机械化是农业现代化发展的重要标志，农业机械化水平越高，规模经济效应越明显（李宗璋，2013）。

④受灾比率（Aff），为了控制农业自然灾害对农业生产的影响，引入受灾面积占农作物播种面积的比率反映各地区农业生产的气候条件。

（3）数据来源。以上各变量的时间跨度均为2000年至2013年，原始数据主要来源于《中国统计年鉴》、《中国农村统计年鉴》和中经网统计数据库，因数据可获得性的限制，此部分实证样本数据主要来源于中国29个省（市、自治区）的有关统计数据。① 解释变量和控制变量的描述性统计分析如表5-2所示。

表5-2 解释变量和控制变量的描述性统计

变量名称	平均值	标准差	最小值	最大值
农业基础设施（Inf）	182.85	209.28	3.14	1122.41
人力资本水平（Hum）	8.14	0.81	5.53	10.45
城镇化水平（Urb）	47.39	15.40	23.20	89.30
农业机械化水平（Pow）	2548.19	2511.86	95.32	12419.90
受灾比率（Aff）	28.37	16.22	0.00	93.56

注：表中农业基础设施单位为亿元；人力资本水平单位为年；城镇化水平和受灾比率单位均为%；农业机械化水平单位为万千瓦时。

3. 实证结果及解释

对于面板数据分析，常采用固定效应模型或随机效应模型，但当模型中的解释变量存在内生性时，固定效应和随机效应模型均不能保证参数估计是无偏的，一般需要借助工具变量进行处理。在式（5-16）和式（5-17）中，把被解释变量的滞后一期作为解释变量纳入模型中，同时农业基础设施作为一种公共投资，与农业全要素生产率存在双向影响，这也可能引发内生性问题。因此，为了对模型中内生性问题进行处理，本章采用系统广义矩法对模型进行参数估计（苑德宇等，2011）。在系统广义矩估计结果中，两步系统广义矩估计和一步系统广义矩估计关于虚拟变量的Sargan检验都高度拒绝原假设，但两步系统广义矩估计获得了比一步系统矩估计更好的结果，因此本章采用两步系统广义矩估计方法进行参数估计（见表5-3）。

---

① 重庆数据包含在四川省数据中，其中TFP、人力资本水平、城镇化水平取平均值，农业基础设施是加总数据，而受灾比率是由两地区受灾面积与两地播种面积求得。西藏、中国香港和澳门地区存在数据缺失，所以仅包括了中国29个省（市、自治区）数据。

表 5-3 水平效应和增长效应的回归结果

变量名称	水平效应		增长效应	
	SYS_1	SYS_2	SYS_1	SYS_2
$TFP_{i,t-1}/TFP'_{i,t-1}$	0.080*** (5.782)	0.076*** (10.147)	0.125*** (9.370)	0.093*** (11.450)
Inf	0.092* (1.890)	0.079*** (5.284)	-0.050*** (-8.724)	-0.043*** (-10.253)
Hum	-0.017* (-1.892)	-0.033* (-1.673)	0.183 (0.467)	0.084 (0.278)
Urb	0.038 (0.024)	0.081*** (12.036)	0.023 (0.974)	-0.087 (-1.063)
Pow	0.072*** (5.421)	0.068*** (4.976)	0.092*** (13.715)	0.084*** (42.710)
Aff	-0.072* (-1.643)	-0.047* (-1.782)	-0.059*** (-22.176)	-0.066*** (-36.270)
常数项	2.781**	2.300***	2.651**	2.276***
Z_1	[0.043]	[0.030]	[0.052] [0.748]	[0.023] [0.748]
Z_2	[0.874]	[0.748]	[0.730] [0.748]	[0.690] [0.748]
Sargan 检验	[1.000]	[1.000]	[1.000]	[1.000]

注：*** 表示 $p<0.01$，** 表示 $p<0.05$，* 表示 $p<0.1$；SYS1 和 SYS2 分别表示一步系统广义矩估计和两步系统广义矩估计；表中小括号内数据为 Z 统计值，中括号内数据为 P 值；Arellano-Bond AR(1)和 AR(2)分别用 Z_1 和 Z_2 表示，用于考察一次差分残差是否存在一阶和二阶自相关。

从表 5-3 的水平效应模型结果可知：①农业全要素生产率滞后项系数为正，证明初始农业生产条件对农业全要素生产率的显著正向影响。②农业基础设施系数为正，说明农业基础设施存量对农业全要素生产率水平具有显著的正向影响，这与大部分研究结论基本一致（李谷成，2015；李宗璋，2013）。农业基础设施作为一种公共投资，是农村经济和社会发展的“先行资本”。农业基础设施建设能改善农业生产条件，能优化农业生产要素的配置。曾福生等（2015）认为农业基础设施能改善粮食生产中的资本—劳动比和中间要素比，促进粮食生产成本的降低。此外，随着农业基础设施存量的增长，农业基础设施体系与新型农业经营体系相融合，可提高农业生产效率。③在控制变量方面，农村人力资本水平对农业全要素生产率存在显著负向影响。对此我们的解释是：农村人力资本水平的提高，增加了农村劳动力非农就业的机会，这会对提高农业全要素生产率产生消极影响；城镇化水平和农业机械化水平对农业全要素生产率存在正向影响；受灾比率对农业全要素生产率存在显著的负面作用。因为农业生产对自然和环境的依赖性强，极端的天气和自然灾害使得农业生产受到影响。

从表 5-3 的增长效应模型结果可知：①与在水平效应回归结果中相似，初始的农业生产条件对农业全要素生产率增长率存在显著正向影响。②农业基础设施对农业全要素生产率增长率显著为负，说明农业基础设施的增长效应并不存在。农业基础设施主要从“效率通道”优化农业生产要素配置来影响农业全要素生产率，而通过“技术通道”推动农业技术进步的作用有限。这也比较符合中国农业发展（特别是中国农业技术变迁）的实际情况，因为农业技术变迁（农业技术进步）是不同资源禀赋和社会需求诱导下的产物，农业技术变迁无论是外部引入还是内部诱致都离不开赖以存在的历史和现状（王思明，2002）。众所周知，中国是一个人多地少、土地资源稀缺的国家，农业技术变迁的方向是提高土地利用率和生产率。农业基础设施侧重于对农业生产条件的改善（如中低产田改造、测土配方等），能够提高土地利用率。广义的农业技术进步包含了对农业生产条件的改善。农业基础设施结构优化，加强农业基础设施体系与新型农业经营主体生产体系的融合等方式可能是从农业基础设施角度促进农业技术进步的主要方向。综上所述，基于水平效应和增长效应分析的中国农业基础设施对农业全要素生产率具有递减的正面影响。

本章小结

农业全要素生产率通常被视为农业技术进步的重要指标，本章从农业全要素生产率的视角分析农业基础设施的“技术效应”。首先，利用 2000~2013 年中国 29 个省（市、自治区）面板数据，运用 MML 指数测算了基于非合意产出和技术前沿面异质性影响的中国农业全要素生产率。其次，以“效率通道”和“技术通道”为切入点，构建了农业基础设施技术效应的分析框架。最后，采用系统广义矩估计从水平效应和增长效应两个视角对中国农业基础设施的技术效应进行了实证检验。研究结果表明：①2000~2013 年，中国农业全要素生产率年均增长约 2.6%。②中国农业基础设施的技术效应具有正的水平效应和负的增长效应，农业基础设施的技术效应正向影响呈现递减趋势。

第六章 农业基础设施对农业经济增长的成本节约效应

近年来，农村劳动力纷纷“逃离”农村和农业的现象引发了全社会对于将来“谁来种地”问题的思考。究其原因，主要是由于粮食生产利益较低。2004年以来，中国粮食生产收益率连续下降（马晓河，2011），有些年份甚至出现亏本现象（韩俊等，2008），粮食生产收益远远低于种植经济作物和外出打工。农村要素资源向城镇单方向流动，加剧了城乡统筹发展的矛盾。在市场经济条件下，发展农业生产最重要的条件是使农民产生和保持较高的农业生产积极性（辛毅，2006）。但是，在农产品价格政策作用空间有限的前提下（原有最低收购价、临时收储等政策以及加入世界贸易组织承诺等），降低农业生产成本，提高农业生产效益，才是促进农业健康发展的有效途径。根据《全国农产品成本收益资料汇编（2014）》①，2013年，中国三种粮食（稻谷、小麦和玉米）平均生产成本为每亩844.83元，比2012年上涨9.69%。其中，人工成本为每亩429.71元，占生产成本的50.86%；物质和服务费为每亩415.12元，占生产成本的49.14%；种子、化肥、农药和农膜等刚性物质资料费用占物质和服务费的57.8%。② 因此，减少劳动和中间要素支出是降低农业生产成本的关键。

一、理论模型构建

（一）总成本函数

建立总成本函数模型基于以下两点：一是总成本函数的对偶原理。通过总

---

① 国家发展和改革委员会价格司．全国农产品成本收益资料汇编（2014）[M]．北京：中国统计出版社，2015.

② 数据由笔者根据《全国农产品成本收益资料汇编（2014）》中粮食生产成本数据整理得出。

成本函数既可以推导出成本与要素投入之间的关系，又可避免模型构建中的内生性问题（因生产函数反向因果关系而产生）。二是农业基础设施的公共产品特性。政府是农业基础设施的供给主体，单个农户参与投资决策的机会较少，且他们无法根据农业生产需要对农业基础设施存量进行调整，因此不宜将其纳入农户自主决定要素投入水平的生产函数中（何晓萍，2014）。因此，粮食生产总成本函数可设定为：

$$TC_i = F(P_i, Y_i, T; G_i) \tag{6-1}$$

其中，TC 代表粮食生产总成本；P 表示生产要素价格向量，P =（P_L，P_K，P_M），P_L、P_K、P_M 分别表示劳动要素、资本要素和中间要素价格；Y_i 代表粮食总产量；T 代表技术进步的时间趋势（在此假定农业技术中性）；G_i 代表粮食生产所利用的农业基础设施存量（取决于农业基础设施存量及其在粮食生产中的利用程度①），用以反映粮食生产活动中所实际利用的公共产品；下标 i 代表粮食品种（稻谷、小麦和玉米），i=1，2，3。

（二）成本节约效应分解

1. 规模效应

现有研究中衡量粮食生产成本的变量主要有两个：一是总生产成本；二是平均生产成本。考虑到各省（市、自治区）之间粮食生产规模差异较大，粮食生产总成本的可比性较差，本章主要从农业基础设施存量对平均生产成本影响的角度阐释规模效应。在假定规模报酬不变的基础上，对式（6-1）进行函数变形，则粮食平均生产成本对农业基础设施存量的弹性 λ_i（以下简称“平均成本弹性”）可表示为：

$$\lambda_i = \frac{\partial Ln(\frac{TC_i}{Y_i})}{\partial LnG_i} = \frac{\partial Ln(AC_i)}{\partial LnG_i} \tag{6-2}$$

其中，AC 表示平均生产成本。$\lambda_i<0$，说明农业基础设施的使用降低了粮食平均生产成本，具有规模效应；$\lambda_i>0$，则说明农业基础设施的使用提高了粮食平均生产成本，不具有规模效应。同样，在式（6-1）的基础上应用谢泼德

① $G=\tau\times Z$，其中，τ 为农业基础设施利用率调整系数（具体计算方法见表 6-1），Z 表示未调整的农业基础设施存量。

引理（Shepherd's Lemma）①，可以得到农业生产要素的份额函数 S_j：

$$S_j=\frac{x_j\times P}{TC_j}=\frac{x_j\times P}{AC_j\times Y}=\frac{\partial LnAC(P,T;G)}{\partial LnP_j} \tag{6-3}$$

其中，下标 j 代表各种生产要素（劳动、资本和中间要素），j=1，2，3，且存在 $\sum_j S_j=1$。

2. 结构效应

农业基础设施既是农户私人生产要素的替代品，同时，其服务于粮食生产功能的发挥也必然会引起农业生产要素投入结构的调整、生产成本的变动。假定农村要素市场不存在扭曲，要素的相对价格及其变动将反映要素相对稀缺性水平及其变化（速水佑次郎、弗农·拉坦，2014）。因此，可以从生产要素结构的角度，分析农业基础设施利用对调整生产要素（劳动、资本和中间要素）结构的影响，并研究它是否能促进廉价生产要素对昂贵生产要素的替代，从而实现粮食平均生产成本降低。农业生产要素对农业基础设施的需求弹性 $\mu_{i,j}$ 可表示为：

$$\mu_{i,j}=\frac{\partial Lnx_j}{\partial LnG_i}=\frac{\partial LnS_j\times(TC/P_j)}{\partial LnG_i}=\frac{\partial LnS_j}{\partial LnG_i}+\frac{\partial LnAC_j}{\partial LnG_i}=\frac{\partial LnS_j}{\partial LnG_i}+\lambda_i \tag{6-4}$$

可以看出，$\mu_{i,j}>0$，说明 i 品种粮食生产中 j 要素与农业基础设施存在互补关系；$\mu_{i,j}<0$，说明 i 品种粮食生产中 j 要素与农业基础设施存在替代关系；$\mu_{i,j}=0$，说明农业基础设施存量对 i 品种粮食生产中 j 要素的需求不产生影响。由此还可获得资本—劳动比对农业基础设施存量的弹性（简称资本—劳动比弹性）和中间—劳动比对农业基础设施存量的弹性（简称中间—劳动比弹性）：

$$\mu_{KL_i}=\frac{\partial Ln(K_i/L_i)}{\partial LnG_i}=\mu_{K_i}-\mu_{L_i} \tag{6-5}$$

$$\mu_{ML_i}=\frac{\partial Ln(M_i/L_i)}{\partial LnG_i}=\mu_{M_i}-\mu_{L_i} \tag{6-6}$$

所以，当 $\mu_{KL_i}>0$ 或 $\mu_{ML_i}>0$ 时，资本—劳动比或中间—劳动比对农业基础设施存量的弹性大于零，说明农业基础设施存量的增加能改善生产要素结构，提高资本要素或中间要素在要素投入中的比重，从而能有效降低粮食生产成本；当 $\mu_{KL_i}<0$ 或 $\mu_{ML_i}<0$ 时，资本—劳动比或中间—劳动比对农业基础设施存

① 对式（6-1）应用谢泼德引理（Shephard's Lemma）可得：$x_j=\frac{\partial TC(P,Y,T;G)}{\partial P_j}=\frac{Y\partial TC(P,T,G)}{\partial P_j}$。其中，$x_j$ 为 j 种要素的需求量。

量的弹性小于零，说明随着农业基础设施存量的增加，劳动要素投入增加而资本要素和中间要素投入减少，由此可能导致粮食生产成本提高。

本章借鉴 Nadiri 和 Mamuneas（1994）、Greene（2002）的研究，利用粮食生产中间要素价格作为标准化变量（即其他要素价格除以中间要素价格），以消除方程中协方差矩阵的非奇异性；并利用似无相关回归方法对式（6-7）、式（6-8）和式（6-9）进行系统性估计，在此基础上求得农业基础设施的平均成本弹性以及各生产要素的需求弹性。

具体分析过程如下：首先，将式（6-1）即总成本方程转化为：

$$Ln(TC_i/P_{M_i})-Ln(Y_i)=\beta_{0_i}+\beta_{L_i}Ln\varpi_1+\beta_t T+\beta_{K_i}Ln\varpi_2+\beta_{KL_i}Ln\varpi_1 Ln\varpi_2+\beta_{LT_i}TLn\varpi_1+\beta_{KT_i}TLn\varpi_2+\varphi_{G_i}LnG_i+\varphi_{LG_i}Ln\varpi_1 LnG_i+\varphi_{KG_i}Ln\varpi_2 LnG_i \tag{6-7}$$

其中，$\varpi_1=P_{L_i}/P_{M_i}$，$\varpi_2=P_{K_i}/P_{M_i}$，β 和 φ 为待估系数。在式（6-3）的基础上求得劳动和资本的要素份额（分别表示为 S_L 和 S_K）：

$$S_{L_i}=\beta_{L_i}+\beta_{KL_i}Ln\varpi_2+\varphi_{LG_i}LnG_i+\beta_{LT_i}T \tag{6-8}$$

$$S_{K_i}=\beta_{K_i}+\beta_{KL_i}Ln\varpi_1+\varphi_{KG_i}LnG_i+\beta_{KT_i}T \tag{6-9}$$

其次，平均成本弹性表示为：

$$\lambda_i=\frac{\partial Ln(TC_i/Y_i)}{\partial LnG_i}=\varphi_{G_i}+\varphi_{LG_i}Ln\varpi_1+\varphi_{KG_i}Ln\varpi_2 \tag{6-10}$$

粮食生产要素对农业基础设施的需求弹性分别表示为：

$$\mu_{L_i}=\frac{\partial Lnx_{L_i}}{\partial LnG_i}=\lambda_i+\frac{\varphi_{LG_i}}{S_{L_i}} \tag{6-11}$$

$$\mu_{K_i}=\frac{\partial Lnx_{K_i}}{\partial LnG_i}=\lambda_i+\frac{\varphi_{KG_i}}{S_{K_i}} \tag{6-12}$$

$$\mu_{M_i}=\lambda_i+\frac{\varphi_{LG_i}+\varphi_{KG_i}}{1-S_{L_i}-S_{K_i}} \tag{6-13}$$

最后，资本—劳动比弹性和中间—劳动比弹性分别表示为：

$$\mu_{KL_i}=\frac{\partial Ln(K_i/L_i)}{\partial LnG_i}=\frac{\varphi_{KG_i}}{S_{K_i}}-\frac{\varphi_{LG_i}}{S_{L_i}} \tag{6-14}$$

$$\mu_{ML_i}=\frac{\partial Ln(M_i/L_i)}{\partial LnG_i}=\frac{\varphi_{lG_i}+\varphi_{KG_i}}{1-S_{L_i}-S_{K_i}}-\frac{\varphi_{LG_i}}{S_{L_i}} \tag{6-15}$$

二、数据来源和变量选取

（一）数据来源

本章选取2000~2013年25个省（市、自治区）的面板数据为研究数据，数据主要来源于《中国统计年鉴》（2001~2014）①、《全国农产品成本收益资料汇编》②（以下简称《资料汇编》）和《中国农村统计年鉴》③中粮食（稻谷、小麦、玉米）成本、产量等相关数据（见表6-1），所有价值数据均以2000年可比价进行平减。

表 6-1　数据来源及变量说明

标示	变量名称	计算方法
TC	粮食生产总成本（万元）	劳动投入+中间投入+固定资产成本
Y	粮食总产量（公斤）	每亩产量×播种面积
P_L	劳动要素价格（元）	每亩用工量×工价
P_K	资本要素价格（元）	固定资产折旧费
P_M	中间要素价格（元）	购买种子、化肥、农药等的费用
T	技术进步	时间变量
τ	农业基础设施利用率（%）	$\tau_{i,t}=\frac{\eta_{t,i}/\psi_t}{\max(\eta_{t,i}/\psi_t)}$
G	农业基础设施存量（万元）	$G_t=(1-\delta)G_{t-1}+I_t$
S_L	劳动要素份额（%）	劳动成本/总成本
S_K	资本要素份额（%）	资本成本/总成本
S_M	中间要素份额（%）	中间要素成本/总成本

注：①文中以《全国农产品成本收益资料汇编（2014）》中统计的农作物种植区域为标准，其中，稻谷数据来源于浙、皖、闽、赣、鄂、湘、粤、桂、琼9个省（区）的中早籼稻和晚籼稻平均数据；小麦数据来源于冀、晋、内蒙古、黑、苏、皖、鲁、豫、鄂、川、滇、陕、甘、宁、新15个省（区）；玉米数据来源于冀、晋、内蒙古、辽、吉、黑、苏、皖、鲁、豫、鄂、桂、川、贵、滇、陕、甘、宁、新19个省（区）。②由于《全国农产品成本收益资料汇编（2014）》缺少2007年广西相关数据，故采用2006年和2008年广西平均数替代。③工价以地区平均工价为准，2000~2003年数据来源于《全国农产品成本收益资料汇编（2014）》中的“用工作价”指标，而2004年后工价包含了家庭用工折价和雇工成本两部分。

① 国家统计局．中国统计年鉴（2001~2014）[M]．北京：中国统计出版社，2001~2015.

② 国家发展和改革委员会价格司．全国农产品成本收益资料汇编（2001~2014）[M]．北京：中国统计出版社，2001~2014.

③ 国家统计局农村社会经济调查司．中国农村统计年鉴（2001~2014）[M]．北京：中国统计出版社，2001~2014.

（二）变量选取

首先，中国官方尚未有关于农业基础设施存量的统计数据。目前，学者们主要采用货币和实物两类指标进行衡量。但是，货币指标由于通常是投资量的直接加总，往往偏离基础设施的真实价值；实物指标因度量单位的差异，往往也存在缺陷（Pritchett，1996；何晓萍，2014）。通常较准确的方法是利用永续盘存法估算农业基础设施存量，但折旧率的选取和初期资本存量对盘存结果影响较大，所以，学者们对农业基础设施存量的估算结果存在差异。为此，本章在综合现有资本存量研究文献中折旧率选取范围的基础上，取其平均值作为本章折旧率指标①，而初期资本存量则直接采用 2000 年农业基础设施投资额②。另外，由于不同地区、不同粮食品种生产对农业基础设施的利用程度存在差异，为反映其真实利用水平，本文尝试引入农业基础设施利用率指标。在国外制造业研究中，基础设施实际利用水平一般用产能利用率调整基础设施存量来得到（Nadiri & Mamuneas，1994），而受限于数据统计的缺乏，国内学者用工业景气指数替代产能利用率指标（张光南等，2010；陈磊等，2012）。鉴于农业基础设施（特别是农田水利基础设施）的利用对增加农业产出、减少农业受灾等方面的作用直接反映于产值，因此，本章尝试用粮食总产值和农林牧渔总产值来构造农业基础设施利用率指标（见表 6-1）。

其次，粮食总生产成本（TC）是各省（市、自治区）每亩生产成本与播种面积的乘积，每亩生产成本包含了劳动力成本、中间要素成本以及固定资产成本；粮食总产量（Y）是指各省（市、自治区）粮食（稻谷、小麦、玉米）产量，由每亩产量和播种面积决定；要素价格（P）均以亩为单位计算，其中，劳动要素价格（P_L）包含家庭用工折价和雇工成本；中间要素价格（P_M）包含农业生产中种子、化肥、农药、排灌和土地流转③等费用；资本要素价格（P_K）即农业固定资产折旧费；T 为时间趋势，是技术进步的代理变量；S_L、S_K 和 S_M 分别为劳动要素份额、资本要素份额、中间要素份额，它们分别是这些要素成本占总成本的比重。

---

① 张军（2004）将折旧率设定为 9.6%，雷辉（2009）设定为 9.7%，单豪杰（2008）设定为 11.0%，所以，本章确定折旧率（δ）为 10.1%。此外，农业基础设施存量的估算方法为：$G_t=(1-\delta)G_{t-1}+I_t$，其中，$G_t$ 和 I_t 分别表示 t 期农业基础设施存量和当期固定资产投资总额。

② 中经网统计数据库，http：//db. cei. gov. cn/page/Default. aspx。

③ 鉴于《全国农产品成本收益资料汇编》的统计，本章从 2004 年起将土地流转成本纳入中间要素投入中，但它只包含流转地租金，家庭自营地折租部分未包含在内。

三、实证分析

本章采用似无相关回归方法对式（6-7）至式（6-9）进行系统估计。多个方程联合估计一般比单一方程估计更有效率。多方程系统估计可分为两类：一类是联立方程组，另一类是似无相关回归。前者适用于不同方程的变量存在内在联系，且一个方程的解释变量是另一个方程的被解释变量的情形；后者适用于各方程变量间不存在内在联系，但各方程的扰动项之间存在相关性的情形（陈强，2013）。本章设立联立方程组为：

$$\begin{pmatrix} Y_1 \\ Y_2 \\ Y_3 \end{pmatrix} = \begin{pmatrix} X_1 & 0 & 0 \\ 0 & X_2 & 0 \\ 0 & 0 & X_3 \end{pmatrix} \times \begin{pmatrix} \beta_1 \\ \beta_2 \\ \beta_3 \end{pmatrix} + \begin{pmatrix} \varepsilon_1 \\ \varepsilon_2 \\ \varepsilon_3 \end{pmatrix} \tag{6-16}$$

其中，Y_i 为 $NT'\times1$ 向量，X_i 为 $NT'\times k$ 向量，β_i 为 $k\times1$ 向量，$i=1, 2, 3$，N 为截面个数，T′为时间，k 为解释变量个数。由于模型中三个方程都有常数项，本章将截面效应项放入扰动项中以避免采用固定效应估计方法而产生的共线性问题。为了得到稳健的模型估计结果，本章采用 PCSE（Panel Corrected Standard Errors）方法对标准误进行修正。

为检验通过利用率调整农业基础设施存量是否会显著影响模型估计结果的稳健性，本章分别探讨了方案 1（调整农业基础设施存量）和方案 2（未调整农业基础设施存量）对模型估计结果的影响（见表 6-2）。通过比较方案 1 和方案 2 的估计结果，发现大部分变量的显著性水平、系数估计值大小及符号在两种方案下差异较小，模型估计结果较为稳健。因此，后文分析中采用方案 1 的农业基础设施存量进行估计。

表 6-2 模型估计结果

系数	方案 1：调整农业基础设施存量			方案 2：未调整农业基础设施存量		
	稻谷	小麦	玉米	稻谷	小麦	玉米
β_0	11.353	11.95***	−7.457***	11.935***	11.640***	−7.261***
β_L	1.030***	0.46***	0.895***	0.853***	0.404***	2.679***
β_t	−0.006**	−0.019***	−0.057***	−0.001	−0.022***	−0.058***
β_K	−0.157***	0.083***	−0.004*	0.021**	0.070*	−0.002

续表

系数	方案1：调整农业基础设施存量			方案2：未调整农业基础设施存量		
	稻谷	小麦	玉米	稻谷	小麦	玉米
β_{KL}	0.120***	-0.001	0.074***	0.115***	-0.004*	0.067***
β_{LT}	0.007	0.006***	0.004***	-0.002***	0.006***	0.005***
β_{KT}	-0.001	-0.003***	-0.006***	0.001	-0.003***	-0.006***
φ_G	-0.028**	-0.027***	-0.068***	-0.073***	-0.004*	0.031**
φ_{LG}	-0.012***	-0.003***	-0.006	-0.001	0.001**	-0.130***
φ_{KG}	0.013***	0.001**	0.010***	0.006*	0.001*	0.004***
R^2	0.842	0.651	0.587	0.749	0.663	0.629

注：*、**和***分别表示在10%、5%和1%的水平上显著。

由表6-2可知，大部分系数估计结果显著。利用式（6-10）至式（6-13）得到平均成本弹性、劳动要素弹性、中间要素弹性及资本要素弹性，另外利用式（6-14）和式（6-15）得到资本—劳动比弹性和中间—劳动比弹性，并利用Wald检验来判断其显著性水平①，具体结果如表6-3所示。

表6-3 平均成本弹性和要素弹性

弹性	稻谷	小麦	玉米
平均成本弹性（λ_i）	-0.069***	-0.029**	-0.102**
劳动要素弹性（μ_L）	-0.096**	-0.037**	-0.090***
中间要素弹性（μ_M）	0.067	0.010*	0.133
资本要素弹性（μ_K）	0.451**	0.026*	0.235**
资本—劳动比弹性（μ_{KL}）	0.163**	0.047*	0.223**
中间—劳动比弹性（μ_{ML}）	0.547***	0.063**	0.324***

注：*、**和***分别表示在10%、5%和1%的水平上显著。

（1）规模效应。由表6-3可知，平均成本弹性都显著且为负值，说明农业基础设施对粮食生产具有规模效应，能够降低粮食平均生产成本，这与吴清华等（2014）的研究结论相反。这是因为，农业基础设施存量作为一种公共

---

① Wald检验中各弹性方差的计算方法如下：$Var(\sum_i \beta_i \Phi_i) = \sum_i \Phi_i^2 Var(\beta_i) + 2\sum_{i \neq j} \Phi_i \Phi_j Cov(\beta_i, \beta_j)$。其中，β为各系数，$\Phi_i$为各变量的平均值（Nadiri & Mamuneas，1994）。

产品，可视为政府对农户私人投资的一种补贴，能够降低农户私人投资的成本。具体而言，当可利用的农业基础设施存量增加 1%时，稻谷、小麦和玉米的平均生产成本依次分别下降 0. 069%、0. 029%和 0. 102%。可能由于不同粮食品种生产属性差异、农业基础设施利用程度差异以及地区农业基础设施结构差异等原因，平均生产成本的下降幅度存在差异，这有待进一步研究。

（2）结构效应。由表 6-3 可知，首先，农业基础设施对劳动要素具有替代效应，对资本要素和中间要素具有互补效应，这与 Teruel 和 Kuroda（2005）的研究结论一致。随着农业基础设施存量的增加，粮食生产过程中对劳动要素的需求降低，而对中间要素和资本要素的需求增加。其次，由资本—劳动比弹性和中间—劳动比弹性可看出，农业基础设施建设促进了粮食生产中要素结构的升级，提高了资本和中间要素的份额，降低了粮食生产成本。这是因为随着农业基础设施投入的增加，农业生产条件得到较大改善，粮食生产机械化和社会化服务水平提高，导致资本和中间要素投入增加，提高了生产效率；随着城镇化和工业化的推进，大批农村劳动力转移到城镇就业，农村有效劳动力减少，提高了劳动力成本，促使资本、中间品等相对廉价的生产要素替代劳动要素。据统计，1978 年，三种粮食生产平均每亩用工量为 33. 3 天；2013 年，三种粮食生产平均每亩用工量仅为 6. 17 天，用工量减少了约 82%。① 随着国家施行农机具购置补贴政策以及农户现实需要，中国农业机械化水平显著提高。据统计，2014 年，全国农机总动力达到 10. 76 亿千瓦，同比增长 3. 57%；2014 年，全国农作物综合机械化水平达到 61%，比 2004 年提高了 27 个百分点；三大粮食作物耕种收机械化率均超过 75%，小麦生产基本实现全程机械化。② 最后，比较资本—劳动比弹性和中间—劳动比弹性大小，可以发现，稻谷、小麦和玉米的中间—劳动比弹性均大于资本—劳动比弹性。究其原因，一是中间品有较大部分属于粮食生产中的刚性投入，例如农资（农药、化肥、农膜等）；二是粮食生产中专项固定资产投资无法统计。故本章仅把固定资产折旧费纳入资本指标统计中，但不可由此否认提高资本—劳动比在降低粮食生产成本中的重要作用。

① 国家发展和改革委员会价格司．全国农产品成本收益资料汇编（2014）[M]．北京：中国统计出版社，2014.

② 中研网，http：//www. chinairn. com，2015-01-18.

本章小结

本章利用2000~2013年中国粮食（稻谷、小麦和玉米）生产成本的省级面板数据，基于粮食生产总成本函数模型，采用系统性的似无相关回归方法从规模和结构的视角分析了农业基础设施存量对降低粮食（稻谷、小麦和玉米）生产成本的影响。研究结果表明，农业基础设施建设对于降低粮食生产成本和调整生产要素投入结构具有重要作用。具体表现为：①规模效应。农业基础设施存量增加1%，稻谷和小麦和玉米平均生产成本分别减少0.069%、0.029%和0.102%。②结构效应。农业基础设施建设对粮食生产中的劳动要素具有替代效应，对资本要素和中间要素具有互补效应；此外，资本—劳动比和中间—劳动比对农业基础设施的弹性都显著且为正值，说明农业基础设施存量增加刺激了粮食生产中要素投入结构的调整，扩大了资本要素和中间要素的投入比重，这是中国实现农业现代化的重要保障，对转变农业生产方式具有重要意义。

第七章　农业基础设施对农业经济增长的空间溢出效应

在发展中国家，农业生产面临着基础设施缺乏、生产效率低等诸多挑战。世界各国大量实践证明：加大农业基础设施投入，能有效改善农业生产条件，提高农业生产效率，促进农业产出增长（Chen，2009）。中国作为最大的发展中国家，自改革开放以来，公共财政累计投入资金约 1.76 万亿元[①]，农业生产条件得到显著改善，实现了粮食生产“十二连增”，有效地促进了中国农业经济的快速发展。农业基础设施在促进农业产出增长等方面的基础性地位毋庸置疑（Aschauer，1989；Lin，1992；Houltz-Eakin，1996；Mamatzakis，2003；Fan et al.，2004；Teruel et al.，2005）。但现有研究较多从局部区域层面考察农业基础设施对本区域农业生产的影响，并未把农业基础设施的空间溢出效应纳入研究范围（即未考虑农业基础设施对相邻或邻近区域农业生产的影响[②]），这可能导致对农业基础设施边际的影响放大，同时也不利于从整个国家层面调配农业基础设施等公共资源。

随着空间计量经济学的发展，大多数传统经典统计学和计量经济学中相互独立的基本假设被打破，事物之间的空间相关性得到重视（Anselin，2004；Griffin et al.，2008；Anselin & Getis，2010），特别是在公共投资领域的空间溢出性研究。Kam 等（2005）在模型中引入空间加权变量分析了孟加拉国农业基础设施建设对相邻地区贫困缓解及非农就业等方面的促进作用；Farrow 等（2005）分析了厄瓜多尔农村交通资源非均等与贫困群落空间集聚的关系，证实了农村交通等公共资源对于地区间的空间差异化影响。Boarnet M. G.（1998）、

① 经中经网数据库 http：//db. cei. gov. cn/page/Default. aspx 计算整理得出。

② 因为农业基础设施的空间溢出性是系统性功能的延伸和扩展，这种作用无法破除区域的局限；而且农业基础设施供给主体间存在“模仿效应”或“示范效应”（即为提高本地区的经济绩效，地方政府间公共支出存在显著的正相关，一些政策通常会相互模仿或参照（Case et al.，1993）。因此，有必要研究农业基础设施的空间溢出效应。

Cohen 和 Paul（2004）、Tong Tingting 等（2013）分析认为农村公路基础设施有利于促进农业生产要素的跨区域流动，特别是劳动要素的流动（Yao Z. Z. et al., 2003），优化了生产要素配置，促进了地区的经济联系。骆永民等（2012）基于空间相关性角度论证了农业基础设施空间溢出效应的存在，又以农村人力资本作为门限变量分析得出增收效应具有空间异质性特征。此外，也有学者研究了农村环境投资（Qun H. L. et al., 2012），农村基本通信服务（Serdar Yilmaz et al., 2002）的空间溢出效应，以及中国农业碳排放绩效的空间聚集特征（高鸣等，2015）。

虽然公共投资具有空间溢出效应已成为学界的基本共识，但有关农业基础设施的空间溢出效应研究仅针对某种单项的农业基础设施（如农村公路），并未剥离其所引致的农业产出之外产出剩余，同时也未考虑农业基础设施功能或作用的整体性。因此，有必要从农业基础设施总量视角研究其对农业产出的空间溢出效应。本章拟在此基础上，利用 2000~2013 年中国农业基础设施存量数据分析其对中国农业产出的影响，并在中国粮食生产功能分区的基础上研究各个区域及区域内部的空间溢出效应差异，以求能对中国农业基础设施的空间溢出效应进行较全面的阐释，为其他发展中国家提供中国农业经济发展的经验。

一、理论模型构建

（一）模型设定

本章利用柯布—道格拉斯生产函数分析农业生产中各种投入要素与农业经济增长的关系，如式（7-1）所示，并利用空间计量模型进一步分析农业基础设施存量对农业产出的溢出效应。

$$y = PI^{\beta_{PI}} L^{\beta_L} M^{\beta_M} La^{\beta_{La}} Inv^{\chi_1} \tag{7-1}$$

其中，y 为农业总产出，Inv 为农业基础设施存量，PI 为农户生产性固定资产支出，L 为农村人口，M 为农业生产过程中的中间要素投入（包括购买农资及生产性服务等费用），La 为有效灌溉面积。对式（7-1）进行对数转化可得式（7-2）：

$$Y = \beta_{PI} Ln(PI) + \beta_L Ln(L) + \beta_M Ln(M) + \beta_{La} Ln(La) + \chi_1 Ln(Inv) + \varepsilon \tag{7-2}$$

其中，Y = Ln(y)。依据空间计量经济学理论，农业基础设施空间溢出效应的主要作用原理有以下几种情况：①相邻区域间农业产出的相互影响（即

y_i 对 y_j 的影响，$i \neq j$）；②某区域农业生产投入要素对邻近区域农业产出的影响（即 X_i 对 y_j 的影响）；③某区域未纳入模型考虑的因素对邻近区域农业产出的影响（即 ε_i 对 y_j 的影响）。因此，综合以上三种情况可以将农业基础设施对农业产出的空间溢出模型设定为：

$$Y_{it} = \beta X_{it} + \rho \sum_{j=1}^{N} W_{ij} Y_{jt} + \theta \sum_{j=1}^{N} W_{ij} X_{jt} + \mu_i，其中\ \mu_i = \lambda W \mu + \varepsilon_i \quad (7-3)$$

其中，i 和 j 分别表示不同的区域；W_{ij} 表示 N×N 的空间权重矩阵；X_{it} 为自变量向量，$X_{it} = [PI_{it}, L_{it}, M_{it}, La_{it}, Inv_{it}]$；β 表示解释变量回归系数向量；ρ 表示因变量空间回归系数；θ 表示自变量空间回归系数；λ 表示空间误差回归系数。

（1）当 $\rho \neq 0$ 而 $\theta = 0$ 时，式（7-3）为空间滞后模型（Spatial Lag Model）：

$$Y_{it} = \beta X_{it} + \rho \sum_{j=1}^{N} W_{ij} Y_{jt} + \mu_i \quad (7-4)$$

（2）当 $\lambda \neq 0$ 而 $\rho = 0$ 时，式（7-3）为空间误差模型（Spatial Error Model）：

$$Y_{it} = \beta X_{it} + \mu_i，\ \mu_i = \lambda W \mu + e_i \quad (7-5)$$

（3）当 $\rho \neq 0$，$\theta \neq 0$ 而 $\lambda = 0$ 时，式（7-3）为空间杜宾模型（Spatial Durbin Model）：

$$Y_{it} = \beta X_{it} + \rho \sum_{j=1}^{N} W_{ij} Y_{jt} + \theta \sum_{j=1}^{N} W_{ij} X_{jt} + e_i \quad (7-6)$$

式（7-4）至式（7-6）为三种常见的空间计量模型，需要根据数据结构选择一个最适合的模型，因此需要对以上三个模型进行检验。具体的检验步骤如下：首先，在未考虑空间相关性的基础上进行面板的 OLS 回归，通过似然比率检验（LR Test）考察空间和时间维度是否同时显著。其次，通过拉格朗日乘数检验（LM Test）判断模型中是否具有空间滞后变量或空间误差变量对因变量的影响。若拒绝零假设，则说明模型中应包含空间交互影响的元素，选择 SLM 或 SEM 空间计量模型，若 SLM 或 SEM 空间计量模型的零假设被拒绝，则需选择 SDM 模型（Elhost，2010；LeSage & Pace，2002）。最后，利用 Wald 检验进一步对空间计量模型进行甄别。

（二）空间权重矩阵设定

空间权重矩阵的选择也对空间效应的分析至关重要（Seong-Hoon Cho，2011），目前国内外学术界并未存在特定的统一的空间权重矩阵（Anselin，1988）。空间权重矩阵在空间模型中往往被看作外生变量，因不同研究者研究视角的差异化导致空间权重矩阵的选择存在差异，进而影响结论的一致性。常见的空间权重矩阵有以下几种：①基于地理邻近的二进制邻近空间矩阵（W_1）；[①] ②基于地理距离的空间矩阵，用相邻两区域的距离（欧式距离或弧度距离）作为衡量依据（W_2）；[②] 虽然从地理学理论上看，基于"地理距离"的空间权重矩阵是比较科学的指标，但它并未将区域间的经济和社会等因素纳入权值中，可能导致空间权重矩阵设定脱离现实；③基于经济空间的权重矩阵，通常以人口密度和人均实际 GDP 作为衡量依据。[③] 但本章考虑到区域空间距离以及区域农业产业结构相似性对农业经济空间的影响，[④] 所以利用空间距离权重矩阵与农业产业结构相似度空间权重矩阵的乘积构造经济空间权重矩阵（W_3）。[⑤]

（三）空间溢出效应分解

为进一步解释空间面板模型中解释变量的边际影响，LeSage 和 Pace（2010）对空间模型中的直接效应和间接效应进行了分解，具体如下：

式（7-6）可化简为：

---

① 基于"地理邻近"的空间元素定义为：$w_{ij}=\begin{cases}1 & \text{当区域 i 和区域 j 相邻时}\\ 0 & \text{当区域 i 和区域 j 不相邻时}\end{cases}$。

② 在基于"地理距离"的空间权重矩阵前提下，区域间的距离越近，空间相互作用程度越强。目前对于地理距离的设定存在两种观点：一是基于门槛距离的空间权重矩阵，Pace（1997）提出了门槛距离的概念，即事先需设定一个门槛距离 d，当空间距离在门槛值范围之内时权重定义为 1，反之，区域间的相互作用可以忽略，权重定义为 0。但基于门槛距离的空间矩阵可能会导致不平衡的邻近矩阵结构，因此，Anselin（2002）提出了 K 值最邻近空间矩阵，在给定的空间单元周围选择最邻近的单元个数（一般为 4 个，亦可选择 4 个以上），来计算 K 值最近邻居权值的大小。本章的地理距离空间权重矩阵（W_2）采用球面距离平方的倒数来表示，当距离越近时赋予的空间权重越大，反之越小。

③ 通常用经济和社会因素来计算经济距离，如通过人口密度、资本流动、交通运输流等计算两个区域之间的经济距离，但经济距离的设定存在零距离问题。

④ 区域空间距离越近，农业基础设施的溢出效应可能越大，同时相邻区域的农业产业结构差异越小，农业基础设施的溢出效应也可能越明显。

⑤ 本章借用工业产业结构相似度计算公式来衡量农业产业内部的结构特征（具体计算如下）：

$$\psi_{i,j}=\frac{\sum_{k=1}^{n}X_{A,i}X_{A,j}}{\sqrt{\sum_{B=1}^{n}X_{A,i}^{2}\times\sum_{B=1}^{n}X_{A,j}^{2}}}$$

其中，i 和 j 为相邻区域，A 为农业、林业、牧业或渔业，X 表示产值。$\psi_{i,j}$ 越接近于 1，说明两区域的产业结构区域一致；$\psi_{i,j}$ 越接近于 0，说明两区域的产业结构差异越大。所以经济空间权重矩阵（W_3）可表示为：

$W_3=W_2\times\lambda_{i,j}$

$$(i_n-\rho W)Y=X\beta+WX\beta+\varepsilon \tag{7-7}$$

其中，$i_n=[1,\ 0,\ \cdots,\ 0]_n$，同时令 $i_n-\rho W=B(W)$，$B(W)(i_n\beta_r+W\theta_r)=S_r(W)$，则上式可转化为：

$$Y=\sum_{r=1}^{k}S_r(W)X_r+B(W)\varepsilon \tag{7-8}$$

即：

$$\begin{pmatrix} y_1 \\ y_2 \\ \vdots \\ y_n \end{pmatrix}=\sum_{r=1}^{k}\begin{pmatrix} S_r(W)_{11} & \cdots & S_r(W)_{1n} \\ \vdots & \ddots & \vdots \\ S_r(W)_{n1} & \cdots & S_r(W)_{nn} \end{pmatrix}\begin{pmatrix} X_{1r} \\ X_{2r} \\ \vdots \\ X_{nr} \end{pmatrix}+B(W)\varepsilon \tag{7-9}$$

所以：

$$\frac{\partial Y_i}{\partial X_{jr}}=S_r(W)_{ij} \tag{7-10}$$

$$\frac{\partial Y_i}{\partial X_{ir}}=S_r(W)_{ii} \tag{7-11}$$

其中，$S_r(W)_{ij}$衡量的是区域 j 的第 r 解释变量对区域 i 被解释变量的影响；$S_r(W)_{ii}$衡量的是区域 i 的第 r 解释变量对本区域被解释变量的影响。根据式（7-6）和式（7-7）可以发现，与 OLS 的估计系数相比，在空间回归模型中，若 $j\neq r$，Y_i 对 X_{jr}的偏导数通常也并不等于 0，而是取决于矩阵 $S_r(W)$ 中的 i 和 j 元素。同时，Y_i 对 X_{ir}的偏导数也通常并不等于 β_r，因此某个地区解释变量的变化将不仅影响本地区的被解释变量，而且影响其他区域的被解释变量，根据 LeSage 和 Pace（2010）的研究，可以将前者称为直接效应，后者称为间接效应，两者相加则为总效应。因此，在此基础上可获得农业基础设施对农业产出空间溢出效应的直接和间接影响，分别可表示为：

$$\frac{\partial Y}{\partial Inv}=\begin{pmatrix} S_r(W)_{11} \\ S_r(W)_{12} \\ \vdots \\ S_r(W)_{1n} \end{pmatrix}=\begin{pmatrix} B(W)_{11}+\sum_{k=1}^{n}B(W)_{1k}W_{k1}\theta_{Invest} \\ \sum_{k=1}^{n}B(W)_{2k}W_{k1}\theta_{Invest} \\ \vdots \\ \sum_{k=1}^{n}B(W)_{nk}W_{k1}\theta_{Invest} \end{pmatrix} \tag{7-12}$$

$$\text{Direct Effect}=B(W)_{11}+\sum_{k=1}^{n}B(W)_{1k}W_{k1}\theta_{Inv} \tag{7-13}$$

$$\text{Indirect Effect} = \sum_{k=1}^{n} B(W)_{2k} W_{k1} \theta_{Inv} + \cdots + \sum_{k=1}^{n} B(W)_{nk} W_{k1} \theta_{Inv} \tag{7-14}$$

二、数据来源及变量说明

首先，中国官方尚未有农业基础设施存量的统计。目前，学者们主要采用货币和实物两类指标进行衡量。但是，货币指标由于通常是投资量的直接加总，往往偏离基础设施的真实价值；实物指标因度量单位的差异，往往也存在缺陷（Pritchett，1996）。通常较准确的方法是利用永续盘存法估算农业基础设施存量，但折旧率的选取和初期资本存量对盘存结果影响较大，所以，学者们对农业基础设施存量的估算结果存在差异。为此，本章在综合现有资本存量研究文献中折旧率选取范围的基础上，取其平均值作为本章折旧率指标，① 而初期资本存量则直接采用 2000 年农业基础设施投资额。

其次，农业总产值（y）为各地区农业产出；农户私人资本投入（PI）为准确衡量农户私人投资中关于农业生产的资本投入，本章采用各地区农村居民家庭现金支出中购置生产性固定资产支出表示；农村劳动力（L）为年末乡村人口数；中间投入要素（M），是指农业生产过程中农资产品的购置以及生产服务支出等费用；土地投入（La）采用各地区农业有效灌溉面积数据。所有价值变量均以 2000 年为基准进行平减，各变量的描述性分析结果如表 7-1 所示。

表 7-1　各个变量的描述统计结果

变量名称	Obs	均值	标准差	最小值	最大值
农业总产值（y）	406	935.58	822.10	24.91	4509.88
农户私人资本（PI）	406	36.89	29.48	0.05	139.30
农村劳动力（L）	406	2667.88	1840.81	196.00	7286.78
中间投入要素（M）	406	717.87	647.78	24.77	4007.40
土地投入（La）	406	1963.89	1410.57	154.40	5205.60
农业基础设施存量（Inv）	406	200.08	221.49	3.14	1179.41

注：因地理邻近关系以及数据可获得性等问题，本章并未把海南、港澳台地区及西藏的数据纳入统计范围；除农业基础设施存量数据外，其他数据均来源于《中国农村统计年鉴》（2001~2014）。

① 本章确定折旧率（δ）为 10.1%，农业基础设施存量的估算方法为：$Inv_t = (1-\delta) Inv_{t-1} + I_t$，其中 Inv 和 I_t 分别表示第 t 期农业基础设施存量和当期固定资产投资总额。

续表

	普通面板回归	空间固定效应	时间固定效应	空间和时间固定效应
Robust LM 空间误差检验				
W_1	36.33***	11.26***	5.12**	10.05**
W_2	29.64***	16.12***	0.04	9.33**
W_3	18.52***	10.46***	1.58	12.38***
LR 空间固定效应检验	416.40***			
LR 时期固定效应检验	16.02			

注：***、**、* 分别表示在 1%、5%和 10%的水平下显著（下同）。

表 7-4　Hausman 检验和 Wald 检验结果

检验类型	检验值	P 值
Hausman 检验	36.96***	0.000
Wald 空间滞后检验	20.29***	0.001
Wald 空间误差检验	19.27***	0.002

（三）计量模型实证结果及解释

从表 7-5 中的估计结果可知：①在三种空间权重条件下，农户私人投资、中间要素投入、有效灌溉面积及农业基础设施存量的回归系数均显著为正，而农村劳动力的回归系数显著为负。②解释变量的空间滞后项 W×Ln(PI)、W×Ln(La)以及 W×Ln(Inv)等均在统计上显著。在非空间计量模型中，解释变量的回归系数表示其对被解释变量的直接影响程度，但在空间计量模型中的解释变量回归系数除包含了直接影响外，还包含有反馈效应。① 此外，由于解释变量空间滞后项的回归系数是影响反馈效应的因素之一，所以表 7-5 中的回归系数并不严谨，需要对反馈效应进行剔除，并进一步把溢出效应分解为直接效应和间接效应。

① 所谓反馈效应（Feedback Effect），是指某地区自变量的外溢作用对邻近地区产生影响，邻近地区通过因变量的外溢效应又将这种作用反馈回该地区。

表 7-5　基于不同空间权重矩阵的空间杜宾模型结果

变量名称	邻近空间权重 W_1	地理距离权重 W_2	经济空间权重 W_3
Ln（PI）	0.02*	0.02**	0.03*
Ln（L）	-0.18***	-0.02	-0.22***
Ln（M）	0.82***	0.76***	0.75***
Ln（La）	0.20***	0.24***	0.25***
Ln（Inv）	0.04*	0.05**	0.12***
W×Ln（PI）	0.08**	0.17*	0.42
W×Ln（L）	0.21	1.20***	0.06
W×Ln（M）	0.22*	-0.40	1.09
W×Ln（La）	-0.41***	-0.85**	0.25
W×Ln（Inv）	0.31***	0.37***	0.91**
W×Y	-0.17**	-0.33*	-0.26
R^2	0.92	0.86	0.95

基于 SDM 偏微分方法对W_1、W_2和W_3三种空间权重下的溢出效应进行分解（见表 7-6），总效应可分解为两部分：一是直接效应，即本地效应，表示本区域农业基础设施存量对其农业产出的影响；二是间接效应，即溢出效应，表示本区域农业基础设施存量对相邻区域农业产出的影响。根据表 7-6 的分解结果可知：①在直接效应结果中，农户私人投资、中间要素投入、有效灌溉面积以及农业基础设施存量的回归系数均为正，表明这些因素对本地区农业产出具有正向影响；农村劳动力却对本地区农业经济增长具有负向影响，这是因为中国现阶段农业生产已基本告别了依靠大量劳动力投入的劳动密集型产业，因此，农村劳动力的增加并不能提高本地区的农业产值。此外，在三种空间权重条件下的系数值中，中间投入要素系数最大，其次为农业基础设施存量系数，这说明中间投入要素对本地区农业经济增长作用最大，因为中间投入要素主要是农药、化肥及农膜等物质生产资料，这些要素对提高本地区农作物产量有重要作用，同时这些说明中国农业生产过程中对“化石能源”的过度依赖。②总体而言，在溢出效应结果中，大部分解释变量系数小于直接效应中解释变量的系数，这说明这些因素的区域内溢出效应要强于区域间的溢出效应。农业基础设施存量系数在三种空间权重条件下均显著为正，介于 0.16~0.34，但与其他解释变量相比，农业基础设施存量的溢出效应最大，这说明农业基础设施具有较强的空间溢出性；同时农业基础设施存量系数达到 0.34，在经济空间权重（W_3）条件下的溢出效应要高于邻近空间（W_1）权重和地理距离权重（W_2）条件下，甚至高

于其区域内空间溢出效应系数值（0.31），这是因为经济空间权重中包含了相邻区域农业产业相似度元素，当某区域间不仅具有区位相邻，同时农业产业结构又存在较高的相似性时，农业基础设施存量的空间溢出效应表现更为明显。③在农业基础设施存量对农业产出的总效应中，根据解释变量的系数大小可知：中间要素投入对农业产出的总效应最大，其次为农业基础设施存量。这也符合当前中国农业发展的现状，因为大部分生物性农业技术的提高是通过生产要素投入实现的，通过完善现有农业基础设施体系，能有效改善农业生产条件，促进农业规模化经营。

表 7-6 空间杜宾模型直接效应和溢出效应分解

效应	解释变量名称	邻近空间权（W_1）	地理距离权重（W_2）	经济空间权重（W_3）
直接效应	Ln（PI）	0.01*	0.02*	0.03**
	Ln（L）	-0.19***	-0.04	-0.23***
	Ln（M）	0.62***	0.67***	0.64***
	Ln（La）	0.21***	0.25***	0.25***
	Ln（Inv）	0.23*	0.25**	0.31***
溢出效应	Ln（PI）	0.07**	0.13	0.33
	Ln（L）	0.02*	0.14***	0.17*
	Ln（M）	0.07	0.09**	0.16
	Ln（La）	-0.10***	-0.12**	0.19
	Ln（Inv）	0.16***	0.17***	0.34**
总效应	Ln（PI）	0.08**	0.15	0.36
	Ln（L）	-0.17	0.10***	-0.06
	Ln（M）	0.69***	0.76	0.80**
	Ln（La）	0.11	0.13	0.44
	Ln（Inv）	0.39***	0.42***	0.65**

为进一步研究中国农业基础设施空间溢出效应的区域差异，在经济空间权重（W_3）的基础上假定每个省（市、自治区）农业基础设施存量提高1%，借助式（7-13）可获得有关各个省（市、自治区）农业基础设施的空间溢出效应（见表7-7）。由表7-7可知：①13个粮食主产区的农业基础设施空间溢出效应均值为0.016。这可能是因为粮食主产区主要集中在中国东北和南方，生产区域相对集中，农业产业结构相似度高，所以农业基础设施的空间溢出效应更明显。而粮食主销区位于中国沿海地区，相邻省份较少，同时以都市农业为主，农产品主要服务于周边城镇，生产规模有限，所以农业基础设施空间溢

出效应较低。②在粮食主产区内部，农业基础设施的空间溢出效应存在分化，以黑龙江、吉林和辽宁为代表的北方地区农业基础设施空间溢出效应更大，而以湖南、湖北和江西为代表的南方地区农业基础设施空间溢出效应较小，其中原因有待进一步研究。

表 7-7 中国农业基础设施空间溢出效应的区域差异

区域	省份	溢出效应值
粮食主产区	辽宁	0.022
	河北	0.034
	山东	0.033
	吉林	0.018
	内蒙古	0.028
	江西	0.006
	湖南	0.006
	四川	0.007
	河南	0.017
	湖北	0.007
	江苏	0.009
	安徽	0.009
	黑龙江	0.015
粮食平衡区	北京	0.012
	天津	0.017
	上海	0.008
	浙江	0.008
	福建	0.007
	广东	0.006
粮食主销区	山西	0.026
	宁夏	0.011
	青海	0.007
	甘肃	0.009
	云南	0.006
	贵州	0.006
	重庆	0.006
	广西	0.016
	陕西	0.011
	新疆	0.010

本章小结

本章利用中国 2000～2013 年省际面板数据，选择基于空间回归模型偏微分方法的空间杜宾模型，并考虑了不同空间权重对空间效应的影响，将农业基础设施存量对农业经济的影响分解为直接效应（本地效应）、间接效应（溢出效应）及总效应。研究发现：①在不同的空间权重下，中国农业产出均存在显著的空间依赖性；②农业基础设施存量对农业产出存在正向的直接效应和溢出效应，并且在经济空间权重下的直接效应和溢出效应均强于其他空间权重；③在直接效应分析中，中间投入要素对农业产出的影响最大，而在溢出效应分析中，农业基础设施存量对农业产出的影响最大，这可能是农业基础设施整体功能作用的结果；④与其他因素相比，中间要素投入和农业基础设施存量这两者对农业产出的总效应较大，前者介于 0.69～0.80，而后者介于 0.39～0.65；⑤农业基础设施的空间溢出效应存在区域差异性，粮食主产区农业基础设施的空间溢出效应要强于粮食平衡区和粮食主销区，此外粮食主产区内部各区域的农业基础设施空间溢出效应也存在分化，以黑龙江、吉林和辽宁为代表的北方地区农业基础设施空间溢出效应较大，而以湖南、湖北和江西为代表的南方地区农业基础设施空间溢出效应较小。

第三篇

农业基础设施供给绩效评价：基于数量、质量、效率和公平性的分析

第八章　农业基础设施供给数量的评价

对农业基础设施供给数量进行估算是农业基础设施供给绩效评价的基础。农业基础设施种类繁多，对农业基础设施供给数量进行统计工作量巨大，不具有现实意义。即使能对各种类型的农业基础设施进行分类统计，也只是对农业基础设施供给数量进行简单的罗列，不能考虑折旧等因素对农业基础设施供给的影响，不能从整体上了解农业基础设施供给的水平。通过估算农业基础设施资本存量来评价中国及各省份的农业基础设施供给数量是较合适经济的方法。在确定基年农业基础设施存量的基础上，考虑折旧对后一年农业基础设施资本存量的影响，用以基年为基期的价格指数剔除物价变动对农业基础设施投资的影响，计算出后一年农业基础设施资本存量。不同省份之间、不同年份之间可以通过比较农业基础设施资本存量的大小来衡量农业基础设施供给数量的变动。通过计算农业基础设施资本存量衡量农业基础设施供给数量具有合理性。本章最大限度地利用现有统计数据，对全国及省际层面的农业基础设施资本存量进行细致估算，为进一步研究农业基础设施对中国农业发展的贡献提供一套相对完整而可靠的历史数据。通过对省际农业基础设施资本存量的盘存，对农业基础设施供给数量进行评价。

一、农业基础设施资本存量的估算方法

对资本存量的已有研究大多是对中国总量资本存量进行估算，较具代表性的研究有黄永峰等（2002）、张军和章元（2003）、张军等（2004）、雷辉（2009）、金戈（2012），而目前对农业资本存量估算的文献还比较少。吴方卫（1999）运用永续盘存法计算了我国 1980~1997 年的农业资本存量，王金田等（2007）运用永续盘存法估计了 1978~2005 年中国及各省份的农业资本存量。在农村基础设施资本存量的研究方面，徐淑红（2009，2010）运用永续盘存

法测算了非生产性农村基础设施投资资本存量、农村基础设施投资资本存量。以上对资本存量的估算采用的都是永续盘存法，本章也将采用永续盘存法估算农业基础设施资本存量。它的基本公式如下：

$$K_{it}=K_{it-1}(1-\delta_{it})+I_{it} \tag{8-1}$$

其中，K_{it}表示 i 省份第 t 年的农业基础设施资本存量，K_{it-1}表示 i 省份第（t-1）年的农业基础设施资本存量，δ_{it}表示 i 省份第 t 年的折旧率。I_{it}表示 i 省份第 t 年的当年农业基础设施投资额。上式一共涉及四个变量：①经济折旧率 δ 的确定；②当年农业基础设施投资 I 的选取；③价格指数的构造，以折算到不变价格；④基年农业基础设施资本存量 K_0的确定。

二、农业基础设施资本存量估算的主要变量

（一）经济折旧率 δ 的确定

对估算资本存量的文献进行分析发现，大部分研究都是估计一个合理的经济折旧率，以对历年资本存量进行扣减。目前，几何相对效率模式被广泛应用于国际资本测算的实证研究中，在这个模式下，经济折旧率等于重置率且为常数。因此，本章也假定资本品的相对效率是按几何方式递减的，此时有：

$$d_\tau=(1-\delta)^\tau,\tau=0,1,\cdots \tag{8-2}$$

其中，d_τ代表役龄为 τ 的资本品的相对效率，即旧资本品相对于新资本品的边际产出；τ 代表役龄；δ 代表经济折旧率。参考黄永峰（2002）、张军（2004）、金戈（2012）的研究，这里用我国法定残值率来代替农业基础设施的相对效率 d_τ，其值为 3%~5%，本章采用中间值 4%，表示农业基础设施在寿命终了时，相对效率为新农业基础设施的 4%。对于役龄，黄永峰（2002）、张军（2004）、雷辉（2009）等比较了各类方法，最后估计农业基础设施的寿命期为 30 年。在相对效率呈几何递减的模式下，我们计算得出各省农业基础设施资本存量的经济折旧率 δ 是 10. 2%。

（二）当年农业基础设施投资数据的选取

已有研究对当年投资的选取主要分为三种：一是采用所谓积累的概念及其相应的统计口径，如张军扩（1991）、贺菊煌（1992）、张军（2002）、张军和章元（2003）；二是采用全社会固定资本投资，如王小鲁（2000）；三是大部

分近期研究采用的资本形成总额或固定资本形成总额。本章直接选择当年农业基础设施投资额作为当年投资，农业基础设施投资额数据来源于中经网统计数据库（http：//user. cei. gov. cn）。

（三）农业基础设施投资价格指数的选取及构造

由于价格变动的因素，各年的农业基础设施投资额是不可比的。因此，在运用永续盘存法计算农业基础设施资本存量时，必须将当年价格表示的农业基础设施投资额用一定的价格指数进行缩减，折算成以基期不变价格表示的实际值。严格而言，不变价格农业基础设施投资额应该用农业固定资产投资价格指数进行平减，但在我国缺少农业固定资本价格指数的情形下，本章认为选取农业生产资料价格指数进行替代比较合理。由于《中国农村统计年鉴》缺少北京、天津、上海三市的农业生产资料价格指数，本章直接用全国农业生产资料价格指数代替。然后以 1989 年为 100 构造了不变价格下各省的农业生产资料价格缩减指数，计算出以 1989 年为基期不变价格下各省 1989~2012 年的农业基础设施投资额（见表 8-1）。

表 8-1 以 1989 年为基期的农业生产资料价格缩减指数

地区	1989	1990	1991	1992	1993	1994	1995	1996	1997	1998	1999	2000
北京	100	105.5	108.6	112.6	128.4	156.2	199.0	215.7	214.6	202.8	194.3	192.6
天津	100	105.5	108.6	112.6	128.4	156.2	199.0	215.7	214.6	202.8	194.3	192.6
河北	100	103.5	105.2	108.7	119.2	139.4	168.6	198.9	207.5	204.8	199.6	202.6
山西	100	106.2	112.7	116.4	131.4	160.8	208.0	231.9	241.9	231.7	218.0	223.5
内蒙古	100	110.8	114.7	117.2	130.6	160.1	205.7	226.1	235.1	232.0	223.5	237.1
辽宁	100	107.7	111.0	114.9	128.4	156.0	200.7	218.8	217.1	207.5	195.9	191.0
吉林	100	106.2	112.5	117.5	128.5	154.4	201.0	224.2	223.7	217.4	212.2	209.9
黑龙江	100	104.3	109.9	120.5	150.1	189.0	232.7	256.6	258.2	247.8	239.2	235.8
上海	100	105.5	108.6	112.6	128.4	156.2	199.0	215.7	214.6	202.8	194.3	192.6
江苏	100	102.2	104.0	107.1	119.6	145.3	184.4	196.5	198.9	184.0	175.7	173.8
浙江	100	104.0	107.2	111.2	126.0	159.4	206.9	220.7	220.1	203.3	194.8	195.6
安徽	100	103.9	106.3	108.9	123.0	151.0	193.3	207.3	205.0	194.3	185.2	181.9
福建	100	100.3	105.4	107.7	120.0	141.4	169.9	180.5	179.6	169.9	163.2	159.0
江西	100	104.8	107.7	113.4	125.7	146.7	188.8	202.0	202.8	193.7	181.7	174.2
山东	100	103.2	105.3	106.7	119.1	147.8	197.1	207.9	200.8	193.2	183.7	181.3

续表

地区	1989	1990	1991	1992	1993	1994	1995	1996	1997	1998	1999	2000
河南	100	98.3	98.4	99.6	108.7	135.3	170.2	183.6	182.3	171.8	164.4	163.7
湖北	100	102.9	105.3	112.2	131.7	161.2	208.0	225.9	216.9	199.3	187.1	182.6
湖南	100	99.9	101.1	106.8	122.3	145.1	187.6	201.3	197.1	176.4	168.1	166.9
广东	100	94.8	96.1	95.3	107.1	124.0	149.2	156.2	153.4	145.5	139.0	136.4
广西	100	99.2	100.5	104.5	115.6	136.5	177.6	184.3	184.9	170.3	164.2	164.0
海南	100	109.1	109.8	110.5	144.1	199.2	230.4	246.1	246.9	242.9	235.9	231.1
四川	100	104.7	105.5	112.1	128.9	151.3	197.9	225.6	227.7	211.5	201.4	193.7
贵州	100	101.7	101.7	107.4	121.4	139.4	189.2	204.5	207.2	196.8	186.8	187.9
云南	100	103.5	113.2	119.1	144.6	165.7	208.0	235.6	241.3	232.9	229.8	227.3
陕西	100	103.9	104.7	111.2	123.9	159.3	201.2	222.0	227.3	216.4	203.2	207.7
甘肃	100	111.2	116.2	124.0	148.9	183.5	237.8	263.2	266.9	257.0	246.2	255.8
青海	100	108.7	113.2	117.5	138.1	172.7	213.9	240.9	252.9	253.7	242.5	244.2
宁夏	100	105.6	110.5	114.9	133.6	164.7	214.8	234.1	229.9	221.0	206.4	198.1
新疆	100	108.3	113.8	122.9	135.3	171.6	217.3	250.9	267.3	269.4	261.3	255.8

地区	2001	2002	2003	2004	2005	2006	2007	2008	2009	2010	2011	2012
北京	190.8	191.8	194.4	215.0	232.9	236.5	254.7	306.3	298.6	307.2	341.9	360.9
天津	190.8	191.8	194.4	215.0	232.9	236.5	254.7	306.3	298.6	307.2	341.9	360.9
河北	203.0	203.9	203.4	217.0	231.7	235.4	251.7	298.6	300.3	313.6	352.9	381.9
山西	227.7	229.8	226.1	242.6	274.9	284.7	302.4	358.9	364.6	372.0	406.9	428.8
内蒙古	240.4	246.7	249.5	273.1	295.8	299.1	308.1	354.0	352.8	359.9	382.7	401.6
辽宁	191.9	195.2	192.1	217.6	239.4	240.5	274.6	351.7	340.2	352.9	398.2	425.7
吉林	212.2	213.0	215.1	228.7	249.7	242.8	257.4	327.7	316.0	313.1	348.8	372.6
黑龙江	233.2	232.5	236.8	265.1	287.9	293.5	320.9	393.9	371.0	391.7	431.6	465.2
上海	190.8	191.8	194.4	215.0	232.9	236.5	254.7	306.3	298.6	307.2	341.9	360.9
江苏	168.2	167.0	170.2	191.1	204.3	207.8	222.1	260.5	254.3	265.0	298.3	312.2
浙江	195.0	194.0	199.5	225.9	239.0	238.0	255.5	303.7	291.3	299.9	332.2	346.3
安徽	178.0	177.9	178.2	199.6	216.3	216.2	230.9	286.0	274.1	279.7	319.5	336.6
福建	156.9	156.8	159.7	179.6	194.1	195.9	216.1	267.1	249.2	255.1	285.3	294.7
江西	173.5	173.2	177.5	196.5	212.1	214.4	228.5	274.0	267.3	272.5	302.9	323.0
山东	184.6	185.2	189.6	208.9	221.9	228.5	244.7	291.9	281.1	289.5	321.7	340.7
河南	162.2	163.7	166.9	185.9	200.6	203.0	215.4	260.4	255.4	263.3	292.4	308.0
湖北	181.4	183.2	184.6	205.5	236.5	239.8	259.0	329.3	314.0	319.9	363.0	389.2

续表

地区	2001	2002	2003	2004	2005	2006	2007	2008	2009	2010	2011	2012
湖南	164.3	162.4	166.6	186.8	207.6	209.1	236.3	299.0	284.1	288.0	319.4	334.6
广东	132.4	130.3	129.7	142.0	150.2	154.0	163.0	186.7	183.4	186.5	204.5	212.7
广西	160.2	157.3	161.2	185.8	205.3	207.4	237.2	294.2	277.1	282.4	316.8	329.3
海南	230.0	233.9	245.0	272.7	297.0	299.1	320.5	367.8	345.8	371.0	429.0	447.3
四川	189.4	197.2	198.8	220.5	236.3	244.1	266.1	310.3	314.0	325.4	365.9	383.0
贵州	186.8	187.9	195.6	213.3	235.1	247.7	260.3	295.2	283.8	287.1	318.9	321.2
云南	219.6	220.4	224.7	239.0	253.1	260.2	278.4	324.6	322.3	326.7	353.8	370.2
陕西	211.6	213.3	218.2	243.5	261.0	262.8	284.7	347.3	332.7	350.2	386.3	407.1
甘肃	252.2	253.2	257.8	277.0	301.9	315.4	337.8	387.3	383.3	389.7	419.1	440.8
青海	243.2	238.4	241.0	263.2	280.3	286.1	309.1	383.9	375.5	388.5	436.7	474.8
宁夏	202.1	209.2	207.9	235.9	257.8	259.9	291.5	367.8	354.3	369.9	421.8	453.7
新疆	263.5	262.4	265.3	284.6	299.7	307.2	326.4	366.5	364.6	375.7	400.7	425.5

（四）基年农业基础设施资本存量 K_0 的确定

从理论上讲，通过全国普查获取基年农业基础设施资本存量数据是最准确的，但由于我国没有对农业基础设施资本存量进行过普查，因此只能采用估算的方法求得基年农业基础设施资本存量。常见估算基年资本存量的方法有四种：一是帕金斯等采用的假定资本产出比为 3 以估算基年资本存量的方法；二是 Young 等采用的初期固定资本形成总额除以 10% 的方法；三是基于 Harberger 等提出的思想：假定稳定状态的产出增长率与资本存量的增长率相等，估计基年资本存量；四是 Hall 和 Jones 在估计各国 1960 年的资本存量时采用的方法，即：

$$K_{1960}=I_{1960}/(g_{1960-1970}+\delta) \tag{8-3}$$

其中，K_{1960} 为 1960 年资本存量，I_{1960} 为 1960 年当年投资额，$g_{1960-1970}$ 为 1960~1970 年投资增长的几何平均数，δ 为折旧率。近年国内的研究也越来越多地采用了这一方法。采用 Hall 和 Jones 方法的优点在于：确定各省基年农业基础设施资本存量时，可以回避将全国农业基础设施资本存量按一定比例划分到各省的问题。由于本章尝试对中国各省农业基础设施资本存量进行估算，因此我们采用 Hall 和 Jones 的方法来估算各省的基年资本存量。增长率 g 我们使用农业基础设施在 1989~2012 年投资增长的几何平均值来表示，而折旧率 δ

前面已测算出为 10.2%，根据 Hall 和 Jones 的方法计算出 1989 年各省的农业基础设施资本存量。

三、农业基础设施资本存量估算结果

（一）中国省际农业基础设施资本存量估算结果

确定了农业基础设施资本存量估算的主要变量后，运用永续盘存法得到 1989 年不变价格下中国省际农业基础设施资本存量的估算结果，如表 8-2 所示。

表 8-2　1989~2012 年中国省际农业基础设施资本存量估算结果

单位：亿元

地区	1989	1990	1991	1992	1993	1994	1995	1996	1997	1998	1999	2000
北京	2.73	3.55	4.71	5.53	6.30	6.30	6.27	5.92	5.41	5.42	5.59	7.50
天津	0.63	0.81	0.93	1.41	1.49	2.73	5.01	5.12	5.30	5.51	5.98	6.43
河北	4.84	5.90	6.95	7.46	8.08	8.82	10.94	13.69	17.68	19.77	21.20	23.67
山西	2.17	2.59	2.66	3.84	5.10	5.03	5.32	6.28	10.14	12.41	12.59	13.04
内蒙古	1.11	1.38	1.53	1.61	1.60	1.60	1.58	1.79	2.57	3.41	6.58	7.73
辽宁	8.12	9.32	10.37	12.14	12.90	14.64	15.14	15.64	16.57	17.66	20.72	24.11
吉林	2.49	2.95	3.18	3.80	3.95	4.05	4.17	4.54	5.06	5.41	6.40	7.75
黑龙江	3.94	4.92	5.57	6.04	6.28	6.69	8.16	10.48	15.53	21.08	26.74	30.11
上海	6.53	7.72	8.84	10.29	14.26	17.59	19.03	20.28	24.53	29.32	35.46	37.50
江苏	17.24	20.88	24.29	31.44	38.52	49.77	62.39	73.70	83.82	97.53	110.70	124.19
浙江	24.69	26.51	27.95	29.10	31.18	34.57	38.41	46.25	52.75	61.68	74.29	88.01
安徽	2.90	3.66	4.22	4.77	5.34	5.76	6.42	8.73	11.47	15.52	19.69	25.82
福建	5.04	6.27	7.11	8.40	10.94	17.33	23.29	28.78	36.13	40.20	46.52	51.92
江西	1.01	1.42	1.62	1.99	3.10	4.07	4.73	5.63	6.51	7.64	11.36	14.60
山东	24.73	27.26	31.72	38.97	45.44	55.94	63.28	69.62	77.53	86.57	97.99	106.70
河南	6.61	8.00	9.34	10.02	13.99	18.54	22.83	26.30	30.25	34.10	38.22	43.80
湖北	7.17	8.40	9.64	10.55	11.32	12.85	14.57	15.81	17.84	21.78	25.67	28.96
湖南	3.24	4.11	4.92	5.95	6.86	8.40	10.42	13.42	16.86	20.92	26.13	30.67

续表

地区	1989	1990	1991	1992	1993	1994	1995	1996	1997	1998	1999	2000
广东	59.08	67.46	71.64	81.26	123.41	143.65	163.21	174.63	180.14	186.76	194.44	203.50
广西	2.38	2.84	3.17	3.39	3.89	4.97	6.58	8.05	9.23	12.24	14.29	15.50
海南	0.34	0.44	0.53	1.63	3.02	2.89	3.02	2.98	2.88	2.89	3.73	4.29
四川	30.24	33.99	36.91	40.33	43.31	47.49	51.04	56.30	62.90	73.35	82.57	93.68
贵州	0.62	0.78	0.96	1.37	1.75	1.75	1.94	2.20	2.80	3.27	4.13	5.77
云南	1.19	1.55	2.11	2.72	3.13	4.34	5.11	6.62	8.54	10.57	12.61	15.29
陕西	3.31	4.14	4.49	4.60	4.67	4.96	5.42	5.80	6.34	8.01	9.26	10.74
甘肃	0.95	1.19	1.34	1.40	1.48	1.63	1.83	2.32	2.57	3.04	3.22	3.68
青海	1.10	1.04	1.01	0.97	0.94	0.93	1.06	1.07	1.09	1.23	1.36	1.47
宁夏	0.32	0.42	0.46	0.64	0.72	0.76	0.86	1.38	1.93	3.29	4.21	4.46
新疆	0.71	0.90	1.16	1.31	1.34	1.33	1.63	2.27	3.17	3.47	3.58	3.97

地区	2001	2002	2003	2004	2005	2006	2007	2008	2009	2010	2011	2012
北京	10.47	13.34	16.31	18.99	26.32	39.56	60.34	79.14	115.11	177.83	234.05	283.75
天津	7.56	8.26	12.02	17.78	20.23	24.69	30.52	38.10	53.08	79.56	76.19	73.27
河北	25.97	28.75	35.07	43.75	49.23	62.77	68.64	72.19	78.68	85.51	90.54	94.41
山西	15.68	20.75	24.14	25.62	26.69	35.75	44.39	51.36	57.69	63.66	65.83	67.74
内蒙古	8.77	10.14	11.36	12.28	14.82	20.85	22.73	23.20	24.27	25.54	26.92	28.28
辽宁	28.03	32.72	40.10	48.17	51.34	56.88	62.47	65.30	68.35	72.72	75.66	77.85
吉林	10.15	11.35	15.93	23.02	29.19	33.51	37.47	39.52	42.17	46.04	48.95	51.47
黑龙江	33.23	36.35	39.24	41.31	42.75	45.99	52.53	56.43	61.46	67.57	72.75	76.60
上海	44.84	51.72	69.85	94.84	105.77	116.78	127.64	133.78	141.71	152.66	163.46	172.31
江苏	148.03	186.19	244.17	309.81	352.62	377.60	403.08	417.19	436.75	464.40	491.17	516.17
浙江	102.53	117.05	137.55	159.37	177.87	207.78	240.60	262.04	287.95	320.50	294.90	271.95
安徽	30.72	34.72	40.03	45.40	50.97	68.97	97.06	115.86	136.92	161.98	180.61	197.86
福建	54.93	57.93	63.85	70.88	78.64	86.80	95.26	99.72	106.24	115.14	122.42	129.11
江西	16.59	18.57	22.41	27.25	32.03	42.83	54.79	62.99	72.07	83.14	91.84	98.56
山东	113.84	127.07	149.61	176.76	212.06	250.19	277.73	294.77	316.43	344.97	323.83	304.58
河南	49.52	158.69	204.60	194.64	192.92	183.98	185.52	184.40	185.53	190.03	191.24	190.77
湖北	32.03	34.20	37.28	40.43	44.18	55.09	66.35	72.83	79.45	88.04	94.38	99.14
湖南	37.61	46.53	58.26	70.62	80.51	107.72	123.17	132.34	143.77	156.43	165.16	172.08
广东	208.90	225.57	244.47	261.29	284.63	296.83	315.84	328.38	344.54	363.65	386.46	409.36
广西	17.43	18.64	20.27	21.81	23.29	26.81	31.92	35.24	39.26	43.55	47.20	50.79

续表

地区	2001	2002	2003	2004	2005	2006	2007	2008	2009	2010	2011	2012
海南	4.42	4.60	4.95	5.38	6.22	7.26	8.09	8.69	9.46	10.20	10.69	11.08
四川	109.69	127.68	140.71	149.79	171.14	188.50	198.86	208.37	218.79	230.49	228.32	225.97
贵州	7.51	8.99	11.49	14.62	16.88	20.19	23.50	26.04	28.97	32.15	34.69	37.32
云南	17.96	20.83	23.19	24.91	27.60	33.43	42.54	49.36	56.57	64.23	111.27	151.32
陕西	12.25	13.88	16.11	18.47	19.70	25.75	32.68	37.50	42.95	48.36	63.93	77.71
甘肃	4.54	5.75	6.85	7.78	9.14	14.16	18.34	21.28	24.07	27.09	29.57	32.13
青海	1.63	2.77	3.73	4.45	4.55	5.08	6.12	7.42	8.67	9.97	50.63	83.43
宁夏	4.46	5.41	6.16	6.59	6.97	7.39	8.40	9.88	11.35	12.86	13.60	14.16
新疆	4.51	5.54	6.54	7.41	8.83	11.69	14.52	16.69	18.73	20.90	30.06	37.92

对表 8-2 整理可知，1989~2012 年，北京、内蒙古、海南农业基础设施资本存量略有波动，但其总体趋势是增加的；2011~2012 年，天津、浙江、山东、四川与之前相比有减少的趋势；河南农业基础设施资本存量从 2004 年开始减少；其他各省市的农业基础设施资本存量不断增加。1989~2012 年农业基础设施资本存量排名前十的分别是广东、江苏、山东、浙江、四川、河南、上海、湖南、福建、安徽，最后十名分别是陕西、广西、吉林、贵州、内蒙古、甘肃、新疆、青海、宁夏、海南。从农业基础设施资本存量绝对值来看，最后十名中有八个省份属于西部地区。年均增长速度排名前十的分别是云南、天津、北京、江西、青海、安徽、贵州、新疆、湖南、宁夏，最后十名分别是广西、吉林、河北、黑龙江、湖北、山东、浙江、辽宁、四川、广东。农业基础设施资本存量年均增长率最低的是广东省，西部地区如云南、青海、贵州、新疆、宁夏等省区的年均增长率较高。1989~2012 年农业基础设施资本存量年均增长率为 16.08%，东部地区为 15.06%，中部地区为 16.33%，西部地区为 17.01%，西部地区年均增长率最高，中部地区次之，东部地区最低。

（二）农业基础设施资本存量区域差异分析

通过表 8-3、图 8-1、图 8-2 可知：截至 2012 年底，东部地区各省的平均农业基础设施资本存量为 89.35 亿元，中部地区为 44.30 亿元，西部地区为 24.19 亿元，东部地区各省的平均农业基础设施存量是中部地区的 2.02 倍，是西部地区的 3.69 倍。从农业基础设施资本存量总量来看，东、中、西部地区之间农业基础设施资本存量差异大，从图 8-1 中可看出，随着时间的推移，东、中、西部地区农业基础设施资本存量总量的差距不断增大。从环比农业基础设施增长速度来看，全国平均环比增长率出现两个峰值，分别为1993年和2002年，以1993年和2002年为中心轴呈倒V形曲线形状。1989~2012年，农业基础设施资本存量东部地区环比增长率的平均值为12.70%，中部地区为16.76%，西部地区为13.35%，中部地区最高，这表明与自身相比，中部地区农业基础设施资本存量增长率高。从2011年开始西部地区环比增长率远远超过东、中部地区。

表8-3 各地区平均农业基础设施存量与环比增长率

年份	农业基础设施存量（亿元）				环比增长率（%）			
	东部	中部	西部	全国	东部	中部	西部	全国
1989	14.00	3.69	4.19	7.77				
1990	16.01	4.51	4.82	8.98	14.40	22.07	14.99	15.52
1991	17.73	5.14	5.32	9.98	10.74	14.11	10.23	11.11
1992	20.69	5.87	5.83	11.48	16.71	14.10	9.74	15.06
1993	26.87	6.99	6.28	14.29	29.83	19.12	7.68	24.44
1994	32.20	8.18	6.98	16.88	19.85	16.93	11.02	18.12
1995	37.27	9.58	7.70	19.44	15.74	17.18	10.45	15.18
1996	41.51	11.40	8.78	21.92	11.37	18.97	13.97	12.76
1997	45.70	14.21	10.11	24.74	10.10	24.65	15.19	12.89
1998	50.30	17.36	12.19	28.07	10.06	22.16	20.51	13.45
1999	56.05	20.85	14.18	31.90	11.44	20.12	16.36	13.66
2000	61.62	24.34	16.23	35.68	9.93	16.76	14.43	11.85
2001	68.14	28.19	18.87	40.13	10.58	15.81	16.30	12.46
2002	77.56	45.15	21.96	49.45	13.83	60.14	16.36	23.21
2003	92.54	55.24	24.64	58.84	19.31	22.35	12.20	18.99
2004	109.73	58.54	26.81	67.01	18.57	5.97	8.81	13.90
2005	124.08	62.40	30.29	74.73	13.08	6.61	12.98	11.51
2006	138.83	71.73	35.38	84.65	11.88	14.94	16.81	13.28
2007	153.66	82.66	39.96	94.87	10.68	15.24	12.93	12.07
2008	163.57	89.46	43.50	101.72	6.45	8.23	8.85	7.23
2009	178.03	97.38	47.36	110.72	8.84	8.85	8.89	8.85
2010	198.83	107.11	51.51	122.73	11.69	9.99	8.76	10.84

续表

年份	农业基础设施存量（亿元）				环比增长率（%）			
	东部	中部	西部	全国	东部	中部	西部	全国
2011	206.31	113.84	63.62	131.60	3.76	6.29	23.51	7.23
2012	213.08	119.28	73.90	139.21	3.28	4.77	16.16	5.79
均值	89.35	44.30	24.19	54.45	12.70	16.76	13.35	13.45

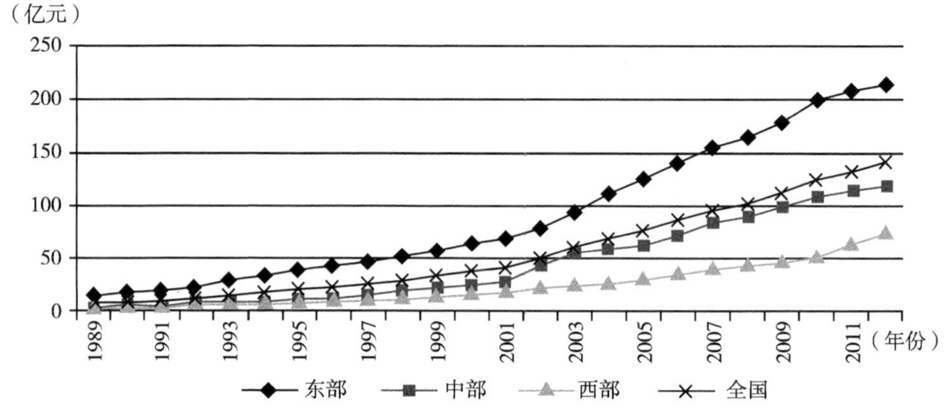

图 8-1　1989~2012 年东、中、西部地区及全国平均农业基础设施资本存量趋势

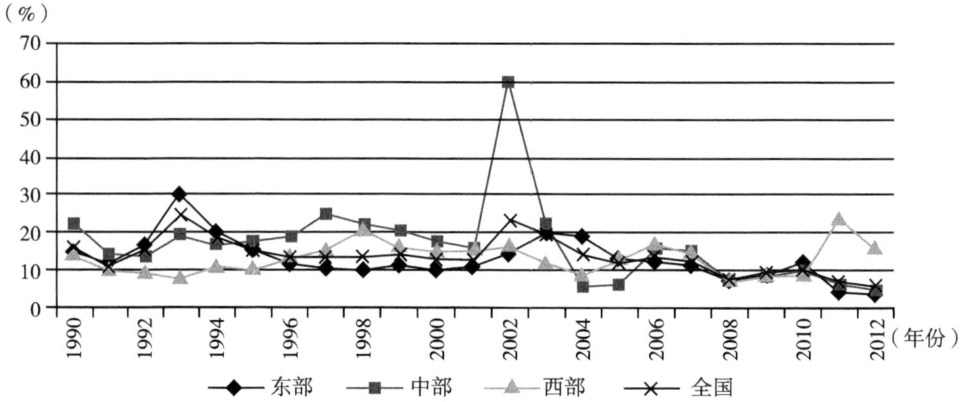

图 8-2　1990~2012 年东、中、西部及全国农业基础设施存量环比增长率

通过表 8-4 可知，1989~2012 年全国新增农业基础设施资本存量为 5.71 亿元，其中，东部地区最高（8.66 亿元），中部地区次之（5.03 亿元），西部地区最低（3.03 亿元），东部地区是中部地区的 1.72 倍，中部地区是西部地区的1.66倍。2011年以前，西部地区新增农业基础设施资本存量远远低于东、中部地区，但从2011年开始西部地区新增农业基础设施资本存量大于东、中部地区。1989~2012年全国新增农业基础设施资本存量平均环比增长率为13.00%，其中，中部地区最高（24.90%），西部地区次之（19.85%），东部地区最低（12.12%）。大多数年份新增农业基础设施资本存量环比增长率是正数，说明新增农业基础设施资本存量总的趋势是上升的。

表8-4　各地区新增农业基础设施存量及环比增长率

年份	新增农业基础设施存量（亿元）				环比增长率（%）			
	东部	中部	西部	全国	东部	中部	西部	全国
1990	2.02	0.82	0.63	1.21	—	—	—	—
1991	1.72	0.64	0.49	1.00	-14.73	-21.99	-21.55	-17.31
1992	2.96	0.73	0.52	1.50	72.36	14.04	5.03	50.63
1993	6.17	1.12	0.45	2.81	108.35	54.76	-13.53	86.72
1994	5.33	1.18	0.69	2.59	-13.60	5.45	54.53	-7.75
1995	5.07	1.40	0.73	2.56	-4.98	18.67	5.29	-1.05
1996	4.24	1.82	1.08	2.48	-16.38	29.39	47.63	-3.18
1997	4.19	2.81	1.33	2.83	-1.07	54.62	23.96	13.93
1998	4.60	3.15	2.07	3.33	9.69	12.05	55.48	17.79
1999	5.75	3.49	1.99	3.83	25.10	10.91	-3.83	15.18
2000	5.57	3.49	2.05	3.78	-3.27	0.04	2.62	-1.38
2001	6.52	3.85	2.65	4.45	17.12	10.17	29.26	17.62
2002	9.42	16.95	3.09	9.32	44.57	340.47	16.69	109.51
2003	14.98	10.09	2.68	9.39	58.95	-40.48	-13.21	0.79
2004	17.19	3.30	2.17	8.18	14.73	-67.32	-18.98	-12.91
2005	14.35	3.87	3.48	7.71	-16.47	17.27	60.28	-5.69
2006	14.75	9.33	5.09	9.92	2.73	141.12	46.37	28.67
2007	14.83	10.93	4.58	10.22	0.53	17.21	-10.14	2.97
2008	9.92	6.80	3.54	6.86	-33.11	-37.75	-22.72	-32.87
2009	14.45	7.92	3.87	9.00	45.75	16.38	9.33	31.23
2010	20.80	9.73	4.15	12.00	43.93	22.84	7.28	33.38
2011	7.48	6.73	12.11	8.87	-64.07	-30.79	191.90	-26.13
2012	6.77	5.43	10.28	7.61	-9.42	-19.30	-15.07	-14.15
均值	8.66	5.03	3.03	5.71	12.12	24.90	19.85	13.00

通过上述分析发现，虽然西部地区农业基础设施资本存量年均增长率较高，但就农业基础设施存量绝对值而言，西部地区与东部地区差距较大，这说明尽管政府加大了对西部地区农业基础设施的投入，但由于历史、经济发展等原因，西部地区与中部地区特别是东部地区农业基础设施存量差距较大，因此应继续加大对西部地区的农业基础设施投入。

四、地区间农业基础设施资本存量与农业产值之间的关系

上文分析了 1989~2012 年农业基础设施资本存量的变化，下面我们来考察地区间农业基础设施资本存量与农业产值之间的关系。根据各地区农业基础设施资本存量与农业（第一产业）产值数据分别计算东、中、西部地区 1989~2012 年第一产业劳动力人均农业基础设施资本存量及第一产业劳动力人均农业产值［各地区的第一产业劳动力数据与第一产业生产总值数据来源为《中国统计年鉴》（1990~2013）］，为便于比较，所有数据均按 1989 年不变价格计算。东部地区的人均农业基础设施资本存量和人均农业产值水平均处于全国领先位置，中、西部地区与之差距很大。中、西部地区的人均农业产值增速都相对缓慢，但中部地区的人均农业产值水平始终高于西部地区。值得注意的是，2012 年中部地区人均农业基础设施资本存量只是西部地区的 0.74 倍，但人均农业产值却为西部地区的 1.19 倍，且人均农业产值的增长速度明显高于西部地区。具体指标的比较如表 8-5 所示。1989~2012 年，东部地区人均农业基础设施资本存量与人均农业产值都最高。中、西部地区之间，2012 年西部地区的人均农业基础设施水平高于中部地区，但西部地区的人均农业产值始终低于中部地区，且两者之间的差异随着时间的推移出现增大趋势。从年均增长率来看，西部地区的人均农业基础设施资本存量增长速度高于中部地区，但人均农业产值增长率比中部地区低 2.41%。东部地区经济发达，各省份财政资金雄厚，能够加大对农业基础设施的投资，中部地区大多为农业大省，财政资金相比东部地区差距较大，在国家对中部地区的扶持小于西部地区时，中部地区人均农业基础设施资本存量小于西部地区。据此，我们可以做出如下推断：地区间的农业基础设施差异与农业发展差异是巨大的，通过大规模的政策干预，可以迅速缩小农业基础设施的地区差异，但未必能缩小农业发展差异。当然上述推断是直观的，更严谨的结论依赖于进一步的计量经济分析。上述推

断并未否定农业基础设施对农业增长的推动作用，但很显然仅仅依靠农业基础设施投资来推动农业增长是不够的，而且过快的农业基础设施供给数量的增长很可能导致供给效率低、质量较差、结构不合理。

表 8-5 东、中、西部地区人均基础设施资本存量与人均地区生产总值比较（1989 年不变价格）

	1989 年		2012 年		年均增长率（%）
	金额（元）	对比（西部=1）	金额（元）	对比（西部=1）	
东部人均农业基础设施存量	189	6.10	10590	8.06	19.13
中部人均农业基础设施存量	33	1.06	975	0.74	15.86
西部人均农业基础设施存量	31	1	1314	1	17.69
东部人均农业产值	2241	1.97	10837	2.23	7.09
中部人均农业产值	1296	1.14	5793	1.19	6.73
西部人均农业产值	1140	1	4869	1	4.32

本章小结

归纳上文的分析结果可知：随着时间的推移，除天津、浙江、山东、四川、河南外，其他各省的农业基础设施供给数量是不断增加的，但农业基础设施供给数量的地区差距较明显，尽管中、西部地区农业基础设施供给数量总量及新增农业基础设施供给数量的年均增长率比东部地区高，但就农业基础设施存量绝对值而言，中部地区特别是西部地区与东部地区差距较大。中、西部地区农业基础设施供给数量年均增长率高说明中央政府认识到农业基础设施供给数量的地区差距明显，采取相关措施加大了对中部地区特别是西部地区农业基础设施的投入，但由于历史、经济发展等原因，中、西部地区与东部地区农业基础设施供给数量差距仍然较大，如何进一步缩小农业基础设施供给数量的地区差距需要进行思考。另外，研究显示，通过大规模的政策干预（如西部大开发战略）可以迅速缩小农业基础设施的地区差异，但未必能缩小农业发展差异，在大规模政策下，过快的农业基础设施供给数量的增长很可能导致农业基础设施供给效率低、质量较差、结构不合理。因此，在对农业基础设施供给数量进行估算的基础上，还需对农业基础设施供给质量、供给效率等进行研究，以全面反映农业基础设施供给绩效，研究是否由于农业基础设施供给质量不高、供给效率低，农业基础设施供给没有起到促进农业生产的作用。下文将对农业基础设施供给质量、供给效率进行研究。

第九章　农业基础设施供给质量的评价

在第八章，我们测算了农业基础设施的供给数量，从存量上知晓了农业基础设施的历史数据，对农业基础设施供给绩效有了一个初步的了解，但农业基础设施能否在粮食安全、农业增产、农民增收中起到作用，更为关键的是农业基础设施供给质量。只有农业基础设施供给数量与质量都能满足农业生产的需要时，农业基础设施才能发挥其应有的作用。数量是基础，质量是关键，在确保供给数量的基础上，使供给质量达标，才能确保国家粮食安全。因此，本章将对农业基础设施供给质量进行评价。

对农业基础设施供给质量进行评价是一个十分棘手的问题，需要考虑如何选取指标、模型，才能科学地对农业基础设施供给质量进行评价。现有对供给质量的研究，较主流的是对客户的满意度进行评价以衡量供给质量，但客户满意度从客户主观角度出发，不同的人主观感受不同，且对产品的期望值高低各异。具体就农业基础设施供给质量评价来说，用农户对农业基础设施供给满意度来衡量，主观性较大，加之农户对农业基础设施相关知识的不了解，在实际调研过程中难以准确反映农业基础设施的供给质量。农业基础设施种类繁多，对农业基础设施总体质量进行评价针对性不强，难以有效反映供给质量。我国是一个水资源短缺的国家，人均和亩均水资源量只有 2100 立方米和 1400 立方米，仅为世界平均水平的 28%和 50%；降水量和河川径流量的 60%~80%集中在汛期，连续几个丰水年或枯水年的情况时常发生；北方地区耕地占全国的 60%，地区生产总值占 45%，而水资源量仅占全国的 19%。人多水少、水资源时空分布不均的基本国情，水旱灾害频发多发的特点，随着工业化、城镇化深入发展，使得我国农田水利面临的形势更趋严峻，增强防灾减灾能力的要求越来越迫切，加快扭转农业主要“靠天吃饭”局面的任务越来越艰巨。2010 年西南五省大旱，2011 年初华北地区干旱，2012 年云南地区大旱，2013 年南方洪涝灾害……屡次灾害将我国农业的脆弱抗灾害能力暴露无遗，再次警示我们加快农田水利建设刻不容缓。因此，本章以农田水利设施为切入点，对农业基础设施供给质量进行评估。在衡量农田水利设施供给质量时用农业水旱成灾率作为被解释变量，衡量水利投资及农田水利设施是否降低了农业水旱灾害成灾率。本章有别于用农户对农田水利设施满意度衡量供给质量的既有研究，利用统计数据客观地研究农田水利设施在减灾中的作用，从管理科学的角度衡量农田水利设施最终的作用以衡量供给质量，在农业基础设施供给质量评价方面有一定程度的创新。在现有研究基础上，利用省际面板数据，研究水利投资在抗御农业水旱灾害中的效果，各类型农田水利设施在抗击农业旱灾、水灾中的作用，东、中、西部地区水利投资、农田水利设施在农业减灾效果上的不同，以评价农田水利设施供给质量及农田水利供给质量的区域差异。

一、理论阐述

（一）农田水利设施减灾机理分析

政府及农户进行农田水利投资的目的是通过修建农田水利设施抵御自然灾害，中央、省、市、县、乡各级政府及农户不断地进行农田水利投资，以形成完善的农田水利设施系统。完善的农田水利设施系统包括完善的硬件设施和软件设施。完善的硬件设施的第一层含义是指农田水利设施数量能够满足抗灾所需，即农田水利设施能覆盖到需要灌溉与抗洪排涝的地方；更重要的是第二层含义，即农田水利设施质量达标。农田水利设施质量包括两方面的内涵，一方面指农田水利设施本身的质量，即工程完好情况及运行效率，只有工程质量达标，在面临旱灾、水灾时能有效运行，才能达到减灾的目的；另一方面指农田水利设施系统的结构合理，不同类型的农田水利工程，在功能、性质、规模、自然条件和灌溉能力上存在不同，它们之间若能构成一个协调与互补的系统，便能大大提高各水利工程的效益。大、中型水利工程数量少、覆盖面积大、使用成本高，但水源充足、库容大，能应付较严重的旱灾与水灾；小型水利工程数量庞大、使用方便，但通常水源不充足、库容小，在干旱年景无力抗旱，在遭遇洪涝灾害时减灾作用微乎其微，因此，大、中、小型水利设施的分布结构应合理。农田水利设施系统包括水源系统与水运输系统。水源系统包括水库、水塘、河流、湖泊等，在干旱时能储存水源，但是如果只有水源系统，水运输系统不完善，那么就算存储再多的水源，对抗御旱灾也没有作用。水运输系统主要指机电排灌站、水渠（干渠、支渠、农渠），同样，水运输系统再完善，如果缺乏水源，那么在干旱面前也无能为力。水源系统与水运输系统必须相互配合，要保证水源系统的储水能力，确保水运输系统畅通，在使用机井的地方保证地下水源充足，这样才能有效抗旱。发生洪涝灾害时，水库要能储水且确保水库不会垮塌，堤防要达标，水闸能有效拦截洪水，机电排灌站在排涝时能投入使用且水渠畅通，这样才能有效抗御洪涝灾害。总之，完善的硬件设施不仅要在数量、本身的质量上满足抗御自然灾害所需，更重要的是农田水利设施系统中各子系统能相互配合。软件设施指与抗灾相关的制度安排要合理，在工程性的硬件设施完善的条件下，能真正有效抗击水旱灾害。各级政府及农户不断进行农田水利投资，使得完善的硬件设施与软件设施配合，形成旱灾时能有效抗旱，洪涝时能有效抗洪排涝，且能根据旱灾、水灾的严重程度合理调节并完善农田水利设施系统，才能达到有效减灾的目的。

（二）农田水利设施供给的区域差异分析

中国是一个幅员辽阔的国家，地形复杂、气候多样，根据地理、气候及经济发展水平，可以分为东、中、西部地区。东部地区以平原为主，地形较平坦，经济发达；中部地区以平原、丘陵为主，经济发展处于中等水平；西部地区以山地、高原为主，经济相对落后。中国的水资源空间分布不均，东、中、西部地区水资源禀赋差异很大，东部地区总体水资源丰沛，西部地区则干旱少雨，总体呈现由东向西水资源丰沛程度递减的规律。水源条件及地形的差异使得水利投资减灾效果也不同。由于地理、历史、经济发展水平的不同，东、中、西部地区的农田水利设施存量存在很大的差别。在中国农业发展史上东部地区一直占有重要地位，因此从古代以来其农田水利设施就较之中部特别是西部地区完善。新中国成立以后，东部地区经济持续发展，省级财政实力雄厚，对农田水利投资能力强，且地形平坦，更有利于修建农田水利设施，因而东部地区农田水利设施较完善，1990 年前的农田水利设施存量较多。中部地区除山西省外，其他省份都是粮食主产区，政府对农田水利设施较重视，投资较多，中部地区农田水利设施存量较多。西部地区地形崎岖，经济不发达，历史上农田水利设施较少，农田水利设施还未形成体系。地形不同、水源条件不同，资源禀赋不同，各省进行农田水利投资，最后形成的农田水利设施种类也不同。地形平坦、水资源缺乏的地区，最典型的为华北平原，其地下水较多、地表水较少，降水较少，工业、服务业发达，农业灌溉可用水较少，因而华北地区的农业灌溉方式以机井为主。水源丰富、地形平坦的地区则更倾向于修建水闸、泵站从河流、湖泊中抽水灌溉。地形不平坦、以丘陵为主、降水丰富的地区则更倾向于修建水库，利用地理落差进行灌溉。水源条件、地形与初始水利设施存量的差异使得东、中、西部地区农田水利设施差异较大，因而分区域研究农田水利设施减灾效果更为科学。

二、模型、变量与数据说明

对水利投资、农田水利设施减灾效果进行评估是一个难题。因此，如何设定变量、选取模型使实证研究结果更精确地反映现实情况对结论的可信度至关重要。

（一）模型设定

根据研究目的，本章设定三类模型。模型一研究新增水利投资在抗御旱灾、水灾中的作用，由于水利投资发挥作用的滞后性，将考虑当期投资对滞后期旱灾、水灾成灾率的影响，同时也会考虑区域差异，考察东部、中部、西部地区水利投资减灾效果大小。模型二研究水库、水闸、机井、机电排灌站的抗旱效果，考虑区域差异。模型三研究水库、水闸、堤防、机电排灌站抗御水灾的效果，考虑区域差异。鉴于数据可得性，本章只考虑水库、水闸、机井数量、堤防长度和机电排灌站装机容量对农业减灾的作用，没有考虑水利设施质量对农业减灾的影响，但正是因为只从数量上进行研究，更能从侧面知晓农田水利设施质量（见表 9-1）。如果农田水利设施数量增加，但水旱灾害成灾率上升，那么就表明农田水利设施本身的质量较差或农田水利设施构成结构不合理。

表 9-1　模型设定

被解释变量 Y_{it}	解释变量 X_{it}	模型
旱灾成灾率、水灾成灾率	新增水利投资	一
旱灾成灾率	水库数、水闸数、机井数、排灌站装机容量	二
水灾成灾率	水库数、水闸数、堤防长度、排灌站装机容量	三

注：it 表示第 i 个省份 t 时期。

本章使用的是 1990~2011 年 28 个省份的数据，从全国层面进行研究时使用的是短面板数据，但分区域即分东、中、西部地区进行研究时，使用的是长面板数据。短面板数据与长面板数据进行估计时使用的方法不一样。从全国层面研究时，根据有无个体效应，有两种估计策略：混合回归模型和个体效应模型。在实际运用中，应根据数据的特征进行检验，不存在个体效应时选择混合回归模型，存在个体效应时使用个体效应模型。个体效应模型又因 Y_{it} 与解释变量的关系分为固定效应模型和随机效应模型，由于使用聚类稳健标准差进行回归，在选择固定效应还是随机效应时，使用自助法进行豪斯曼检验。分区域研究时，根据检验结果选择合适的 FGLS 进行估计。本章严格按照数据特征运用 STATA12.0 软件来检验以选择最终模型，检验结果不再详述。

（二）指标选取和变量定义

1. 被解释变量

受地理位置和气候的影响，我国是一个气象灾害频发的国家。影响我国农业的气象灾害主要有干旱、洪涝、风雹、冷冻、台风等，其中旱灾和洪涝灾害发生的频率最高，影响范围和程度也最大，几乎每年都会有，南北两地旱涝交替发生。据统计，从公元前 206 年至 1949 年的 2155 年间，共发生较大洪灾 1062 次，平均两年发生一次。风雹、冷冻、台风等气象灾害的影响范围没有旱涝灾害大，而且在很大程度上是难以防护的，因此这里主要分析水利投资、农田水利设施抗御农业旱灾、水灾的效果。农作物受水旱灾害的影响情况可以用农作物受灾面积和农作物成灾面积来衡量。但受灾面积受极端天气的影响，出现极端天气时，受灾面积必然较大，因而不能很好地反映水利投资、农田水利设施在减灾中的作用。成灾面积能在一定程度上排除偶然极端天气的影响，当水利投资有效果，农田水利设施能起到作用时，受灾但不一定成灾，能更好地反映水利投资、农田水利设施在减灾中的作用。但由于各省每年的农作物播种面积不等，即使不同年份的农业水旱受灾或者成灾面积相同，灾害造成的相对损失量或者灾害的危害程度也是有差别的。因此，仅仅用农业水旱灾害成灾面积的绝对值对比分析灾害发生的时间动态规律和防御抵御效果，具有不合理性。为便于比较农业水旱灾害的动态发生状态，需要进行适当处理。本章用水灾成灾率、旱灾成灾率反映水旱灾害情况及减灾情况。水灾成灾率＝水灾成灾面积/农作物播种面积×100%，旱灾成灾率＝旱灾成灾面积/农作物播种面积×100%。

2. 解释变量

流量与存量。当初始农田水利设施存量较高时，新增水利投资减灾的效果将较好；初始农田水利设施存量较低时，新增水利投资减灾效果可能较差。由于自然地理和历史原因，东、中、西部地区农田水利设施初始存量不同，新增水利投资减灾效果也不同，因此单纯从流量视角研究新增水利投资减灾效果不全面，且各地区进行水利投资最终形成的各类型农田水利设施的数量差别也较大，水利投资与农田水利设施的侧重点也不同，本章从水利投资流量（新增水利投资）与农田水利投资存量（农田水利设施数量）两方面分析水利投资减灾效果，为后续水利投资侧重点提供参考。用年末水利基本建设投资完成额来衡量各省份每年新增水利投资，为消除物价波动的影响，使各省份各年份间水利投资具有可比性，构造以 1990 年为基期的省际固定资产投资价格指数对水利投资进行平减。水利投资形成的水利设施存量主要包括水库、水闸、机井、堤防、排灌站，其中机井主要用来抗旱，堤防主要用来防洪。本章用各省份 1990~2011 年水库、水闸、机井数、堤防长度和排灌站装机容量来衡量各省农田水利设施供给状况。水库、水闸、机井数、堤防长度和排灌站装机容量是使用存量而不是流量，如 1990 年末水库存量包括 1990 年及之前修建的所有水库。新增水利投资的单位为亿元，水库数、水闸数、机井数的单位为千座，堤防单位为 10^3千米，排灌站装机容量单位为 10^6千瓦。

（三）数据说明与描述统计

我们的分析对象是中国 28 个省份在 1990~2011 年的水旱灾害、水利投资以及农田水利设施状况，由于数据缺乏，这里没有包含西藏自治区和上海市。另外，我们还将重庆市的数据和四川省的数据加总起来。数据来源于《中国水利年鉴》及《中国统计年鉴》。由于《中国水利年鉴》1999 年和 2000 年中没有对 1998 年、1999 年水利基本建设投资完成额、水库数、水闸数、机井数、排灌站装机容量进行统计，为了保持数据的完整性，用线性插值法替换补全缺失值。变量的变化基本上呈线性关系，对数据进行观察发现用线性插值法补全后的数据符合其基本规律，较为可信，可以用其进行研究。有关上述各变量的描述性统计如表 9-2 所示。从表 9-2 中可知，东、中、西部地区旱灾成灾率、水灾成灾率、水利投资额、水库数等都表现出差异。西部地区 1990~2011 年平均旱灾成灾率达到 11. 561%，比东部地区多 4. 668%；1990~2011 年平均水灾成灾率中部地区最高；水利投资额、水库数、水闸数等西部地区与东、中部地区差距较大，与前文的理论分析相吻合。

表 9-2　各变量的描述性统计（均值）

	旱灾成灾率（%）	水灾成灾率（%）	水利投资	水库数	水闸数	机井数	堤防长度	排灌站装机容量
全国	9.450	4.229	10.669	3.046	1.357	160.660	9.925	1.482
东部	6.893	3.963	11.045	2.337	2.063	210.566	14.922	1.971
中部	9.767	5.831	12.453	4.796	1.209	220.491	10.622	1.916
西部	11.561	3.146	8.866	2.356	0.656	59.912	3.845	0.647

三、实证结果和分析

（一）新增水利投资减灾效果评估

1. 新增水利投资抗旱效果分析

从全国层面看，新增水利投资能有效降低旱灾成灾率，在 T 期水利投资增加 1 亿元，旱灾成灾率降低 0.062%，且通过了 1%的显著性检验。考虑水利投资发挥作用的滞后性，本章也考虑了当年投资对后续三年旱灾、水灾成灾率的影响。从表 9-3 中可知，T 期水利投资能降低 T+1 期、T+2 期、T+3 期旱灾成灾率，特别是对 T+2 期旱灾成灾率的作用最大，T 期增加 1 亿元水利投资，T+2 期旱灾成灾率降低 0.160%。从区域层面看，东、中、西部地区新增水利投资都能有效降低旱灾成灾率。东部地区新增水利投资与旱灾成灾率的负相关关系通过了 1%的显著性检验，新增水利投资减灾效果持久，随着时间的推移，减灾效果越加明显，T 期新增水利投资 1 亿元，T+3 期旱灾成灾率降低 0.177%。中部地区 T 期水利投资增加 1 亿元，T+2 期旱灾成灾率降低 0.202%，T 期的水利投资在 T+2 期的减灾效果最明显。西部地区水利投资增加，旱灾成灾率随之降低，水利投资在降低旱灾成灾率上发挥了积极作用，且新增水利投资减灾效果持久。

表 9-3　旱灾成灾率与水利基本建设投资完成额的关系

		T 期	T+1 期	T+2 期	T+3 期
全国	水利投资	-0.062 (0.023)***	-0.111 (0.036)***	-0.160 (0.043)***	-0.128 (0.053)**
	常数项	10.054 (1.071)***	10.635 (1.232)***	10.861 (1.231)***	10.287 (1.269)***
东部	水利投资	-0.094 (0.005)***	-0.141 (0.009)***	-0.167 (0.016)***	-0.177 (0.030)***
	常数项	6.374 (0.567)***	6.994 (0.620)***	7.147 (0.671)***	6.777 (0.690)***
中部	水利投资	-0.083 (0.041)**	-0.122 (0.049)**	-0.202 (0.064)***	-0.178 (0.078)**
	常数项	8.758 (0.834)***	9.351 (0.943)***	10.343 (1.034)***	8.997 (1.081)***
西部	水利投资	-0.091 (0.041)**	-0.124 (0.054)**	-0.177 (0.062)***	-0.196 (0.079)**
	常数项	10.196 (0.759)***	10.589 (0.826)***	10.902 (0.810)***	10.687 (0.881)***

注：估计系数下方的数字为标准差；*、**、*** 分别表示在 10%、5%、1%的统计水平下显著。

2. 新增水利投资抗御水灾效果分析

从全国层面看，新增水利投资能降低水灾成灾率，在 T 期水利投资增加 1 亿元，水灾成灾率降低 0.058%，且通过了 1%的显著性检验。T 期水利投资能降低 T+1 期、T+2 期、T+3 期水灾成灾率，特别是对 T+2 期水灾成灾率的作用最大，T 期增加 1 亿元水利投资，T+2 期水灾成灾率降低 0.094%。从区域层面看，东、中、西部表现出明显的差别。东部地区新增水利投资抗御水灾效果最好，在 T 期水利投资增加 1 亿元，水灾成灾率降低 0.043%，且通过了 5%的显著性检验，T 期水利投资能显著降低 T+1 期、T+2 期、T+3 期水灾成灾率，水利投资减灾效果持久。中部地区新增水利投资与水灾成灾率呈现负相关关系，在 T 期、T+1 期通过了 10%的显著性，T+2 期通过了 5%的显著性检验，T+3 期没有通过显著性检验，T 期新增水利投资 1 亿元，T+2 期水灾成灾率降低 0.067%。西部地区新增水利投资与水灾成灾率负相关，T 期水利投资增加 1 亿元，T+1 期水灾成灾率减少 0.043%，但只在 T+1 期通过了 5%的显著性检验（见表 9-4）。

表 9-4 水灾成灾率与水利基本建设投资完成额的关系

		T 期	T+1 期	T+2 期	T+3 期
全国	水利投资	-0. 058 (0. 013) ***	-0. 078 (0. 015) ***	-0. 094 (0. 020) ***	-0. 093 (0. 028) ***
	常数项	4. 851 (0. 431) ***	4. 994 (0. 458) ***	4. 883 (0. 459) ***	4. 829 (0. 470) ***
东部	水利投资	-0. 043 (0. 019) **	-0. 045 (0. 023) **	-0. 074 (0. 028) ***	-0. 073 (0. 031) **
	常数项	4. 147 (0. 363) ***	4. 808 (0. 612) ***	4. 278 (0. 395) ***	4. 226 (0. 406) ***
中部	水利投资	-0. 049 (0. 029) *	-0. 065 (0. 038) *	-0. 067 (0. 044) **	-0. 023 (0. 058)
	常数项	5. 625 (0. 572) ***	5. 850 (0. 630) ***	5. 453 (0. 620) ***	5. 101 (0. 697) ***
西部	水利投资	-0. 020 (0. 014)	-0. 043 (0. 017) **	-0. 032 (0. 021)	-0. 039 (0. 026)
	常数项	2. 889 (0. 180) ***	3. 077 (0. 191) ***	2. 981 (0. 199) ***	2. 920 (0. 214) ***

注：估计系数下方的数字为标准差；*、**、*** 分别表示在 10%、5%、1%的统计水平下显著。

通过上面的分析可知，水利投资增加 1 亿元，旱灾成灾率比水灾成灾率减少得多，水利投资抗旱效果比抗击水灾效果好。对这一结果可能的解释是旱灾有一个从轻度到重度的过程，当旱灾只是轻度时，利用一切可能的灌溉设施、动员农户抽水灌溉，能有效减少成灾面积。水灾往往在降雨集中的几天内就会成灾，现阶段农村的排洪排涝渠道往往是堵塞淤积的，因而在短时间内不能有效排洪排涝，农村末级渠道的堵塞使得水利投资减灾效果大打折扣。在抗御旱灾与水灾上，表现出不同的区域特征，水利投资抗旱效果在东、中、西部地区都较明显，而水利投资抗御水灾效果在东部地区最明显，中部地区次之，在西部地区不是特别明显。

（二）各类型农田水利设施减灾效果评估

1. 各类型农田水利设施在抗旱中的效果分析

从全国层面看，水库、水闸抗旱效果明显。水库每增加 1 千座，旱灾成灾率降低0.658%；水闸每增加1千座，旱灾成灾率降低1.542%；机井对旱灾成灾率有正向影响，但没有通过显著性检验。从区域层面看，水库数量增加能显著降低东、中、西部地区旱灾成灾率。西部地区水库抗旱效果最明显，水库每增加1千座，旱灾成灾率降低1.129%；中部地区次之，水库每增加1千座，旱灾成灾率降低1.046%。机井在中部地区对抗旱起到了一定作用，但在东、西部地区，机井数量与旱灾成灾率呈正相关，特别是西部地区，西部地区每增加1千座机井，旱灾成灾率反而上升0.029%，且通过了1%的显著性检验（见表9-5）。机井在中部地区与东、西部地区抗旱中起到截然相反的作用，可能的解释是中部地区水源丰富，地下水源较多，在干旱时期，通过机井能抽取到水源进行灌溉；东部华北平原地区、西部地区本身水资源缺乏，越干旱、越打井，越打越深，越打越多，在这种循环的背后，意味着个别地区有些含水层或已干涸，因而在干旱时期，在地下水已经干涸或接近干涸时，机井再多，也不能抽取到地下水进行灌溉，造成机井数量与旱灾成灾率呈正相关关系。西部地区机电排灌站装机容量与旱灾成灾率呈正相关，出现这一现象的原因值得深思。西部地区本身水源缺乏，因而在干旱时节更重要的是储存水资源，如果没有水源，就算水利设施再多、再好，那么在干旱面前也无能为力，下面的实证结果也能在一定程度上证明这一观点，水库在西部地区抗旱中起到了重要作用，是因为水库能储存水资源，机井、机电排灌站数量与旱灾成灾率成正比，因为机井与机电排灌站只是抽取水资源的工具。

表9-5　各类型农田水利设施在减灾（旱灾）中的作用

	全国（1）	东部（2）	中部（3）	西部（4）
水库	-0.658 (0.205)***	-0.445 (0.246)*	-1.046 (0.189)***	-1.129 (0.270)***
水闸	-1.542 (0.348)***	-0.206 (0.351)	-0.949 (0.653)	-0.403 (0.718)
机井	0.0005 (0.002)	0.006 (0.002)***	-0.005 (0.002)***	0.029 (0.009)***
机电排灌站	-0.218 (0.170)	-0.203 (0.191)	-0.175 (0.422)	3.909 (1.463)***
常数项	13.700 (1.534)***	8.029 (0.995)***	15.670 (1.648)***	9.462 (1.753)***

注：估计系数下方的数字为标准差；*、**、***分别表示在10%、5%、1%的统计水平下显著。

2. 各类型农田水利设施在抗御水灾中的效果分析

从全国层面看，水库数量与水灾成灾率呈正相关，每增加 1000 座水库，水灾成灾率增加 0.379%，且通过了 1%的显著性检验。东、中、西部地区水库数量与水灾成灾率的关系与全国层面相同，都呈正相关，中、西部地区通过了 1%的显著性检验，东部地区通过了 10%的显著性检验。按常理来说，水库应在抗击水灾中起到积极作用，但实证结果显示水库加重了水灾成灾率，这值得深思。国务院关于农田水利情况的报告或许在一定程度上能解释这一反常现象。报告中提到中国从水库数量上来说是世界之最，但是这些水库大多建于 20 世纪 50 年代至 70 年代，建设的时候就先天不足，建成以后管养维护经费又不到位，后天失调，所以安全隐患的问题非常突出，有 4.8 万座左右都是病险水库，病险水库一般高程都比较高，而且蓄水量大的话落差也大，一旦出事，对下游将是灭顶之灾。水闸抗御水灾的作用在中部地区显著，水闸每增加 1 千座，水灾成灾率下降 1.130%，而水闸抗御水灾的作用在东、西部地区没有通过显著性检验。中部地区堤防长度与水灾成灾率呈正相关，且通过了 5%的显著性检验，可能的解释是中部地区堤防长度虽长，但达标堤防在总堤防中所占比重较低，堤防年久失修，不能抵御洪水的侵袭（见表 9-6）。东、中部地区的机电排灌站在抗御水灾中表现出极大的差异，东部地区机电排灌站装机容量与水灾成灾率负相关，而中部地区两者正相关。机电排灌站在东、中部地区抗御水灾中起到相反的作用，这或许与东、西部地区机电排灌站的质量有关，但可能更重要的是与此相关的软件配套设施差异所导致的，东部地区能更好地组织并有效利用机电排灌站排洪排涝，而中部地区不能有效利用机电排灌站排洪排涝，其注重的是机电排灌站的灌溉功能。

表 9-6　各类型农田水利设施在减灾（水灾）中的作用

	全国（1）	东部（2）	中部（3）	西部（4）
水库	0.379 (0.102)***	0.414 (0.219)*	0.552 (0.112)***	0.210 (0.063)***
水闸	-0.230 (0.164)	-0.088 (0.247)	-1.130 (0.606)*	-0.288 (0.244)
堤防	-0.0012 (0.024)	-0.016 (0.021)	0.200 (0.102)**	0.007 (0.068)
机电排灌站	0.080 (0.213)	-0.231 (0.125)*	0.447 (0.188)**	0.373 (0.359)

续表

	全国（1）	东部（2）	中部（3）	西部（4）
常数项	3.236 (0.421)***	3.243 (0.513)***	1.303 (0.769)*	2.864 (0.389)***

注：估计系数下方的数字为标准差；*、**、*** 分别表示在10%、5%、1%的统计水平下显著。

通过上面的分析发现，水库数量与旱灾成灾率呈负相关，但与水灾成灾率呈正相关，原因何在？现有水库构成结构在一定程度上能解释这一现象。在抗旱与抗御洪涝灾害上，不同规模的水库减灾效果不同，大中型水库有较强的防洪功能，而小型水库一般是为灌溉（抗旱）兴建的，小型水库抵御洪涝灾害的能力弱。现阶段小型水库数量在总水库数量中占绝对地位，如 2011 年全国共有 88605 座水库，其中大型水库 567 座，中型水库 3346 座，小型水库 84692 座，小型水库占总水库的 95.6%。由于增加的水库大都是小型水库，真正能降低水灾成灾率的大中型水库较少，小型水库在抗御洪涝灾害中的作用微乎其微，因而，水库数量增加能有效降低旱灾成灾率，但却不能有效降低水灾成灾率。水库在抗旱与排涝中表现出截然不同的一面，也与水库本身的质量有关。现阶段，水库数量虽多，但大部分是集体经济时期修建的，实行家庭联产承包责任制后，对水库的日常管理与维护缺失，造成水库淤积、毁损，在异常年份甚至出现垮塌，水库质量不容乐观。当遭遇严重水灾时，水库质量差，防洪库容小，严重时出现垮塌事故，这将严重影响农作物生产，造成其减产甚至绝收，给人民生命财产带来严重损失。在遭遇干旱时，水库虽然淤积、毁损，但还是能储存水源，农民组织起来以较小的费用从水库放水以缓解旱情。

本章小结

通过本章的分析可知：农田水利设施供给数量多，并不一定能降低农业水旱灾害成灾率，如水库数量与农业水灾成灾率成正比，在东、西部地区机井数量与旱灾成灾率成正比。农田水利设施供给数量与农业水旱灾害成灾率是否成反比，关键还要看农田水利设施供给质量如何。现阶段，农田水利设施供给质量不高，主要表现在：由于修建年代久远又缺乏管护，水库、水闸、渠道等农田水利设施毁损严重，大、中、小型农田水利设施结构不够合理，水源系统与水运输系统没有配合好，与农田水利设施有关的软件配套措施（如制度安排等）不甚合理。农业基础设施供给质量不高，导致有些农田水利设施在减灾中没有发挥应有的效果。农田水利设施供给也应考虑区域差异，应结合区域特征，供给本区域适用的农田水利设施，考虑各类型农田水利设施的相互配合。只有农田水利设施工程质量达标，农田水利设施结构合理，其中大、中、小型农田水利设施结构合理，水源系统与水运输系统能相互配合，与农田水利设施相关的制度安排合理，才能有效发挥农田水利设施在减灾中的作用，确保国家粮食安全。

当然，本章并不否定农田水利设施供给数量增加对减灾的效果，只有在保证农业生产所需农田水利设施供给数量的基础上，提升农田水利设施的供给质量，才能真正发挥出农田水利设施的作用，降低农业水旱灾害。农田水利设施供给数量是基础，供给质量是关键，两者在实现农业基础设施供给绩效中缺一不可。通过对农业基础设施供给数量的测算及质量的评估，能了解农业基础设施供给投入后的产出，这是农业基础设施供给绩效评价的两个重要方面，但对农业基础设施供给绩效进行评价还应考虑农业基础设施投入产出比及供给结果的公平性，即应对农业基础设施供给效率及供给公平性进行衡量。

第十章　农业基础设施供给效率的评价

在保证农业生产所需农业基础设施供给数量的基础上，提升农业基础设施的供给质量，能降低农业水旱灾害成灾率，保证粮食生产。但这不是农业基础设施供给的全部内容，农业基础设施供给还需考虑资源的最优配置，即在得到既定数量与质量的农业基础设施时，投入是否最少，这需要对农业基础设施供给效率进行评价。本章选择农业基础设施投资额、农业 R&D 经费、第一产业劳动力、农业基础设施资本存量、农业 GDP 等变量，采用 S-SBM 模型和 Malmquist 生产率指数对 1989~2012 年中国省际农业基础设施供给的静态和动态效率进行分析，并对资源约束下农业基础设施供给效率的收敛性进行实证研究，在效率测算的基础上运用 Xttobit 模型分析人均 GDP、教育水平、财政支农支出占 GDP 比重、政策虚拟变量等变量对农业基础设施供给效率的影响。

一、模型选取及数据来源

（一）模型选取

1. 超效率—非径向模型（S-SBM 模型）

传统 DEA 模型无法准确估计资源等要素约束下的效率评价。本章主要从资源约束的角度考虑中国省际农业基础设施供给效率，因此，选用 Tone 提出的非径向 DEA 模型，即 SBM 模型，该方法可以考虑多投入—多产出的情况。本章在规模报酬可变（VRS）的情况下，结合 SBM 模型，将决策单元排除在参与集之外，形成了可变规模下的 S-SBM 模型。

$$\rho_1^* = \min\rho = k - \frac{1}{m}\sum_{i=1}^{n} s_i' / x_{it} \qquad s.t. \begin{cases} k + \frac{1}{s}\sum_{l=1}^{n} s_i^+ / y_{it} = 1; \\ \sum_{i=1}^{n} x_{it}\lambda_i + s_i^- = kx_{it}; \\ \sum_{i=1}^{n} y_{it}\lambda_i - s_i^- = ky_{it}; \\ \sum_{i=1}^{n} \lambda_i = 1;\ \lambda_i, s_i^-, s_i^+ \geqslant 0 \end{cases} \tag{10-1}$$

其中，ρ_1^* 表示测算出来的效率值，s_i^- 和 s_i^+ 表示的是投入和产出的冗余情况，$\rho_1^* > 1$ 表明是在现有的产出水平下，继续加大投入或者在现有的投入水平下，减少相关数量的冗余量还能保持有效的状态，这也是对 SBM 进一步进行评价而得出的 S-SBM 效率值。

2. 非径向非角度 Malmquist 生产率指数

Malmquist 生产率指数评估了 DMU 在两个时期总要素生产率的变化。Malmquist 指数被定义为效率变化（追赶效应，catch-up）与技术变化（前沿移动，frontier-shift）的乘积。效率变化反映了 DMU 的效率改善或恶化程度，而技术变化反映了两个时期效率前沿的变化情况。Malmquist 指数的规模效应=效率变化的规模效应×技术变化的规模效应。效率变化的规模效应=效率变化（CRS）/效率变化（VRS）；技术变化的规模效应=技术变化（CRS）/技术变化（VRS）。技术进步率指数测度生产前沿面从 t 到（t+1）期的变化情况。技术效率变化指数测度从 t 到（t+1）期中国各省份农业基础设施供给效率与资源约束的生产前沿面所示的最大可能产出追近（Catching-up）程度的变化。如果 Malmquist 生产率指数大于 1，表明农业基础设施供给效率与上一年相比有所提升；如果 Malmquist 生产率指数小于 1，表明农业基础设施供给效率与上一年相比下降了。

3. 收敛性分析

收敛性分析有助于研究资源约束下农业基础设施供给效率的趋同或发散情况。若地区间的供给效率存在收敛，则表明目前的供给政策有利于缩小发达地区与落后地区的农业基础设施供给差距。若不存在收敛性，则表明供给政策会加大发达地区与落后地区的供给效率差距，这意味着需要对农业基础设施供给政策进行适当的调整，应加大对落后地区的投资，新增投资应向落后地区倾斜。当然，农业基础设施供给效率不仅与供给政策有关，与各地区资金利用情况也紧密相关。通过对现有文献整理发现，有关收敛性分析的方法主要有 σ

收敛、绝对 β 收敛和条件 β 收敛。

σ 收敛指不同地区之间农业基础设施供给效率 eff（下文“供给效率”用“eff”表示）的离差随时间推移而变化的情况，若离差逐渐变小，则表示农业基础设施供给效率的离散程度在缩小，趋于 σ 收敛。根据孙传旺（2010）的研究，本章使用以下公式研究资源约束下农业基础设施供给效率的 σ 收敛。

$$\sigma_t = \sqrt{\frac{1}{I-1}\sum_{i=1}^{I}(eff_{i,t} - \overline{eff_t})^2} \tag{10-2}$$

式中，$eff_{i,t}$表示第 i 个地区在 t 时期的农业基础设施供给效率，而$\overline{eff_t}$是 t 时期所有 i 个地区农业基础设施供给效率的平均值。当 $\sigma_{t+1}<\sigma_t$ 时，说明资源约束下中国农业基础设施供给效率的离散系数在缩小，存在 σ 收敛。

绝对 β 收敛研究各地区的农业基础设施供给效率能否达到相同的稳定增长速度，以分析落后地区是否存在追赶发达地区的趋势。根据 Sala-Martin（1996）的研究，构造资源约束下农业基础设施供给效率绝对 β 收敛回归方程：

$$[\ln(eff_{i,t}) - \ln(eff_{i,0})]/T = \alpha + \beta\ln(eff_{i,0}) + \varepsilon \tag{10-3}$$

其中，$[\ln(eff_{i,t}) - \ln(eff_{i,0})]/T$ 表示第 i 地区从 t=0 时期到 t=T 时期的年均 eff 增长率。α 是常数项，ln（$eff_{i,0}$）是第 i 个地区 t=0 时期的 eff 初始值的对数值，β 是其回归系数。如果 β 显著为负，表明存在绝对 β 收敛，即 eff 的增长与 eff 的初始值成反比，存在落后地区追赶发达地区的趋势。

条件 β 收敛考虑了不同地区各自的特征，分析各地区的农业基础设施供给效率能否收敛于各自的稳定水平。与绝对 β 收敛的稳定状态不同，条件 β 收敛中不同地区具有自己不同的稳态水平，它承认发达地区与落后地区的差距可能持续存在。根据 Miller 和 Upadhyay（2002）的研究，采用固定效应模型来检验条件 β 收敛，回归方程式为：

$$\ln(eff_{i,t}) - \ln(eff_{i,t-1}) = \alpha + \beta\ln(eff_{i,t-1}) + \varepsilon \tag{10-4}$$

其中，α 是固定效应项，β 是其回归系数，若 β 显著为负，表明存在条件 β 收敛，即第 i 个地区的 eff 会收敛于自身的稳定水平。

4. 面板 Tobit 模型

应用 S-SBM 模型得出决策单元的效率值后，需进一步分析效率值受哪些环境因素影响及其影响程度。但是，S-SBM 模型确定的效率值集中在某一区间，若用普通最小二乘法（OLS）对模型直接回归，则参数估计值将会是有偏的、不一致的（Greene，1981）。为解决这一类问题，Tobin 于 1958 年提出了截取回归模型，又称为 Tobit 模型。这种先由 DEA 方法求出效率值，再用

Tobit 模型进行回归的方法，称之为 DEA-Tobit 两阶段法。由于本章使用的是面板数据，因此使用面板 Tobit 模型进行拟合。对于面板数据而言，固定效应 Tobit 模型的估计量通常是有偏的，所以一般都会使用随机效应 Tobit 模型，回归方程式为：

$$eff_{it}=x_{it}\beta+v_i+\varepsilon_{it} \tag{10-5}$$

其中，eff_{it}为因变量即效率值，x_{it}为自变量，随机效应 v_i和 ε_{it}都是 i. i. d、服从正态分布，且不相关的。

（二）变量选取及数据来源

（1）投入产出变量。为了利用 DEA 方法估算供给效率，需要中国各省份农业基础设施供给的投入和产出方面的统计数据，鉴于数据的可得性，考察的时间期限为 1989~2012 年，由于重庆市 1997 年才从四川省划出，在后面的年份中把重庆市并入四川省，同时由于一些关于农业的投入和产出方面的统计数据缺失问题，也没有把西藏自治区考虑进去，因此本章的研究对象是中国大陆（除西藏以外的 29 个省份）。在研究中，选择各省的农业基础设施投资额、农业 R&D 经费、粮食播种面积、第一产业劳动力作为投入变量。这里的农业基础设施投资额是指对农业物质基础设施的投资，鉴于数据的可获得性，选择农业 R&D 经费作为农业社会基础设施的投资。由于现阶段国家对粮食安全的重视，同时粮食对农业基础设施特别是农田水利基础设施需求强烈，因此选择粮食播种面积为投入变量。第一产业劳动力是农业基础设施的直接需求者，同时也是农业生产的主要投入要素。选择各省份的农业基础设施资本存量、有效灌溉面积、粮食总产量、农业 GDP 作为产出变量。农业基础设施资本存量是投资的结果，但并不是农业基础设施投资额越多，农业基础设施资本存量就越高，这中间还涉及折旧的问题，因此选择农业基础设施资本存量衡量投资的最终效果。对农业基础设施特别是农田水利基础设施的投资能扩大有效灌溉面积，因此选择有效灌溉面积作为产出变量。粮食总产量、农业 GDP 是农业基础设施投资额、农业 R&D 经费、粮食播种面积、第一产业劳动力投入的最后产出。这些变量中，农业基础设施投资额、农业 R&D 经费来自“中经网数据库”，粮食播种面积、第一产业劳动力、有效灌溉面积、粮食总产量、农业 GDP 来自《中国统计年鉴》（1990~2013），而农业基础设施资本存量则通过永续盘存法计算得到。

（2）影响因素。在对 1989~2012 年各省份农业基础设施供给效率进行测度后，进一步研究农业基础设施供给效率的影响因素。通常认为较高的人均收入或财富水平对供给效率有正面的影响，因为较富裕的居民更能够对当地政府施加更大的压力，以满足他们所需要的有效率的公共服务的需求水平。但是 Eeckaut 以及 De Borger 的研究认为，收入高的地区会导致政府养闲人，以至于失去进一步控制成本的动力，效率反而恶化。农业基础设施的供给效率依赖于农村居民给政府施加压力的能力，而农村居民的受教育水平就是该能力的很好的代理变量。很多学者通过研究发现，教育能够提高当地居民选择能干官员的能力以及识别官员腐败的能力，政府公共物品的供给效率与当地居民的平均受教育水平呈正相关。一些学者认为应提高财政支农的比重以促进农业基础设施的有效供给。但是他们对财政支农对农业基础设施供给效率是否有影响，影响程度多大没有作实证分析，因而提出的对策建议缺乏针对性。同时，市场经济改革、取消农业税等这些制度变革对农业基础设施供给效率有没有影响，是正的影响还是负的影响，影响程度如何，以及这些制度变革对东、中、西部地区农业基础设施供给效率的影响及影响程度是否相同，东、中、西部三大地区之间的供给效率差异在统计上是否显著，这些都需要进行进一步的分析。因此本章选择农业基础设施供给效率（eff）作为因变量，选择人均 GDP（pgdp）；教育水平（edu）；财政支农占 GDP 比重（fsa）；政策虚拟变量：市场经济改革（Pm；1993 年以后取值为 1，其他年份为 0），取消农业税（Pa；2004 年以后取值为 1，其他年份为 0）；地区虚拟变量 D1、D2 和 D3（分别代表东、中、西部地区），以及三个地区虚拟变量与政策虚拟变量 Pm、Pa 的交互项作为自变量。其中，eff 为计算出的静态供给效率值；pgdp 为各省地区生产总值与人口总数之比；edu 为农村居民平均受教育年限；fsa 为财政支农支出与地区生产总值的比重。

二、农业基础设施供给的静态效率分析：基于 S-SBM 模型

我们在包络数据分析法中的 S-SBM 模型下，选取可变规模报酬针对 29 个决策单元（DMU）的相关数据，通过 DEA 相关软件，分别核算出 1989~2012 年中国各省份的农业基础设施供给效率。

（一）农业基础设施供给效率变化及地区分布

1989~2012 年全国各省平均农业基础设施供给效率为 1.09，其中东部地

区（1.23）最高，西部地区（1.02）次之，中部地区（0.99）最低。另外从表10-1和图10-1可知：①1989~2012年中国农业基础设施供给效率有下降的趋势。最高的是2003年，为1.147，2003年后开始下降，2009年农业基础设施供给效率达到最低值1.021，相对效率比最高的年份下降了0.126。可能的原因是随着经济的发展，虽然加大了对农业基础设施的投资力度，但由于资源的浪费，农业基础设施供给的效率反而下降。农业基础设施供给效率的变异系数总的来说有增大的趋势。这表明1989~2012年农业基础设施供给效率的地区差距在加大。农业基础设施供给效率地区差距最大的是2003年。②从农业基础设施供给效率的时间动态变化（见图10-1）来看，1989~2003年，农业基础设施供给效率变化较小，但2003年后农业基础设施供给效率有小幅下降的趋势。东、中、西部地区也表现出了不同的时间动态变化特征。东部地区农业基础设施供给效率虽然有所波动，但总的趋势是上升的，2011年达到最大值（1.474）；中部地区2007年供给效率为历史最低，其他年份的农业基础设施供给效率在0.9~1.1徘徊；以2003年开始，西部地区农业基础设施供给效率下降趋势明显。③从东、中、西部地区农业基础设施供给效率的地区差距变化来看，2003年前，西部地区与东部地区的差距较小，但2003年后，差距明显拉大；2003年以前的大多数年份中部地区的农业基础设施供给效率小于西部地区，从2004年开始中部地区的效率大于西部地区，因此，2003年是一个重要的转折点。可能的解释是自2004年开始取消农业税，西部地区县乡财政困难，提供公共物品的能力减弱，而东、中部地区由于经济较发达所受影响较小。

表10-1 1989~2012年中国农业基础设施供给效率统计分析

年份	最小值	最大值	均值	标准差	变异系数（%）
1989	0.459	1.732	1.111	0.270	24.28
1990	0.415	2.198	1.108	0.287	25.89
1991	0.498	1.740	1.113	0.219	19.71
1992	0.415	2.477	1.121	0.347	30.91
1993	0.437	1.914	1.095	0.303	27.62
1994	0.383	1.689	1.105	0.288	26.09
1995	0.430	1.626	1.082	0.302	27.86
1996	0.482	2.438	1.116	0.346	31.01

续表

年份	最小值	最大值	均值	标准差	变异系数（%）
1997	0. 386	2. 401	1. 145	0. 392	34. 26
1998	0. 436	2. 263	1. 090	0. 326	29. 87
1999	0. 432	2. 637	1. 124	0. 368	32. 73
2000	0. 422	2. 356	1. 099	0. 353	32. 13
2001	0. 369	2. 543	1. 090	0. 399	36. 60
2002	0. 393	3. 315	1. 136	0. 522	45. 89
2003	0. 410	4. 097	1. 147	0. 649	56. 62
2004	0. 376	1. 813	1. 066	0. 367	34. 47
2005	0. 368	2. 084	1. 073	0. 384	35. 79
2006	0. 323	2. 781	1. 064	0. 488	45. 82
2007	0. 310	2. 867	1. 055	0. 563	53. 35
2008	0. 375	2. 981	1. 043	0. 486	46. 59
2009	0. 370	2. 645	1. 021	0. 448	43. 87
2010	0. 381	2. 782	1. 038	0. 460	44. 30
2011	0. 335	2. 941	1. 086	0. 538	49. 53
2012	0. 371	2. 638	1. 089	0. 513	47. 10

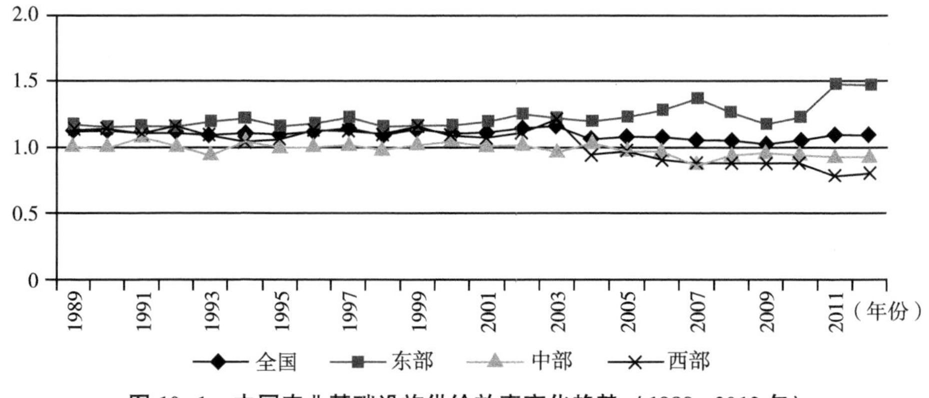

图 10-1　中国农业基础设施供给效率变化趋势（1989~2012 年）

（二）省际农业基础设施供给效率排名及其动态变化

上述来自平均意义的研究有可能会掩盖省区之间的具体变化特征，因此本章对各省份农业基础设施供给效率进行排名，并详细讨论这种排名的动态变化特征。因为DEA模型提供的实质上只是一种相对效率评价状态，即各省份相对于最佳实践者所构建生产前沿面的效率状况，故各省份供给效率的排序是本章进行超效率分析的重点（李谷成，2011）。表10-2为1989~2012年及各子时期分阶段省级农业基础设施供给效率，表10-3提供了1989~2012年及各子时期分阶段省级农业基础设施供给效率排名及其变化情况。由表10-2可知，1989~2012年山西、云南、甘肃的农业基础设施供给效率一直小于1；北京、天津的农业基础设施供给效率在“十一五”期间小于1，但1989~2012年农业基础设施供给效率大于1；辽宁的农业基础设施供给效率在“九五”期间小于1，但1989~2012年农业基础设施供给效率大于1；2006~2012年安徽的农业基础设施供给效率小于1，且1989~2012年农业基础设施供给效率也小于1；广西在“八五”期间农业基础设施供给效率小于1，但1989~2012年农业基础设施供给效率大于1；贵州在2001~2012年农业基础设施供给效率小于1，且在1989~2012年供给效率也小于1；陕西在1996~2012年农业基础设施供给效率小于1，且在1989~2012年供给效率也小于1；青海在1989~2010年农业基础设施供给效率高，但从2011年开始农业基础设施供给效率小于1。由表10-3可知，1989~2012年排名前十的省份分别为青海、上海、江苏、新疆、海南、广东、北京、河南、黑龙江、内蒙古，其中4个为东部省份，3个为中部省份，3个为西部省份，这10个省份农业基础设施供给效率较高。山东、浙江、宁夏、吉林、天津、四川、河北、湖北、福建、湖南依次分列农业基础设施供给效率排名的第11~20位，农业基础设施供给效率一般。辽宁、广西、安徽、江西、贵州、陕西、云南、山西、甘肃依次分列农业基础设施供给效率排名的第21~29位，农业基础设施供给效率较低。从分阶段农业基础设施供给效率排名的动态变化来看，大多数省份的排名变化都比较明显，只有少数省份排名变化不大。在1989~2012年内蒙古、辽宁、黑龙江、上海、江苏、浙江、福建、山东、河南、广西、海南的农业基础设施供给效率排名有较大的上升，天津、江西、湖南、青海的排名有所下降，贵州、陕西的供给效率排名退步非常明显。

表 10-2 1989~2012 年及各子时期分阶段省级农业基础设施供给效率

省份	1989~1990 年	“八五”	“九五”	“十五”	“十一五”	2011~2012 年	1989~2012 年
北京	1.110	1.367	1.412	1.459	0.728	1.099	1.219
天津	1.241	1.059	1.074	1.106	0.916	1.711	1.111
河北	1.032	1.098	1.101	1.138	1.074	1.015	1.089
山西	0.520	0.689	0.675	0.422	0.352	0.438	0.525
内蒙古	1.035	1.260	1.168	1.059	1.145	1.255	1.156
辽宁	1.021	1.075	0.982	1.034	1.032	1.035	1.030
吉林	1.080	1.125	1.175	1.111	1.082	1.077	1.116
黑龙江	1.093	1.145	1.149	1.252	1.165	1.286	1.180
上海	1.388	1.481	1.541	1.611	2.746	2.790	1.885
江苏	1.215	1.180	1.284	1.355	1.648	1.351	1.353
浙江	1.066	1.078	1.023	1.120	1.206	1.402	1.128
安徽	1.057	1.112	1.071	1.002	0.807	0.787	0.985
福建	1.025	1.038	1.073	1.065	1.047	1.031	1.051
江西	1.113	0.896	0.862	0.862	0.646	0.693	0.831
山东	1.096	1.159	1.127	1.132	1.116	1.275	1.142
河南	1.098	1.066	1.142	1.251	1.396	1.103	1.195
湖北	1.062	1.061	1.047	1.110	1.053	1.062	1.067
湖南	1.098	1.087	1.039	1.020	1.024	1.005	1.044
广东	1.362	1.359	1.243	1.140	1.143	1.258	1.236
广西	1.003	0.906	1.050	1.105	1.057	1.035	1.028
海南	1.191	1.096	1.130	1.267	1.308	2.224	1.285
四川	1.075	1.123	1.074	1.145	1.091	1.084	1.103
贵州	1.193	1.085	1.059	0.452	0.409	0.553	0.772
云南	0.795	0.537	0.552	0.584	0.440	0.363	0.537
陕西	1.131	1.113	0.816	0.464	0.427	0.432	0.718
甘肃	0.437	0.458	0.607	0.432	0.424	0.484	0.477
青海	1.896	1.871	2.419	2.743	1.410	0.383	1.949
宁夏	1.391	1.073	1.069	1.155	1.108	1.101	1.126
新疆	1.364	1.395	1.364	1.367	1.278	1.206	1.340

表 10-3 1989~2012 年及各子时期分阶段省级农业基础设施供给效率排名

省份	1989~1990 年	“八五”	“九五”	“十五”	“十一五”	2011~2012 年	1989~2012 年
北京	12	4（-8）	3（1）	3（0）	23（-20）	13（10）	7
天津	6	23（-17）	14（9）	17（-3）	21（-4）	3（18）	15
河北	23	14（9）	13（1）	12（1）	15（-3）	20（-5）	17
山西	28	27（1）	27（0）	29（2）	29（0）	26（3）	28
内蒙古	22	6（16）	8（-2）	20（-12）	9（11）	9（0）	10
辽宁	25	19（6）	24（-5）	21（3）	19（2）	17（2）	21
吉林	17	10（7）	7（3）	15（-8）	14（1）	15（-1）	14
黑龙江	16	9（7）	9（0）	7（2）	8（-1）	6（2）	9
上海	3	2（1）	2（0）	2（0）	1（1）	1（0）	2
江苏	7	7（0）	5（2）	5（0）	2（3）	5（-3）	3
浙江	19	18（1）	23（-5）	14（9）	7（7）	4（3）	12
安徽	21	13（8）	17（-4）	23（-6）	22（1）	22（0）	23
福建	24	24（0）	16（8）	19（-3）	18（1）	19（-1）	19
江西	11	26（-15）	25（1）	24（1）	24（0）	23（1）	24
山东	15	8（7）	12（-4）	13（-1）	11（2）	7（4）	11
河南	14	21（-7）	10（11）	8（2）	4（4）	11（-7）	8
湖北	20	22（-2）	21（1）	16（5）	17（-1）	16（1）	18
湖南	13	16（-3）	22（-6）	22（0）	20（2）	21（-1）	20
广东	5	5（0）	6（-1）	11（-5）	10（1）	8（2）	6
广西	26	25（1）	20（5）	18（2）	16（2）	17（-1）	22
海南	9	15（-6）	11（4）	6（5）	5（1）	2（3）	5
四川	18	11（7）	15（-4）	10（5）	13（-3）	14（-1）	16
贵州	8	17（9）	19（-2）	27（-8）	28（-1）	24（4）	25
云南	27	28（-1）	29（-1）	25（4）	25（0）	29（-4）	27
陕西	10	12（-2）	26（-14）	26（0）	26（0）	27（-1）	26
甘肃	29	29（0）	28（1）	28（0）	27（1）	25（2）	29
青海	1	1（0）	1（0）	1（0）	3（-2）	28（-25）	1
宁夏	2	20（-18）	18（2）	9（9）	12（3）	12（0）	13
新疆	4	3（1）	4（-1）	4（0）	6（-2）	10（-4）	4

三、农业基础设施的动态效率：基于Malmquist指数

从表10-4可以看出，1989~1996年全国平均Malmquist指数都在1以上，说明在1989~1996年不管是从横向比较还是从纵向比较，农业基础设施供给效率不断上升，其中1989~1990年增幅最大，达到了14.1%。1997~2003年，全国平均Malmquist指数大多在1以下，农业基础设施供给效率不断下降，可能的原因是这期间进行了分税制改革，地方政府投资农业基础设施的能力减弱，导致效率下降。从2004年开始，农业基础设施供给全国平均Malmquist指数有的年份大于1，有的年份小于1，变化较大。1989~2012年农业基础设施供给Malmquist指数的变异系数变化较大。另外，由图10-2可知大多数年份东部Malmquist指数大于1，说明东部地区农业基础设施供给效率与上年相比，大多数年份是上升的；中部地区Malmquist指数波动幅度较大，最小值为0.874，最大值为1.241；西部地区1995~2007年Malmquist指数小于1（1996年、1999年除外），说明这些年西部地区农业基础设施供给效率不断下降，2008年、2010年、2012年Malmquist指数大于1，2011年Malmquist指数降到最小值0.727。另外，1989~1994年，东、中、西部地区及全国Malmquist指数变化趋势相同，都在1以上，农业基础设施供给效率都是不断上升的。但从2007年开始，东、西部地区的差距明显加大，表现出不同的特征。

表10-4　1990~2012年农业基础设施供给分省平均Malmquist指数

年份	最小值	最大值	均值	标准差	变异系数（%）
1989~1990	0.973	1.977	1.141	0.222	19.50
1990~1991	0.655	1.984	1.075	0.209	19.46
1991~1992	0.539	1.271	1.018	0.129	12.68
1992~1993	0.786	1.445	1.061	0.119	11.25
1993~1994	0.916	2.422	1.126	0.301	26.73
1994~1995	0.511	1.308	1.005	0.170	16.97
1995~1996	0.891	1.494	1.075	0.127	11.83
1996~1997	0.675	1.238	0.971	0.102	10.51
1997~1998	0.675	1.205	0.968	0.113	11.73
1998~1999	0.406	2.393	1.034	0.353	34.12

续表

年份	最小值	最大值	均值	标准差	变异系数（%）
1999~2000	0.388	1.186	0.970	0.151	15.60
2000~2001	0.364	1.345	0.961	0.184	19.11
2001~2002	0.670	1.191	0.975	0.105	10.75
2002~2003	0.600	1.106	0.960	0.101	10.56
2003~2004	0.712	1.688	1.063	0.159	14.95
2004~2005	0.661	1.254	1.001	0.112	11.22
2005~2006	0.671	1.156	0.948	0.108	11.39
2006~2007	0.505	1.658	1.042	0.190	18.27
2007~2008	0.616	1.192	1.061	0.114	10.76
2008~2009	0.532	1.039	0.963	0.091	9.45
2009~2010	0.922	2.060	1.065	0.198	18.57
2010~2011	0.215	1.474	0.869	0.225	25.95
2011~2012	0.978	1.287	1.047	0.072	6.83

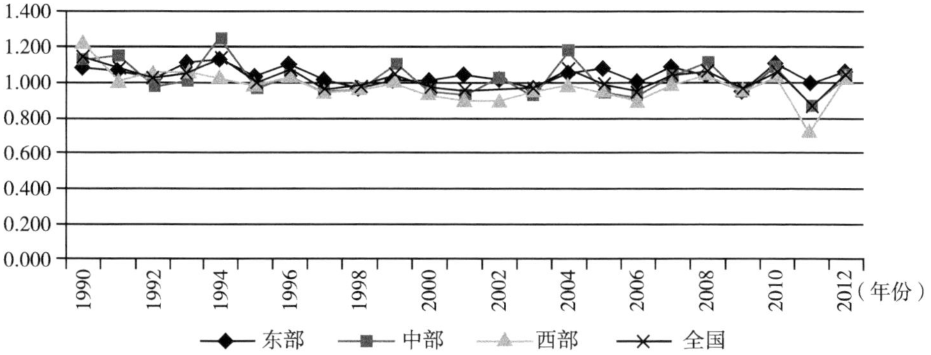

图 10-2　中国及东中西部农业基础设施供给效率 Malmquist 指数变化趋势

四、农业基础设施供给效率的收敛性分析

（一）σ 收敛性检验

根据 σ 收敛计算公式，计算了 1989~2012 年全国及三大地区农业基础设

施供给效率的 σ 值。如图 10-3 所示，1989~2012 年全国的农业基础设施供给效率的 σ 值存在一定的波动性，有下降到上升再到下降的循环过程，但 σ 值总的趋势是上升的，在 2003 年达到最大值，表明农业基础设施供给效率的离散程度在增大，各省份之间农业基础设施供给效率的差距较大，农业基础设施供给效率不存在收敛的趋势。按三大地区分别进行 σ 收敛性检验：1989~2012 年，中部地区农业基础设施供给效率 σ 值小于西部地区 σ 值，表明中部地区各省份农业基础设施供给效率的离散程度小于西部地区。2007 年以前，东部地区农业基础设施供给效率 σ 值明显小于西部地区 σ 值，但从 2007 年开始，东部地区农业基础设施供给效率 σ 值大于西部地区 σ 值，2007 年开始东部地区农业基础设施供给效率存在明显的发散趋势。从以上分析可知，中部地区各省份农业基础设施供给效率的差距最小，随着时间的推移，东部地区农业基础设施供给效率存在发散趋势，2007 年以前，西部地区各省份农业基础设施供给效率离散程度较高，但 2007 年以后，离散程度降低并趋于稳定。

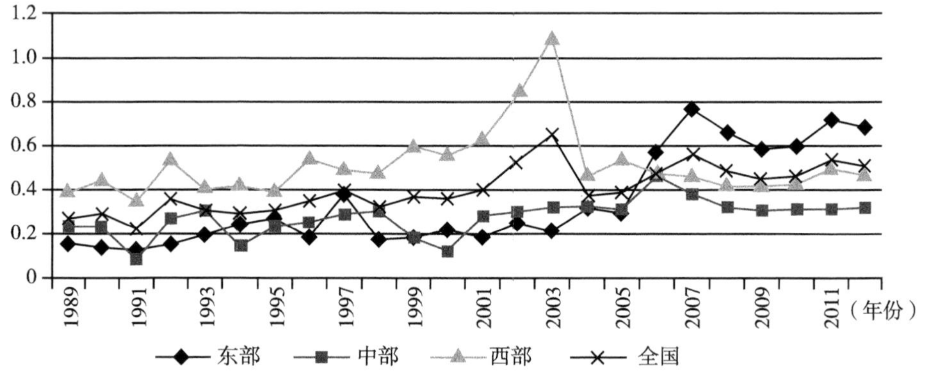

图 10-3　σ 收敛性检验结果

（二）绝对 β 收敛性检验

绝对 β 收敛性检验研究各地区的农业基础设施供给效率能否向相同的稳定值趋同，即研究农业基础设施供给效率低的省份是否存在追赶较高省份的趋势。根据绝对 β 收敛的计算公式，分别对全国及东、中、西部地区进行绝对 β 收敛性检验，结果如表 10-5 所示。由表 10-5 可知，全国层面农业基础设施供给效率的绝对 β 收敛检验结果显示 β>0，没有通过显著性检验，表明从全国层面看农业基础设施供给效率不存在绝对 β 收敛，即从全国层面看农业基础设施供给效率没有趋同于某一稳定水平，农业基础设施供给效率低的省份不存在追赶较高省份的趋势。东部地区农业基础设施供给效率的绝对 β 收敛检验结果显示 β<0，通过了 10%的显著性检验，表明东部地区各省份供给效率趋向一致，存在绝对 β 收敛趋势；中、西部地区虽然其农业基础设施供给效率的 β 值为负值，但没有通过显著性检验，表明不存在绝对 β 收敛趋势，中部地区各省份之间、西部地区各省份之间农业基础设施供给效率不能向相同的稳定值趋同。

表 10-5　绝对 β 收敛性检验结果

	全国	东部	中部	西部
β	0.006 (0.625)	-0.048 * (0.092)	-0.002 (0.971)	-0.023 (0.202)
a	0.004 (0.319)	-0.0003 (0.944)	0.005 (0.256)	0.015 (0.048) **
F	0.244	3.56	0.01	1.93

注：** 和 * 分别表示在 5%和 10%的水平上显著。

（三）条件 β 收敛性检验

条件 β 收敛性检验采用面板数据随机效应模型进行检验，采用 STATA 12.0 软件进行分析，得到如表 10-6 所示结果。全国及东、中、西部地区的估计系数都为负值，且都通过了 1%的显著性检验，表明全国及东、中、西部地区都存在条件 β 收敛，即各地区中的各省份都存在自己的稳态水平，并且都将收敛于各自的稳定水平。

表 10-6　条件 β 收敛性检验结果

	全国	东部	中部	西部
β	-0.325 *** (0.000)	-0.417 *** (0.003)	-0.566 *** (0.002)	-0.206 *** (0.010)
a	0.003 (0.119)	0.078 (0.001) ***	-0.032 (0.001) ***	-0.035 (0.000) ***
F	17.09	15.25	23.53	10.4

注：*** 表示在 1%的水平上显著。

五、农业基础设施供给效率的影响因素分析

运用 STATA 软件（Version 12.0）分析农业基础设施供给效率的影响因素，估计结果如表 10-7 所示。

表 10-7　中国省级层面农业基础设施供给效率的影响因素

变量	模型 1		模型 2		模型 3	
	系数	p 值	系数	p 值	系数	p 值
pgdp	-0.00004	0.085	-0.00005	0.043	-0.00005	0.043
edu	0.1064	0.003	0.0993	0.007	0.0567	0.122
fsa	-0.0023	0.503	-0.0021	0.555	-0.0048	0.178
Pm	-0.0527	0.207	-0.0392	0.363		
Pa	-0.1014	0.003	-0.0923	0.008		
D1			0.1798	0.252		
D2			-0.0986	0.541		
Pm×D1					0.0446	0.435
Pm×D2					-0.0252	0.651
Pm×D3					-0.0609	0.223
Pa×D1					0.0957	0.032
Pa×D2					-0.0753	0.108
Pa×D3					-0.2178	0.000
cons	0.5097	0.030	0.5269	0.026	0.8558	0.000
sigma_ u	0.3426	0.000	0.3291	0.000	0.3409	0.000
sigma_ e	0.2572	0.000	0.2570	0.000	0.2468	0.000
Rho	0.6395		0.6210	0.0693	0.6561	0.0677

模型 1、模型 2 和模型 3 的结果显示：①人均 GDP 对农业基础设施供给效率的影响为负，这与我们通常认为的人均收入或财富水平对供给效率有正面的影响相反。可能的解释是人均 GDP 高的省份通常第二、第三产业发达，对农业的重视可能不够，该检验也似乎说明地方经济的快速增长不一定对农业基础设施供给效率有促进作用。②教育变量的回归系数都显示为正，且在统计上都

十分显著，这验证了农村劳动力教育水平越高，给地方政府施加的监督压力也就越大、越有效，因此农业基础设施供给效率也就越高的判断。③财政支农资金占 GDP 的比重与农业基础设施供给效率负相关，没有通过显著性检验，这与通常的研究不符。可能的原因是虽然对农业的财政支出不断上升，但财政支农支出中用于农业基础设施建设的支出较少，且其资金使用效率不高，财政体制建设不完善，从而导致供给效率较低。④市场经济改革与农业基础设施供给效率呈负相关，但没有通过显著性检验。⑤取消农业税总的来说对全国农业基础设施供给效率有负影响，但在东、西部地区却明显不同。取消农业税对东部地区农业基础设施供给效率有正向影响，但对西部地区农业基础设施供给效率却有显著的负向影响。可能的解释是东部地区经济较发达，财政来源较多，取消农业税对地方政府财政收入的影响不大，地方政府还是有能力对农业基础设施进行投资的。西部地区经济较落后，县、乡财政的主要来源是农业税，取消农业税后，西部地区地方政府的财政收入显著减少，提供公共物品的能力减弱。

本章小结

运用 S-SBM 模型和 Malmquist 指数从静态和动态层面分析了中国农业基础设施供给效率，在此基础上检验农业基础设施供给效率是否存在收敛性，最后深入分析了影响农业基础设施供给效率的影响因素。基于本章的研究，我们可以尝试得出以下几个初步的结论：

（1）随着时间的推移，农业基础设施供给效率与经济发展水平并不必然成正比。在 1989~2012 年，各省份的农业基础设施供给效率都有所波动，随着经济的发展，有的年份供给效率反而下降。这一结论也从 Tobit 模型中得到了证实，即人均 GDP 对农业基础设施供给效率的影响为负，地方经济的快速增长不一定对农业基础设施供给效率有促进作用。这提醒我们，在发展地方经济的同时，也要注重基础设施特别是农业基础设施的有效供给。

（2）农业基础设施供给效率表现出明显的地区差异。1989~2012 年西部地区的平均农业基础设施供给效率明显低于东中部，2003 年以前，东、西部地区的差距较小，但 2003 年以后，差距明显拉大，2003 年以前的大多数年份中部地区的农业基础设施供给效率小于西部，从 2004 年开始中部地区的农业基础设施供给效率大于西部地区，2003 年是一个重要的转折点。因此，政府在制定相关政策时，应根据地区的实际情况区别对待，现阶段，应解决好西部地区县、乡财政困难问题。

（3）农业基础设施供给效率变化的时间趋势有三个明显的阶段：1989~1996年，全国平均 Malmquist 指数都在 1 以上，说明在 1989~1996 年，不管是从横向比较还是从纵向比较，农业基础设施供给效率都在不断上升；1997~2003年，全国平均 Malmquist 指数大多在 1 以下，农业基础设施供给效率不断下降，可能的原因是这期间进行了分税制改革，地方政府投资农业基础设施的能力减弱，导致效率下降。从 2004 年开始，农业基础设施供给全国平均 Malmquist 指数有的年份大于 1，有的年份小于 1，Malmquist 指数变化较大。

（4）收敛性分析。从 σ 收敛性、绝对 β 收敛性、条件 β 收敛性检验可知，各地区农业基础设施供给效率差距较大，不存在农业基础设施供给效率落后的省份追赶发达省份的趋势，但各省份农业基础设施供给效率趋同于自己的稳定水平。

（5）教育与农业基础设施供给效率显著正相关。国家应不断提高农村居民的教育水平，只有保证农村居民完成基本的九年义务教育，农村居民才能更好地行使对地方政府的监督权，使农业基础设施供给效率得以提高。

（6）财政支农资金占 GDP 的比重与农业基础设施供给效率负相关，可能的原因是财政支农支出中对农业基础设施的支出不多，财政支农资金使用效率低下，财政支农的效果不佳，因此，应加大财政支农中用于农业基础设施的支出，同时提高财政支农资金的使用效率，以确保农业基础设施的供给效率。

（7）市场经济改革与农业基础设施供给效率负相关，农业基础设施具有公共物品属性，私人难以提供，应重塑政府在农业基础设施供给中的主导作用，提高供给效率。取消农业税对东部农业基础设施供给效率有正向影响，但对西部地区农业基础设施供给效率却有显著的负向影响。

第十一章　农业基础设施供给公平性的评价

在前面章节，我们分别从农业基础设施供给数量、供给质量、供给效率三个方面评价了农业基础设施供给的绩效，衡量了农业基础设施投入后的产出、投入产出的比率，而本章将对农业基础设施供给结果的公平性进行测度，在确保供给效率的同时兼顾公平。农业基础设施供给公平性是一个相对的指标，指一个客体与另一客体相比是否公平，农业基础设施供给公平性主要指各省之间农业基础设施供给数量与质量是否公平。本章主要研究各省份之间及各地区之间从农业基础设施供给数量角度衡量是否公平。从农业基础设施供给数量角度衡量公平有以下两个理由：一是供给质量难以获得具体的数值，二是农业基础设施供给是否公平最基础的是看供给数量是否公平。基于以上分析，本章通过计算以第一产业劳动力、农作物播种面积、粮食总产量、农业 GDP 为权重的农业基础设施供给数量泰尔指数衡量农业基础设施供给的公平性。本书第三章已经说明可以用农业基础设施资本存量衡量农业基础设施供给数量，因此通过衡量东、中、西部地区内部各省份农业基础设施资本存量的差距，东、中、西部地区三者之间农业基础设施资本存量的差距以评价农业基础设施供给的公平性。

一、研究方法的选取

总结已有研究文献，公平性的衡量途径主要有以下三种：一是国外研究公平性时较常使用的，如基尼系数、变异系数、阿特金森指数、泰尔指数等统计方法；二是通过设计一套评价指标体系加以衡量；三是通过建立模型来推导模拟资源的不平衡性。由于泰尔指数可以用来衡量一组经济指标在不同时间、区域和层次范围内的差异，具有分解性质，可以将总体差距性分解为组内差距和组间差距，因此泰尔指数是东、中、西部地区农业基础设施资本存量内部差距及东、中、西部地区之间差距的较理想测度工具。泰尔指数的取值范围为 0~1，数值越大，表明各省份农业基础设施资本存量的差距越大；数值越小，说明农业基础设施供给差距越小。本章借鉴 Theil（1967）、Bourguignon（1979）、Cowell（1980）和 Shorrocks（1980）对泰尔指数及其结构分解的方法论述，将农业基础设施供给的泰尔指数及其结构分解的测算公式调整如下：

$$T_E=\sum_{i=1}^{n}\frac{X_i}{X_E}\times\ln(\frac{X_i}{X_E}/\frac{K_i}{K_E})$$

$$T_M=\sum_{i=1}^{n}\frac{X_i}{X_M}\times\ln(\frac{X_i}{X_M}/\frac{K_i}{K_M})$$

$$T_W=\sum_{i=1}^{n}\frac{X_i}{X_W}\times\ln(\frac{X_i}{X_W}/\frac{K_i}{K_W})$$

$$T_1=X_E\times\ln(X_E/K_E)+X_M\times\ln(X_M/K_M)+X_W\times\ln(X_W/K_W)=\text{区域内差距}$$

$$T_2=X_E\times T_E+X_M\times T_M+X_W\times T_W=\text{区域间差距}$$

$$T=T_1+T_2=\text{总差距}$$

上面的式子中，X_i代表各省第一产业劳动力占全国第一产业劳动力的比例、各省农作物播种面积占全国农作物播种面积的比例、各省粮食总产量占全国粮食总产量的比例、各省农业 GDP 占全国农业 GDP 的比例；X_E、X_M、X_W分别代表东、中、西部地区的第一产业劳动力、农作物播种面积、粮食总产量、农业 GDP 占全国的比例；K_i为各省农业基础设施资本存量占全国农业基础设施资本存量的比例；K_E、K_M、K_W分别代表东、中、西部地区的农业基础设施资本存量占全国农业基础设施资本存量的比例。T_E为东部地区泰尔指数，T_M为中部地区泰尔指数，T_W为西部地区泰尔指数，T_1为区域内差距，T_2为区域间差距，T 为总差距。T_1/T 为区域内差距对总体差异的贡献率，T_2/T 为区域间差距对总体差异的贡献率，T_E/T、T_M/T、T_W/T 分别为东、中、西部地区内部差异对总体差异的贡献率。农业基础设施资本存量泰尔指数的计算结果与 X 指标密切相关，选取第一产业劳动力、农作物播种面积、粮食总产量、农业 GDP 四个指标作为农业基础设施资本存量泰尔指数的权重，以衡量农业基础设施供给的公平性。公平，存在着起点公平、过程公平与结果公平三种形式。众多学者普遍接受的观点是，公平应该是起点公平、过程公平和结果公平的统一体。以第一产业劳动力、农作物播种面积为权重的农业基础设施资本存量泰尔指数能衡量农业劳动力、农作物播种面积与农业基础设施的匹配程度，即各省之间第一产业劳动力获得的农业基础设施数量是否相等，各省之间农作物播种面积（耕地）是否能获得相等的农业基础设施资本存量，第一产业劳动力越多、农作物播种面积越多，那么相应的农业基础设施供给数量也越多，特别是农作物播种面积较多，农业基础设施供给数量要能满足其需求，如每块耕地都要有完善的农田水利设施。因此，以第一产业劳动力、农作物播种面积为权重计算的泰尔指数能较好地衡量农业基础设施供给的起点及过程是否公平。以农业 GDP、粮食总产量为权重的农业基础设施资本存量泰尔指数能衡量农业基础设施供给的结果是否公平，农业 GDP 高的省份能创造更多的财富，其农业基础设施资本存量能更多地能促进农业 GDP 更快地增长，粮食总产量越多的省份（如粮食大省）承担了国家的粮食安全任务，需要越多越好的农业基础设施支持农业的发展，越公平才能越好地促进现代农业的发展。本章选择第一产业劳动力、农作物播种面积、粮食总产量、农业 GDP 为权重的农业基础设施资本存量泰尔指数从起点公平、过程公平、结果公平三个角度衡量农业基础设施供给的公平性，起点公平与过程公平从需求角度衡量农业基础设施供给的公平性，结果公平从产出角度衡量农业基础设施供给的公平性。

二、农业基础设施资本存量总体差异：基于泰尔指数的分析

按照公式分别测算 1989~2012 年全国 29 个省份（与第五章相同）的以第一产业劳动力、农作物播种面积、粮食总产量、农业 GDP 为权重的农业基础设施资本存量泰尔指数，分别用 T（L）、T（P）、T（R）、T（GDP）表示，在此基础上计算 T（L）、T（P）、T（R）、T（GDP）的平均值 T，T 为综合考虑起点公平、程序公平、结果公平后的泰尔指数，测算结果如表 11-1 所示。图 11-1 直观地描述了农业基础设施资本存量泰尔指数的演变态势。

表 11-1　中国农业基础设施资本存量的泰尔指数（1989~2012 年）

年份	T（L）	T（P）	T（R）	T（GDP）	T
1989	0.579	0.623	0.502	0.396	0.525
1990	0.534	0.583	0.477	0.386	0.495
1991	0.509	0.559	0.429	0.341	0.460
1992	0.509	0.561	0.441	0.331	0.461
1993	0.580	0.641	0.534	0.364	0.530

续表

年份	T（L）	T（P）	T（R）	T（GDP）	T
1994	0.595	0.665	0.555	0.390	0.551
1995	0.583	0.662	0.542	0.398	0.546
1996	0.537	0.621	0.535	0.377	0.518
1997	0.492	0.564	0.467	0.340	0.466
1998	0.446	0.517	0.449	0.312	0.431
1999	0.423	0.480	0.401	0.277	0.395
2000	0.399	0.462	0.371	0.253	0.371
2001	0.400	0.446	0.377	0.243	0.367
2002	0.375	0.436	0.390	0.241	0.361
2003	0.390	0.448	0.412	0.271	0.380
2004	0.409	0.465	0.425	0.277	0.394
2005	0.422	0.472	0.430	0.274	0.400
2006	0.389	0.448	0.398	0.245	0.370
2007	0.375	0.432	0.379	0.245	0.358
2008	0.368	0.428	0.397	0.245	0.360
2009	0.370	0.431	0.394	0.250	0.361
2010	0.389	0.446	0.435	0.279	0.387
2011	0.378	0.435	0.452	0.280	0.386
2012	0.376	0.439	0.468	0.293	0.394
均值	0.451	0.511	0.444	0.305	0.428

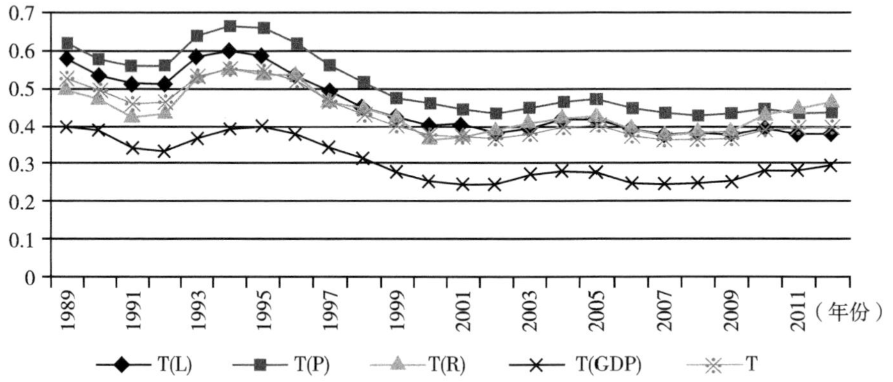

图 11-1　中国农业基础设施资本存量泰尔指数的演变趋势

由表 11-1 可知：中国农业基础设施资本存量存在显著的区域差异，其中，以第一产业劳动力为权重的农业基础设施资本存量泰尔指数的最大值出现在 1994 年（0.595），最小值出现在 2008 年（0.368），平均值为 0.451；以农作物播种面积为权重的农业基础设施资本存量泰尔指数的最大值出现在 1994 年（0.665），最小值出现在 2008 年（0.428），平均值为 0.511；以粮食总产量为权重的农业基础设施资本存量泰尔指数的最大值出现在 1994 年（0.555），最小值出现在 2000 年（0.371），平均值为 0.444；以农业 GDP 为权重的农业基础设施资本存量泰尔指数的最大值出现在 1995 年（0.398），最小值出现在 2002 年（0.241），2006 年、2007 年、2008 年其值也较小，平均值为 0.305。四者的平均值 T 最大值出现在 1994 年（0.551），最小值出现在 2007 年（0.358），平均值为 0.428。1989~2012 年四类泰尔指数总体演变态势基本保持一致。农业基础设施供给数量泰尔指数的变化可分为六个阶段：1989~1991 年下降，1992~1994 年上升达到最大值，1995~2002 年下降，2003~2005 年上升，2006~2008 年下降，2008 年达到最小值，2009 年后以农业 GDP 和粮食总产量为权重的泰尔指数上升速度较快，以第一产业劳动力为权重的泰尔指数先上升后下降，以农作物播种面积为权重的泰尔指数有下降趋势。此外，各年份以农业 GDP 为权重的泰尔指数均小于其他三类泰尔指数，表明我国各省份农业 GDP 与农业基础设施资本存量的匹配程度要高于各省份第一产业劳动力、农作物播种面积、粮食总产量与农业基础设施的匹配程度。1989~2012 年，以第一产业劳动力为权重的农业基础设施资本存量泰尔指数均值为 0.451，以农作物播种面积为权重的农业基础设施资本存量泰尔指数均值为 0.511，以粮食总产量为权重的农业基础设施资本存量泰尔指数均值为 0.444，以农业 GDP 为权重的农业基础设施资本存量泰尔指数均值为 0.305，可知 T(P)>T(L)>T(R)>T(GDP)，农业基础设施供给数量与农作物播种面积最不匹配，与农业 GDP 相对匹配，这或许从侧面说明农作物播种面积越多、农业劳动力越多的省份没有获取相应的农业基础设施供给，但从产出角度来说相对公平，即农业 GDP 高、粮食总产量高的省份相应的农业基础设施供给数量较多。总体来说，1989~2012 年农业基础设施投入更倾向于农业 GDP 及粮食总产量高的地区，但随着政府对中部地区特别是西部地区的财政转移支付力度加大，对第一产业劳动力及农作物播种面积多的省份加大了投入，四类泰尔指数的差值随着时间的推移变小。1989~2012 年农业基础设施资本存量泰尔指数（T）的均值为 0.428，说明农业基础设施供给存在显著的地区差距，不管从起点公平、程序公平还是结果公平来看，明显不公平。

三、农业基础设施资本存量差异的区域分解

（一）以第一产业劳动力为权重的测度

根据泰尔指数的计算公式，测算 1989~2012 年东、中、西部地区以第一产业劳动力为权重的农业基础设施资本存量泰尔指数以及农业基础设施资本存量区域内、区域间泰尔指数（杨骞，2012），测算三大地区内部及地区间差异对总体差异的贡献率，具体数值如表 11-2 和表 11-3 所示，图 11-2 是泰尔指数的变动趋势图。

表 11-2　按照三区域划分的农业基础设施资本存量泰尔指数

年份	东部	中部	西部	区域间	区域内
1989	0.320	0.167	0.420	0.276	0.303
1990	0.320	0.132	0.389	0.254	0.280
1991	0.307	0.127	0.347	0.248	0.260
1992	0.289	0.120	0.316	0.267	0.241
1993	0.374	0.086	0.310	0.323	0.256
1994	0.360	0.076	0.297	0.353	0.243
1995	0.339	0.079	0.277	0.352	0.231
1996	0.295	0.065	0.250	0.334	0.203
1997	0.261	0.075	0.227	0.305	0.187
1998	0.250	0.059	0.223	0.270	0.176
1999	0.243	0.055	0.213	0.255	0.168
2000	0.245	0.049	0.200	0.238	0.160
2001	0.253	0.042	0.230	0.229	0.171
2002	0.264	0.082	0.236	0.185	0.190
2003	0.278	0.092	0.219	0.198	0.192
2004	0.285	0.063	0.200	0.232	0.177
2005	0.283	0.051	0.206	0.248	0.174
2006	0.269	0.026	0.179	0.238	0.151
2007	0.282	0.016	0.148	0.234	0.141

续表

年份	东部	中部	西部	区域间	区域内
2008	0. 298	0. 017	0. 140	0. 225	0. 143
2009	0. 348	0. 005	0. 106	0. 229	0. 141
2010	0. 386	0. 011	0. 098	0. 238	0. 152
2011	0. 406	0. 027	0. 141	0. 201	0. 176
2012	0. 430	0. 033	0. 179	0. 177	0. 199
均值	0. 308	0. 065	0. 231	0. 255	0. 197

表 11-3　按照三区域划分的农业基础设施存量泰尔指数贡献率

单位:%

年份	东部	中部	西部	区域间	区域内
1989	18. 0	9. 6	24. 8	47. 7	52. 3
1990	19. 9	8. 3	24. 3	47. 5	52. 5
1991	20. 1	8. 3	22. 8	48. 8	51. 2
1992	18. 7	7. 9	20. 9	52. 6	47. 4
1993	21. 0	5. 0	18. 3	55. 8	44. 2
1994	19. 3	4. 3	17. 2	59. 2	40. 8
1995	18. 9	4. 5	16. 3	60. 3	39. 7
1996	17. 8	4. 0	15. 9	62. 2	37. 8
1997	17. 1	5. 1	15. 8	61. 9	38. 1
1998	18. 0	4. 5	17. 0	60. 5	39. 5
1999	18. 3	4. 5	16. 9	60. 3	39. 7
2000	19. 4	4. 4	16. 4	59. 8	40. 2
2001	19. 7	3. 7	19. 3	57. 3	42. 7
2002	21. 7	7. 7	21. 3	49. 3	50. 7
2003	21. 8	8. 4	19. 1	50. 7	49. 3
2004	21. 1	5. 4	16. 8	56. 6	43. 4
2005	19. 9	4. 3	17. 0	58. 8	41. 2
2006	20. 4	2. 3	16. 1	61. 2	38. 8
2007	22. 1	1. 5	14. 0	62. 4	37. 6
2008	23. 8	1. 7	13. 4	61. 1	38. 9
2009	27. 5	0. 5	10. 2	61. 9	38. 1

续表

年份	东部	中部	西部	区域间	区域内
2010	29.0	1.0	9.0	61.1	38.9
2011	31.0	2.6	13.1	53.3	46.7
2012	33.2	3.2	16.7	47.0	53.0
均值	21.6	4.7	17.2	56.6	43.4

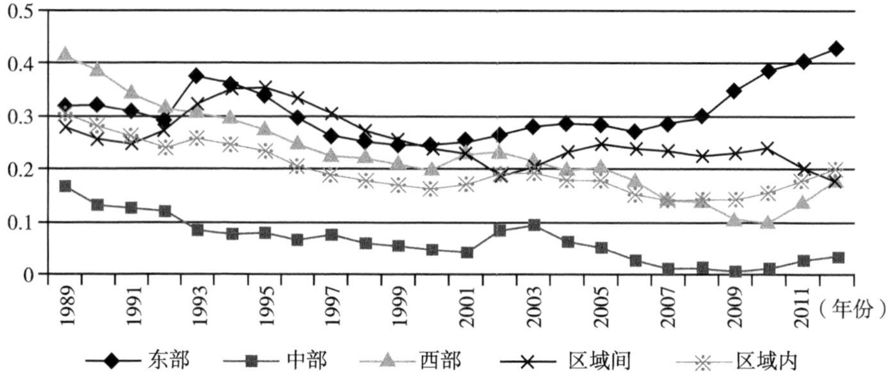

图 11-2　三区域农业基础设施资本存量泰尔指数

1989~2012 年我国以第一产业劳动力为权重的农业基础设施资本存量区域间泰尔指数大于区域内泰尔指数，区域间泰尔指数大多数年份在 0.2 以上，而区域内泰尔指数大多数年份在 0.2 以下，区域间差异大于区域内差异。从泰尔指数的贡献率来看，1989~2012 年区域间泰尔指数对总体泰尔指数的贡献率大多在 50%以上，而区域内泰尔指数对总体泰尔指数的贡献率大多在 50%以下。区域间差异是造成总体差距的主要原因。从三区域泰尔指数的实际值来看，东部地区最大，中部地区最小，西部地区泰尔指数介于东部地区和中部地区之间。从三区域泰尔指数的贡献率来看，东部地区泰尔指数贡献率不断上升，2012 年达到 33.2%；中部地区泰尔指数的贡献率都在 10%以下；西部地区泰尔指数的贡献率在 1993 年后低于 20%（2002 年除外）。以上表明东、中、西部地区对总体差异的影响不同，其中以东部地区对总体差异的影响最大。

（二）以农作物播种面积为权重的测度

根据泰尔指数的计算公式，测算 1989~2012 年东、中、西部地区以农作物播种面积为权重的农业基础设施资本存量泰尔指数以及农业基础设施资本存量区域内、区域间泰尔指数，测算三大地区内部及地区间差异对总体差异的贡献率，具体数值如表 11-4 和表 11-5 所示，图 11-3 则是泰尔指数的变动趋势图。

表 11-4　按照三区域划分的农业基础设施资本存量泰尔指数

年份	东部	中部	西部	区域间	区域内
1989	0.404	0.086	0.504	0.314	0.309
1990	0.382	0.073	0.460	0.298	0.284
1991	0.356	0.072	0.423	0.293	0.266
1992	0.336	0.067	0.407	0.308	0.253
1993	0.439	0.055	0.402	0.363	0.278
1994	0.435	0.061	0.407	0.384	0.280
1995	0.415	0.065	0.393	0.390	0.272
1996	0.388	0.048	0.364	0.372	0.249
1997	0.350	0.042	0.335	0.338	0.226
1998	0.347	0.035	0.317	0.300	0.218
1999	0.348	0.022	0.272	0.282	0.198
2000	0.346	0.019	0.256	0.272	0.189
2001	0.357	0.020	0.249	0.256	0.190
2002	0.369	0.132	0.250	0.199	0.237
2003	0.367	0.148	0.238	0.210	0.239
2004	0.363	0.109	0.225	0.249	0.217
2005	0.359	0.091	0.229	0.262	0.210
2006	0.350	0.090	0.190	0.256	0.193
2007	0.361	0.080	0.164	0.249	0.183
2008	0.368	0.079	0.157	0.246	0.182
2009	0.380	0.078	0.152	0.249	0.182
2010	0.410	0.079	0.147	0.258	0.189
2011	0.432	0.080	0.190	0.226	0.209
2012	0.460	0.082	0.229	0.209	0.230
均值	0.380	0.071	0.290	0.283	0.228

表 11-5　按照三区域划分的农业基础设施存量泰尔指数贡献率

单位：%

年份	东部	中部	西部	区域间	区域内
1989	20.7	5.4	23.5	50.4	49.6
1990	20.8	4.9	23.1	51.2	48.8
1991	20.1	5.0	22.4	52.5	47.5
1992	18.7	4.6	21.8	54.9	45.1
1993	21.1	3.3	18.9	56.6	43.4
1994	20.0	3.6	18.6	57.8	42.2
1995	19.1	3.8	18.1	58.9	41.1
1996	19.0	3.0	18.1	59.9	40.1
1997	18.7	2.9	18.5	59.9	40.1
1998	20.2	2.6	19.2	57.9	42.1
1999	21.6	1.8	17.9	58.7	41.3
2000	21.9	1.6	17.4	59.0	41.0
2001	23.4	1.8	17.5	57.3	42.7
2002	24.3	12.0	18.0	45.6	54.4
2003	23.3	13.2	16.7	46.8	53.2
2004	21.8	9.4	15.4	53.4	46.6
2005	21.2	7.7	15.6	55.6	44.4
2006	21.3	8.2	13.5	57.0	43.0
2007	22.6	7.6	12.1	57.7	42.3
2008	23.0	7.6	11.8	57.6	42.4
2009	23.5	7.4	11.4	57.7	42.3
2010	24.4	7.3	10.6	57.7	42.3
2011	26.2	7.5	14.2	52.0	48.0
2012	27.5	7.7	17.2	47.6	52.4
均值	21.9	5.8	17.1	55.2	44.8

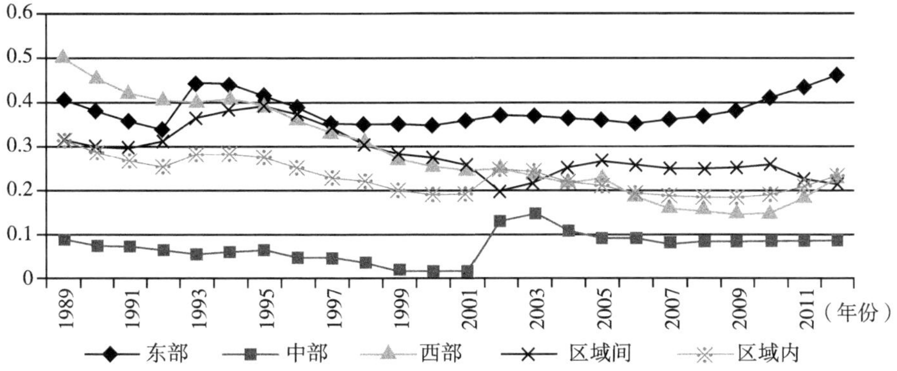

图 11-3　三区域农业基础设施资本存量泰尔指数

1989~2012 年我国以农作物播种面积为权重的农业基础设施资本存量区域间泰尔指数的均值为 0.283，区域内泰尔指数的均值为 0.228，区域间泰尔指数大于区域内泰尔指数，这表明以农作物播种面积为权重的农业基础设施供给的区域间差异要大于区域内差异，东、中、西部地区之间的差异是造成总体差异的主要原因。从泰尔指数的贡献率来看，1989~2012 年区域间泰尔指数对总体泰尔指数的贡献率大多在 50%以上，而区域内泰尔指数对总体泰尔指数的贡献率大多在 50%以下。从三区域泰尔指数的实际值来看，1989~2012 年，东部地区平均农业基础设施资本存量泰尔指数最大（0.380），中部地区最小（0.071），西部地区泰尔指数介于东部地区和中部地区之间。随着时间的推移，东部地区农业基础设施资本存量泰尔指数在增大，东部地区各省份农业基础设施资本存量的差距变大；中部地区农业基础设施资本存量泰尔指数有一个下降到上升到保持平稳的过程，2003 年中部地区泰尔指数达到最大值（0.148），此后下降，最终在 0.08 左右，中部地区各省份之间农业基础设施资本存量的差距较小。从三区域泰尔指数的贡献率来看，东部地区泰尔指数贡献率不断上升，2012 年达到 27.5%，中部地区泰尔指数的贡献率大多数年份在 10%以下，西部地区泰尔指数的贡献率呈现“下降—上升”的趋势，2012 年达到 17.2%，表明东、中、西部地区对农业基础设施资本存量的总体差异的影响不同，其中以东部地区对总体差异的影响最大，中部地区对总体差距的影响最小。

（三）以粮食总产量为权重的测度

根据泰尔指数的计算公式，测算 1989~2012 年东、中、西部地区以粮食总产量为权重的农业基础设施资本存量泰尔指数以及农业基础设施资本存量区域内、区域间泰尔指数，测算三大地区内部及地区间差异对总体差异的贡献率，具体数值如表 11-6 和表 11-7 所示，图 11-4 则是泰尔指数的变动趋势图。1989~2012 年我国以粮食总产量为权重的农业基础设施资本存量区域间泰尔指数与区域内泰尔指数相差不大，区域间泰尔指数的均值为 0. 238，区域内泰尔指数的均值为 0. 206。区域间泰尔指数从 2006 年开始有下降的趋势，到 2012 年为 0. 189；而区域内泰尔指数从 2008 年开始有上升的趋势，到 2012 年区域内泰尔指数达到 0. 279。从泰尔指数的贡献率来看，1989~2012 年区域间泰尔指数对总体泰尔指数的贡献率大多在 50%以上，但有下降的趋势，区域内泰尔指数对总体泰尔指数的贡献率大多在 50%以下，但有上升的趋势，到 2012 年区域间贡献率为 40. 5%，而区域内贡献率达到 59. 5%。从三区域泰尔指数的实际值来看，东部地区最大（0. 361），中部地区最小（0. 096），西部地区泰尔指数介于东部地区和中部地区之间。1989~2012 年，从三区域泰尔指数的贡献率来看，东部地区泰尔指数贡献率最大，均值为 26%，中部地区泰尔指数的贡献率最小，东部地区各省之间农业基础设施资本存量的差异是造成区域内差距的主要原因。

表 11-6　按照三区域划分的农业基础设施资本存量泰尔指数

年份	东部	中部	西部	区域间	区域内
1989	0. 321	0. 094	0. 310	0. 273	0. 229
1990	0. 315	0. 072	0. 286	0. 267	0. 211
1991	0. 288	0. 081	0. 263	0. 224	0. 205
1992	0. 273	0. 061	0. 247	0. 256	0. 185
1993	0. 400	0. 057	0. 272	0. 301	0. 233
1994	0. 395	0. 078	0. 263	0. 319	0. 237
1995	0. 383	0. 084	0. 227	0. 315	0. 227
1996	0. 358	0. 078	0. 263	0. 312	0. 223
1997	0. 301	0. 060	0. 206	0. 287	0. 180
1998	0. 339	0. 082	0. 214	0. 244	0. 205
1999	0. 307	0. 067	0. 158	0. 229	0. 172
2000	0. 287	0. 031	0. 139	0. 227	0. 145
2001	0. 309	0. 044	0. 163	0. 214	0. 162
2002	0. 338	0. 165	0. 158	0. 175	0. 216
2003	0. 365	0. 198	0. 147	0. 177	0. 235

续表

年份	东部	中部	西部	区域间	区域内
2004	0.364	0.137	0.137	0.222	0.203
2005	0.373	0.112	0.141	0.233	0.197
2006	0.365	0.091	0.128	0.216	0.182
2007	0.380	0.082	0.093	0.206	0.173
2008	0.395	0.098	0.114	0.208	0.189
2009	0.388	0.098	0.111	0.209	0.186
2010	0.433	0.131	0.120	0.221	0.215
2011	0.474	0.150	0.193	0.198	0.254
2012	0.502	0.155	0.253	0.189	0.279
均值	0.361	0.096	0.192	0.238	0.206

表 11-7　按照三区域划分的农业基础设施存量泰尔指数贡献率

单位：%

年份	东部	中部	西部	区域间	区域内
1989	22.8	7.4	15.5	54.4	45.6
1990	23.2	6.0	15.0	55.8	44.2
1991	24.7	7.0	16.0	52.3	47.7
1992	22.0	5.4	14.5	58.1	41.9
1993	26.5	4.2	13.0	56.3	43.7
1994	25.0	5.5	12.0	57.4	42.6
1995	25.2	6.1	10.6	58.1	41.9
1996	23.0	5.7	12.9	58.4	41.6
1997	21.8	5.1	11.6	61.5	38.5
1998	25.7	7.1	12.8	54.4	45.6
1999	25.9	6.6	10.5	57.1	42.9
2000	25.1	3.3	10.6	61.1	38.9
2001	26.6	4.7	11.8	56.9	43.1
2002	26.3	17.6	11.3	44.8	55.2
2003	27.2	19.3	10.5	43.0	57.0
2004	25.1	13.8	9.0	52.2	47.8
2005	25.4	11.2	9.1	54.3	45.7

续表

年份	东部	中部	西部	区域间	区域内
2006	27.3	10.2	8.3	54.2	45.8
2007	29.8	9.5	6.4	54.3	45.7
2008	29.0	11.0	7.5	52.4	47.6
2009	28.6	11.0	7.5	52.9	47.1
2010	28.5	13.6	7.2	50.7	49.3
2011	30.1	15.2	11.0	43.8	56.2
2012	30.3	15.1	14.2	40.5	59.5
均值	26.0	9.2	11.2	53.5	46.5

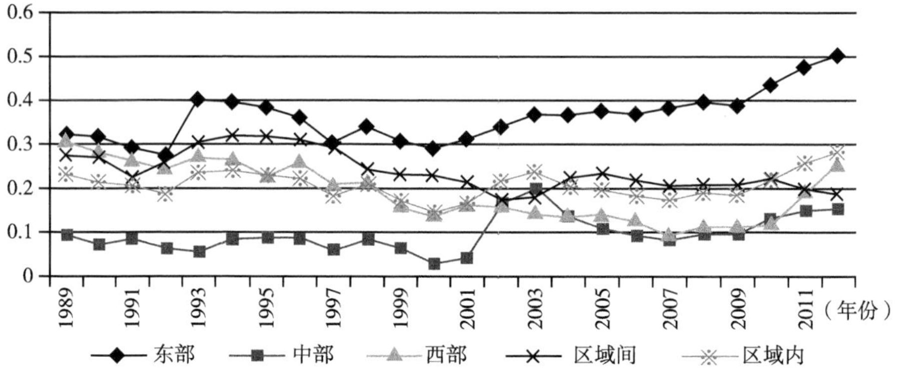

图 11-4　三区域农业基础设施资本存量泰尔指数

(四) 以农业 GDP 为权重的测度

根据泰尔指数的计算公式，测算 1989~2012 年东、中、西部地区以农业 GDP 为权重的农业基础设施资本存量泰尔指数以及农业基础设施资本存量区域内、区域间泰尔指数，测算三大地区内部及地区间差异对总体差异的贡献率，具体数值如表 11-8 和表 11-9 所示，图 11-5 则是泰尔指数的变动趋势图。

表 11-8　按照三区域划分的农业基础设施资本存量泰尔指数

年份	东部	中部	西部	区域间	区域内
1989	0.215	0.113	0.449	0.156	0.240
1990	0.205	0.078	0.417	0.169	0.217

续表

年份	东部	中部	西部	区域间	区域内
1991	0. 186	0. 085	0. 375	0. 137	0. 204
1992	0. 156	0. 076	0. 350	0. 149	0. 182
1993	0. 220	0. 065	0. 302	0. 172	0. 193
1994	0. 239	0. 062	0. 303	0. 191	0. 199
1995	0. 241	0. 068	0. 306	0. 198	0. 200
1996	0. 230	0. 052	0. 279	0. 195	0. 182
1997	0. 208	0. 066	0. 224	0. 176	0. 164
1998	0. 213	0. 073	0. 213	0. 146	0. 166
1999	0. 207	0. 077	0. 174	0. 120	0. 157
2000	0. 201	0. 055	0. 169	0. 108	0. 145
2001	0. 217	0. 044	0. 163	0. 096	0. 148
2002	0. 233	0. 129	0. 157	0. 061	0. 180
2003	0. 250	0. 164	0. 172	0. 068	0. 203
2004	0. 277	0. 093	0. 151	0. 093	0. 184
2005	0. 278	0. 060	0. 160	0. 097	0. 176
2006	0. 250	0. 043	0. 138	0. 092	0. 154
2007	0. 273	0. 038	0. 103	0. 094	0. 151
2008	0. 284	0. 031	0. 093	0. 097	0. 148
2009	0. 306	0. 037	0. 097	0. 089	0. 162
2010	0. 344	0. 041	0. 113	0. 097	0. 182
2011	0. 361	0. 048	0. 148	0. 081	0. 199
2012	0. 385	0. 058	0. 187	0. 072	0. 221
均值	0. 249	0. 069	0. 218	0. 123	0. 182

表 11-9 按照三区域划分的农业基础设施存量泰尔指数贡献率

单位:%

年份	东部	中部	西部	区域间	区域内
1989	23. 6	9. 0	28. 0	39. 4	60. 6
1990	21. 9	6. 7	27. 5	43. 8	56. 2
1991	23. 5	7. 6	28. 7	40. 2	59. 8
1992	20. 3	7. 1	27. 6	45. 0	55. 0
1993	26. 4	5. 5	21. 0	47. 1	52. 9

续表

年份	东部	中部	西部	区域间	区域内
1994	26.6	5.1	19.3	49.0	51.0
1995	26.2	5.6	18.4	49.8	50.2
1996	25.8	4.6	17.8	51.7	48.3
1997	25.5	6.5	16.3	51.7	48.3
1998	28.5	7.8	16.9	46.8	53.2
1999	32.0	9.1	15.6	43.4	56.6
2000	33.9	7.0	16.5	42.6	57.4
2001	38.3	6.0	16.4	39.3	60.7
2002	41.2	17.4	16.1	25.3	74.7
2003	39.4	19.1	16.3	25.1	74.9
2004	41.6	11.1	13.9	33.5	66.5
2005	42.3	7.2	14.9	35.5	64.5
2006	42.3	5.7	14.6	37.4	62.6
2007	45.5	5.0	11.2	38.2	61.8
2008	45.9	4.3	10.1	39.7	60.3
2009	49.6	5.0	10.1	35.4	64.6
2010	49.6	4.9	10.7	34.9	65.1
2011	51.2	5.8	14.2	28.8	71.2
2012	51.4	6.6	17.4	24.5	75.5
均值	35.5	7.5	17.5	39.5	60.5

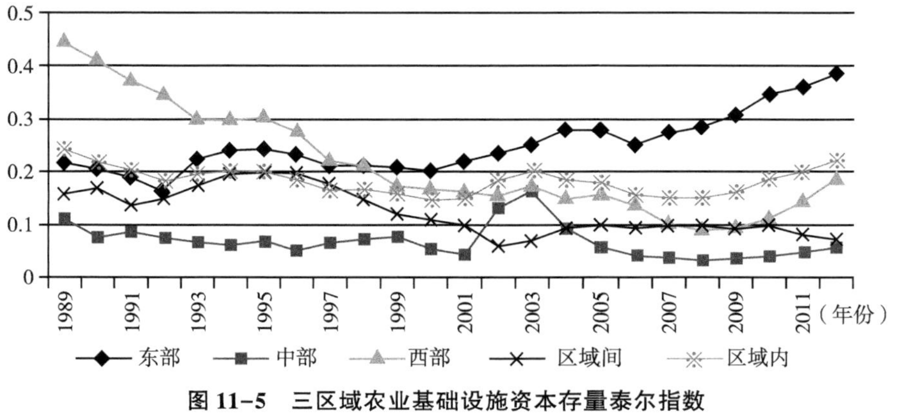

图 11-5　三区域农业基础设施资本存量泰尔指数

1989~2012年我国以农业GDP为权重的农业基础设施资本存量区域内泰尔指数大于区域间泰尔指数，区域间泰尔指数有不断下降的趋势，而区域内泰尔指数在0.2上下浮动，这表明我国农业基础设施供给的区域内差异要大于区域间差异。从泰尔指数的贡献率来看，1989~2012年区域内泰尔指数对总体泰尔指数的贡献率大多在50%以上，且总趋势是上升的，而区域间泰尔指数对总体泰尔指数的贡献率大多在50%以下，且总趋势是下降的，到2012年区域间贡献率仅为24.5%，而区域内贡献率达到75.5%。区域内差异是造成总体差距的主要原因。从三区域泰尔指数的实际值来看，东部地区最大，中部地区最小，西部地区泰尔指数介于东部地区和中部地区之间。从三区域泰尔指数的贡献率来看，东部地区泰尔指数贡献率不断上升，2012年达到51.4%；中部地区泰尔指数的贡献率大多数年份在10%以下，西部地区泰尔指数的贡献率在1994年后低于20%。以上表明东、中、西部地区对总体差异的影响不同，其中以东部地区对总体差异的影响最大。

本章小结

本章通过计算以第一产业劳动力、农作物播种面积、粮食总产量、农业GDP为权重的农业基础设施资本存量泰尔指数衡量农业基础设施供给的公平性。研究结果显示：

（1）1989~2012年农业基础设施资本存量泰尔指数（T）的均值为0.428，说明农业基础设施供给存在显著的地区差距，不管从起点公平、程序公平还是结果公平来看，农业基础设施供给不公平性明显，由于各地区历史、地理特征、经济发展水平的差距，要实现农业基础设施的公平供给，需要走的路还很长。农业基础设施资本存量总泰尔指数有一个下降—上升—下降的过程，但总体来说，随着时间的推移农业基础设施泰尔指数有所下降，这说明虽然农业基础设施供给不公平性较显著，但中央政府通过转移支付、加大对西部地区的扶持等一系列措施在努力降低农业基础设施的供给差距。

（2）以第一产业劳动力及农作物播种面积为权重的农业基础设施资本存量泰尔指数大于以粮食总产量及农业GDP为权重的农业基础设施资本存量泰尔指数，说明从农业产出角度衡量的农业基础设施供给相对更为公平，从需求角度衡量的农业基础设施供给相对不公平，即起点与程序不公平，但结果相对公平。农业产值及粮食产量高的省份获得的农业基础设施较多，而第一产业劳动力及农作物播种面积多的省份不一定能获得其相应份额的农业基础设施，这可能暗示经济越发达、农业生产条件越好的省份，获得的农业基础设施越多，而农业劳动力多、农作物播种面积广的省份没有获得足够的农业基础设施。

（3）虽然以粮食总产量衡量的泰尔指数区域间差距略大于区域内差距，但其区域内差距呈上升趋势，总的来说，从产出角度衡量的农业基础设施资本存量差距中区域内差距大于区域间差距。从需求角度衡量的农业基础设施资本存量泰尔指数区域间差距大于区域内差距。从起点与程序是否公平的角度衡量，东、中、西部地区之间的差距是造成农业基础设施供给差距的主要原因，而从结果是否公平的角度看，区域内差距是造成农业基础设施供给差距的主要原因。

（4）不管从产出角度衡量还是需求角度衡量，东部地区农业基础设施资本存量泰尔指数最高，西部地区次之，中部地区最低。东部地区内部差异在不断扩大，东部地区各省经济发达，第一产业就业人口及产值在总就业人口和产值中所占比重较小，因而其对农业基础设施的投资更大程度上取决于各级地方政府的决策及农民的自发意识，东部地区有些省份在发展地方经济时，忽视了农业的发展，导致其内部差距较大。中、西部地区的内部差距不断缩小，特别是中部地区内部差异已非常小。西部地区内部差距缩小的可能原因是在西部大开发战略下，西部地区各省份得到来自中央的转移支付，使各省份进行农业基础设施投资能力均等，因而各省份之间农业基础设施资本存量差距缩小。中部地区各省份的经济发展水平相差较小，资源禀赋比较一致，且大多是农业大省，中央和地方政府及农户都重视对农业基础设施的投资，因而各省份之间的差距较小。

综上所述，农业基础设施供给存在显著的地区差距，从农业产出角度衡量的农业基础设施供给相对更为公平，从需求角度衡量的农业基础设施供给相对不公平，从产出角度衡量的农业基础设施资本存量差距中区域内差距大于区域间差距，从需求角度衡量的农业基础设施资本存量泰尔指数区域间差距大于区域内差距，不管从产出角度衡量还是需求角度衡量，东部地区农业基础设施资本存量泰尔指数最高，西部地区次之，中部地区最低。

要兼顾农业基础设施供给的公平性并不是指农业基础设施供给应绝对平等，供给的公平性是建立在供给数量与供给质量基础上的相对公平。当各地区的农业基础设施供给数量、质量、效率都不高时，农业基础设施供给是相对公平的，但这种公平是低水平的公平，不能促进农业生产的高效运行。只有在供给数量、质量和效率提升的基础上，兼顾农业基础设施供给的公平性，才能实现高水平的公平。

第十二章 农业基础设施供给绩效的评价：基于小型农田水利设施供给的个案研究

在构建农业基础设施供给绩效评价体系的基础上，利用省级面板数据分别从供给数量、供给质量、供给效率、供给公平性四个方面对农业基础设施供给绩效进行了研究。由于利用宏观数据对农业基础设施供给绩效进行评价，重点关注各省份农业基础设施供给数量、质量、效率及各省份之间的农业基础设施供给公平性，可能会忽视微观视角的农业基础设施供给绩效，不能对现阶段影响农业基础设施供给绩效的因素进行有效分析，因此，本章将通过实地调研对村庄农业基础设施供给绩效进行深入分析，并对影响农业基础设施供给绩效的新因素进行研究，从微观视角评价农业基础设施供给绩效。

在研究客体上选择小型农田水利设施作为研究对象。农田水利设施的有效供给是保障农业稳定发展、国家粮食安全的重要物质基础，农田水利设施是农业基础设施的重要组成部分。农田水利设施是一个有机的整体，由大、中、小型农田水利设施构成，需要相互配合才能发挥作用，任一环节出现问题，都会影响总体效果的发挥。在我国当前的农田水利管理体制下，大型和中型的水利工程一般由县级或县级以上的行政管理部门统一管理，其建设和管护基本上是有保障的；小型农田水利工程一般由使用者进行建设和管护。小型农田水利设施包括小型水库、机电排灌站、渠道等，对于小型农田水利工程的建设和维护，有一部分财政补助资金，但财政补助资金目前只限于建设部分，而管护所需资金的投入是长期的、连续性的，这部分资金只能由使用者或管理者自行解决。小型农田水利设施的使用者为农户，所有权一般属于村集体，除普遍使用小型机井以农户为单位单独灌溉的地区外，其他地区一般以村或小组为单位合作灌溉，因而小型农田水利设施供给是一种典型的集体行动行为。现阶段，人民公社时期形成的农田水利系统急需更新、改造、维护及硬化，但实行家庭承包责任制后，农户市场经济意识增强，在农地细碎化的情况下，农户是否会参与集体行动，影响农户参与集体行动的因素有哪些，对这些问题进行研究有利于提升小型农田水利设施的供给绩效。2013 年、2014 年中央“一号文件”及中共十八届三中全会报告提出构建新型农业经营体系，引导农村土地承包经营权有序流转，鼓励承包经营权在公开市场上向专业大户、家庭农场、农民合作社、农业企业流转，发展多种形式规模经营，允许财政项目资金直接投向符合条件的合作社，允许财政补助形成的资产转交合作社持有和管护。在中央政策鼓励农地流转的情况下，村庄成员结构、经营规模发生变化。村庄成员结构及经营规模变化对成员参与集体行动有何影响？农业合作社、农业企业进入农村承包土地后对当地农田水利设施供给有积极还是消极影响？在新形势下，对这些问题进行研究，能让我们找出提升小型农田水利设施供给绩效的路径，以满足现代农业发展的需要。因此，本章从集体行动的逻辑视角分析村庄小型农田水利设施的供给机理，以农地流转规模大的团结村为例，从微观视角研究农地流转前后村庄小型农田水利设施的供给绩效，从理论与实践角度为提升小型农田水利设施供给绩效提供参考借鉴。

一、小型农田水利设施供给机理分析：集体行动的逻辑视角

在个体主义方法论和理性人假设前提下（蔡荣，2014），Olson 总结了影响集体行动能否成功的三个关键因素：集团规模、结构（成员异质性）与奖惩规则。Olson 认为集团规模与集体行动呈负相关，集团规模越大，成员参与集体行动的可能性越低。集团越大，增进集团利益的人获得的集团总收益的份额就越小，有利于集团的行动得到的报酬就越少，这样即使集团能够获得一定量的集体物品，其数量也是远远低于最优水平的；集团越大，任一个体或集团中任何成员的任何小子集能获得的总收益的份额就越小，他们从集体物品获得的收益就越不足以抵销他们提供哪怕是很小数量的集团物品所支出的成本；集团成员的数量越大，组织成本就越高，这样在获得任何集体物品前需要跨越的障碍就越大。成员异质性与集体行动呈正相关，异质性有利于集体行动。异质性包括经济异质性、政治异质性和社会异质性等维度，Olson 着重关注经济异质性。在存在着相当程度的不平等，即存在成员的“规模”不等或对集体物品的兴趣不等的小集团中，集体物品最有可能被提供；因为某个成员对集体物品的兴趣越大，他能获得的集体物品带来的收益的份额就越大，即使他不得不承担全部的成本，他也会提供这种集体物品（曼瑟尔·奥尔森，1994）。总

之，Olson 将集团规模、成员异质性视为决定集体行动能否成功的关键因素。另外，Olson 认为强制和向成员提供“选择性激励”也是实现集体行动的手段。

小型农田水利设施指需要合作供给的村庄范围内的小型农田水利设施，如机电排灌站、灌排渠道等，不包括私人机井等纯私人物品。人民公社时期形成的机电排灌站、小水闸、渠道等一般由村集体共有，其维护、管理、运行、更新需要村庄成员集体行动。村庄规模、村庄成员结构（异质性）决定村庄成员是否参与集体行动供给小型农田水利设施，以及小型农田水利设施的供给绩效。小型农田水利设施供给绩效与农产品产量息息相关，如果村庄中有的成员的收入来源于打工收入或第三产业收入，那么他参与供给小型农田水利设施的可能性基本为零，除非村庄强制所有成员必须供给，因此，影响小型农田水利设施供给的村庄规模指村庄中经营农业的成员数量。经济异质性对于小型农田水利设施供给而言，主要指成员农地经营规模差异，如果村庄成员农地经营规模差异非常小，那么成员具有同质性，如果村庄成员农地经营规模差异大，那么村庄成员具有异质性。影响集体行动的因素还有强制性与选择性激励，但在现阶段小型农田水利设施的供给上，政府已取消强制性投工投劳等措施，实行“一事一议”制度，在小型农田水利设施供给上选择性激励也难以提供，因此，本章重点从村庄规模及成员结构两方面分析村庄成员是否参与集体行动，以及集体行动的效果如何，研究村庄规模及成员结构对小型农田水利设施供给绩效的影响。

成本（C）是小型农田水利设施供给水平（T）的一个函数（$C=f(T)$），平均成本曲线为传统的 U 形。村庄总收益取决于获得小型农田水利设施的水平（T），以及一单位小型农田水利设施对村庄的价值（S_g）。S_g是一个均值，由村庄中经营农业的成员数量及小型农田水利设施对村庄中每个成员的价值决定，假设村庄中有 n 个成员，农田水利对每个成员的价值为S_i，那么$S_g=(S_1+S_2+\cdots+S_n)/n$。集团总收益（$V_g$）是小型农田水利设施为村庄带来的总收益，$V_g=S_gT$。一个集团做什么取决于集团中的成员做什么，而成员做什么又取决于他们采取行为的相对好处。任一成员 i 得到任一数量的小型农田水利设施获得的好处（A_i）等于个人的收益（V_i）减去成本（C）。村庄成员获得的收益取决于他占村庄收益的份额（F_i），其个人收益就等于F_iS_gT。个人收益作为个人的价值可被称作V_i。“份额”就等于V_i/V_g。村庄成员供给不同数量的小型农田水利设施的收益或损失，取决于获得的好处（$A_i=V_i-C$）随 T 变化而变化的方式，即取决于：

$$\frac{dA_i}{dT}=\frac{dV_i}{dT}-\frac{dC}{dT} \quad (12-1)$$

dA_i/dT 的最大值为 0。由于$\frac{dV_i}{dT}=F_i\left(\frac{dV_g}{dT}\right)$，可得：

$$F_i\left(\frac{dV_g}{dT}\right)-\frac{dC}{dT}=0 \quad (12-2)$$

这意味着当村庄收益率乘以成员得到的村庄收益的份额等于小型农田水利供给总成本的增加率时，成员得到的小型农田水利设施的数量最优。但最重要的并不是提供多少小型农田水利设施，而是成员是否会提供任何农田水利设施。在单独行动的成员达到最优点时，如果$F_i>/V_g$，那么就会提供小型农田水利设施。

因为如果：

$$F_i>/V_g \quad (12-3)$$

$$V_i/V_g>/V_g \quad (12-4)$$

那么：

$$V_i>C \quad (12-5)$$

因此，如果$F_i>/V_g$，成员的收益就会超过供给小型农田水利设施的总成本。当$F_i>/V_g$时，村庄成员会供给一定数量的小型农田水利设施。

在其他条件相同时，村庄中成员数量越多，村庄规模越大，F_i值就越小，成员的收益就会远远小于供给小型农田水利设施的总成本。如果村庄中农地分配细碎，且没有进行农地流转，在村庄耕地面积有限的情况下，村庄成员的F_i值很小，那么村庄中的成员谁也不会参与供给小型农田水利设施这一集体行动，他们既不会投资也不会投劳于农田水利建设，结果是村庄农田水利恶化，在自然灾害面前村庄中的成员都损失惨重。当发生较大规模农地流转时，有一部分成员可能将农地完全流转出去，退出农业生产，村庄中经营农业的成员数量大大减少，村庄规模变小，有些成员的$F_i>/V_g$，这些成员愿意供给对他而言最优数量的小型农田水利设施，从而促进村庄小型农田水利设施供给水平的提升。

当然，成员收益不仅取决于F_i，也取决于S_i，即他从一定水平的小型农田水利设施供给中的获益程度。在没有农地流转的情况下，农户自身拥有的农地按人口平均分配，因而农户间农地经营规模差别不大，农户具有同质性，成员的S_i值差别不大，因而谁也不会自己主动提供集体物品。当发生较大规模农地流转时，农户发生分化，有的农户可能放弃耕种农地，将农地全部流转出去，有的农户可能承包较多的农地，农业合作社、农业企业也可能进入村庄转入较多农地。村庄中小型农田水利设施利益相关者不再是同质性的农户，而是由兼业农户、专业大户、农业合作社、农业企业等组成的相互间差别较大的群体，因而，成员从一定水平的小型农田水利设施供给中的获益程度差别较大。农地经营规模大的专业大户、农业企业、农业合作社从供给小型农田水利设施中能获得较大的收益，其值大，能获得的供给小型农田水利设施带来的收益的份额大，即使他不得不承担供给小型农田水利设施的全部成本，也会供给小型农田水利设施，但其供给数量可能不会达到村庄最优，而只是实现个人最优。

个体供给数量对整个村庄来说是否达到了帕累托最优状态？村庄的收益会不会被最大化？作为整体的一个村庄如果得到了一定量的小型农田水利设施，其数量达到最优的条件为：村庄收益和小型农田水利设施供给成本以相同的速率增加。如果不考虑小型农田水利设施的非排他性，那么村庄中的成员会受到激励提供更多的集体物品，直到$F_i\left(\frac{dV_g}{dT}\right)=\frac{dC}{dT}$。由于$\sum F_i=1$，乍看起来每一个体独立行动提供的小型农田水利设施的总和就是村庄的最优量，且村庄中的每一户会承担总成本的一定份额F_i，这样，供给小型农田水利设施的负担就能以“正确”的方式加以分配。但事实并非如此。一般来说，小型农田水利设施的供给远没有达到最优水平。这是因为某一成员供给的小型农田水利设施也自动地为村庄中的其他成员所享有。一旦村庄中的成员可以获取具有最大F_i值的一定量的小型农田水利设施，他就不会受到足够的激励去供给任何农田水利设施，会选择“搭便车”，因而村庄最优数量的农田水利可能不会实现。

本书从集体行动视角分析了村庄成员是否会参与供给小型农田水利设施，这里的供给不仅包括新建小型农田水利设施，也包括对现有的小型农田水利设施进行维护管理，如果成员能参与新建、维护及管理，那么小型农田水利设施的数量与质量会得到提高，如果能有效动员成员参与集体行动，那么小型农业基础设施供给效率将得到提升。由于是村庄集体行动供给小型农田水利设施，所以村庄中的成员都能得到一定数量与质量的小型农田水利设施，在村庄范围内小型农田水利设施的供给将相对公平。通过理论分析可知，如果能促进村庄成员参与供给小型农田水利设施这一集体行动，那么小型农田水利设施供给绩效将得到提升。下文以农地流转规模较大的团结村为例分析农地流转前后村庄小型农田水利设施供给绩效的变化。

二、小型农田水利设施供给绩效评价
——以湖南省团结村为例

团结村位于湖南省益阳市赫山区泉交河镇，村庄河网密布，水源充足，土壤肥沃，耕地面积 3000 亩，坡度大于 25 度的耕地面积占全村总耕地面积的 20%。团结村距赫山区城区约 40 公里，村内没有集体企业。团结村有 21 个村民小组，总人口数为 1837 人，农户 400 户。村庄耕地全部用来种植双季稻，农田水利设施对团结村农业生产极其重要。团结村主要利用机电排灌站从河流抽取灌溉水，通过渠道进行灌溉，机电排灌站与渠道为村集体所有。团结村的灌溉方式需要村庄成员合作维护、管理、更新小型农田水利设施，需要村庄成员集体行动。2009 年三益有机农业专业合作社（以下简称三益合作社）承包团结村 2000 亩耕地，村里有 300 户农户的耕地全部流转入三益合作社，其他 1000 亩耕地大部分也在村内农户之间流转。农地流转后团结村经营农业的成员大大减少，村庄规模变小，且成员结构发生改变，既有农地经营规模大的三益合作社，也有专业大户、兼业农户等。团结村大规模的农地流转改变了村庄规模及成员结构，集体行动理论指出，村庄规模及成员结构是影响成员参与供给小型农田水利设施这一集体行动的关键因素，下文以团结村为个案，分析村庄规模及成员结构的改变对小型农田水利设施供给绩效的影响。

三、“规模相等”的大集团与小型农田水利设施供给绩效

团结村总耕地面积为 3000 亩，总人口数为 1873 人，农户 400 户，人均耕地面积为 1.6 亩，户均耕地面积为 7.5 亩。由于第一轮和第二轮土地承包是考虑地块肥瘦、水源好坏及耕种方便不方便搭配分配的，最后团结村农户分到的耕地地块多而散、规模较小。2009 年前，团结村没有发生大规模的土地流转，在地块分散的情况下，村庄中参与小型农田水利设施供给集体行动的成员数量众多，在供给小型农田水利设施上，村庄是一个大集团。在村庄耕地面积较少、村庄成员多的情况下，每个成员的农地经营规模都很小，农户户均耕地面积为 7.5 亩，其供给小型农田水利设施获得的收益份额值为 7.5/3000 = 1/400，

村庄中成员能获得的总收益的份额小，他们从小型农田水利设施获得的收益不足以抵销他们提供哪怕是很小数量的农田水利所支出的成本，且动员成员参与集体行动的组织成本高，在这种情况下，小型农田水利设施就不会或难以被提供。村庄规模大，集体行动难以产生。在没有农地流转的情况下，团结村成员组成具有同质性，每户农地经营规模都较小，主要收入来源为非农收入，小型农田水利设施对每个农户的价值S_i都很小，没有出现专业大户、农业企业及农业合作社等能从小型农田水利供给中获取较大价值的成员，因而，没有人有动力供给小型农田水利。在F_i、S_i值都较小且相等的情况下，农户供给小型农田水利设施的收益低，而且，由于存在"搭便车"现象，农户如果供给小型农田水利设施就不得不承担全部的成本，农户的收益远远低于农户供给小型农田水利设施的总成本，因而单个农户不会自愿供给小型农田水利设施。除非存在强制性或外界因素引导大集团的成员为实现他们的共同利益而奋斗，否则集体物品不会被提供。

在户均耕地面积较小的情况下，村庄成员都不会有积极性供给小型农田水利设施，因而难以新建小型农田水利，成员也不会主动维护和管理现有小型农田水利设施，小型农田水利设施数量少、质量差，难以满足农业生产的需要。由于没有成员投入小型农田水利设施，对供给效率进行评价没有意义；虽然村庄小型农田水利设施供给是公平的，但只是低水平的公平，村庄成员都没有享受到小型农田水利设施带来的好处。因此，团结村在没有农地流转的情况下，小型农田水利设施供给绩效不高。

四、"规模不等"的小集团与小型农田水利设施供给绩效

三益合作社下辖三个二级单位：三益有机农场、三益有机生鲜超市有限公司、三益有机餐饮连锁机构。2010 年三益合作社获批为"农民专业合作社省级示范社"。三益合作社进入团结村后，村庄格局发生了变化，村庄中经营农业的成员大大减少，成员农地经营规模差异增大，村庄变成"规模"不等的小集团。团结村成员由经营规模最大的三益合作社、规模较小的三十多户专业大户及十多户兼业农户组成。理论分析指出，在成员的"规模"不等或对集体物品的兴趣不等的小集团中，集体物品最有可能被提供。三益合作社进入团结村后，作为村庄中规模最大的个体，其$F_i = 2000/3000 = 2/3$，三益合作社可

以获得供给农田水利设施总收益中的很大一部分，即使三益合作社承担全部的成本，比起没有这一物品时仍能获得更多的好处，三益合作社的收益超过供给小型农田水利设施的总成本，因而会供给一定量的小型农田水利设施。

上文从理论视角分析三益合作社供给小型农田水利设施的情况，在调研过程中，笔者也了解到了三益合作社供给小型农田水利设施的实际情况。据村长介绍，三益合作社来村流转土地，进行了先期投入，平整了土地。在农田水利设施供给上，农业合作社进入团结村，有利于争取政府农田水利建设的资金、项目。现阶段，国家鼓励发展新型农业经营主体，重视农田水利建设，允许财政项目资金直接投向符合条件的合作社。以三益合作社为依托，三益合作社与团结村村委会一起向政府申请农田水利建设资金，主要向区政府及其以上政府的农业局、财政局、水利局等与农田水利相关的部门申请资金。2013 年三益合作社及村委会争取到政府农田水利投资 440 万元，主要用于村庄渠道硬化、疏通，机电排灌站的更新与维护及小型抗旱机械的购买。团结村共有机电排灌站 5 处，修建于 20 世纪 80 年代，早已老化失修，2013 年团结村利用政府农田水利投资更新了机电排灌站的设备，现在有效总装机容量为 65 千瓦，能为团结村农田灌溉及抗击水旱灾提供有效保障。利用政府农田水利投资，团结村已建成较完善的渠道体系，渠道由干渠、支渠、农渠三级组成。干渠宽 1.6 米，长5 千米，60%完成了硬化；支渠宽 1.1 米，长 4 千米，50%完成硬化；农渠宽60 厘米，长 6 千米，50%完成了硬化。团结村有三口机井，机井归村集体所有，修建年代为 1997 年，总装机容量为 330 千瓦，1 个机井可以灌溉 20~30 亩地，村里会定期付工资请村民去井里清淤。机井主要用于地势较高，离河流较远，渠道灌溉不方便的田地。在渠道与机井灌溉都不方便的农田，农户可以利用村集体所有的小型机械进行灌溉。2013 年益阳市遭遇严重旱灾，团结村农作物旱灾受灾面积 200 亩，但成灾面积为 0 亩，良好的农田水利设施在抗御旱灾时发挥了重要作用。

团结村发生大规模的农地流转后，作为经营规模最大的三益合作社通过联合村委会向政府各部门申请项目资金，申请的资金用于村庄小型农田水利设施建设。在村委会的监督下，三益合作社投入资金用于农田水利设施供给，由于三益合作社是农田水利设施的最大受益者，其在小型农田水利设施供给中资金的使用效率较高，使得团结村小型农田水利设施供给数量大幅增加，大部分渠道实现硬化，机井进行了更新维护，购买了小型抗旱机械，小型农田水利设施供给质量提高。由于小型农田水利设施供给效率、供给数量、供给质量都较高，团结村在遭受重大旱灾时成灾面积为零，良好的小型农田水利设施在抗旱中发挥了积极作用。

三益合作社从成本收益出发，从政府各部门争取项目、资金供给对自己来说最优的农田水利设施，但三益合作社的最优供给水平是否是村庄的最优供给水平，则需要进一步分析。三益合作社与农户签订土地流转合同，期限为10年，合同签订时耕地流转价格为800元/亩，此后根据国家发布的统计数据以及物价上涨幅度进行相应调整，加入合作社的村民可以去合作社工作，工资为1800元/月，因而三益合作社不是真正意义上的农业合作社，其实质是农业企业。如果没有村委会的压力与干预，那么农业企业从自身利益出发，当$F_i\left(\frac{dV_g}{dT}\right)=\frac{dC}{dT}$时，三益合作社会停止供给小型农田水利设施，但村庄最优供给量为$\left(\frac{dV_g}{dT}\right)=\frac{dC}{dT}$时的数量，最终的结果是三益合作社供给的数量小于村庄最优供给量。通过调研发现的实际情况也是如此。团结村有21个小组，小组之间农田水利供给差别较大。流转入合作社的农地的农田水利设施质量好，没有加入合作社的农地的农田水利设施质量有所不及。三益合作社争取到的政府资金主要用于三益合作社基地的农田水利设施建设，小部分用于排灌站的更新维护与小型抽水机械的购买。三益合作社通过争取政府资金，实现了自身农田水利设施最优供给数量，也给村庄中其他农户提供了村庄公用的农田水利设施，但没有加入合作社的农地的农田水利设施质量较差，村庄没有获得最优的农田水利设施供给水平。三益合作社进入团结村后争取政府项目，使得团结村小型农田水利设施供给数量、供给质量、供给效率都得到了提升，但也带来了小型农田水利设施供给的不公平。不过团结村小型农田水利设施供给的不公平在合理范围内，可以通过村委会、农户与三益合作社的共同努力不断降低不公平性。在调研过程中，笔者也了解到村委会与三益合作社有降低村庄范围内小型农田水利设施不公平的意向。团结村村委会依托三益合作社这个平台，与三益合作社合作向政府申请资金，团结村村委会与合作社达成协议，争取到的先期资金用于三益合作社，但后续资金要用于村里还没修建好农田水利设施的地方，争取把渠道100%硬化。在国家鼓励发展农业合作社的政策背景下，实现村庄与合作社的双赢，三益合作社在团结村承包耕地赚取利润，团结村利用三益合作社这个平台提高村民收入，实现农田水利设施供给绩效的提升。

合作社进入团结村，在进行先期投入的基础上争取政府项目支持，提升了团结村小型农田水利设施的供给水平，使村庄农户受益。合作社作为新型农业经营主体，更容易获得政府项目支持，但其他新型农业经营主体在获得政府项目支持的条件下，也能促进小型农田水利设施的供给，因而合作社进入村庄只是小型农田水利设施供给绩效提升的一种途径，其他新型农业经营主体进入村庄，在村委会的介入下也能促进小型农田水利设施供给绩效的提升。合作社供给并不等于合作供给，合作社供给小型农田水利设施时在一定程度上拉大了村庄内部的差距，入社与没入社的农地小型农田水利设施供给存在差距。因此，要实现村庄小型农田水利设施供给绩效的不断提升，在通过农地流转引入新型农业经营主体的同时，村委会与小农户也要发挥其在小型农田水利设施供给中的作用，形成以新型农业经营主体为依托、村委会协调、小农户参与的小型农田水利设施供给体系。

本章小结

通过理论分析可知：村庄规模与成员结构是影响成员是否参与供给小型农田水利设施这一集体行动的重要因素，如果集体行动能够形成，那么小型农田水利设施供给绩效将得到提升，如果不能实现集体行动，那么小型农田水利设施供给绩效较低。通过对农地流转规模较大的团结村的个案研究发现，农地流转改变了村庄规模及成员结构，农地流转使村庄中经营农业的成员数量减少，村庄成员结构由同质性变为异质性，村庄从个体规模相等且规模很小的大集团变成个体规模不等的小集团，促进了集体行动的形成，最终提升了小型农田水利设施的供给绩效。农地流转打破了村庄原有小型农田水利设施低水平的均衡，但会造成村庄中小型农田水利设施供给不公平，农地经营规模大的个体能获得最优小型农田水利设施，但兼业农户、规模小的农户不能获得最优数量。小型农田水利设施供给的不公平性可以通过村委会、农地经营规模大的个体及农户共同努力来降低。通过理论分析及个案研究可知，村庄范围内需要合作供给的农业基础设施需要村庄采取集体行动，如果村庄成员参与供给农业基础设施这一集体行动，那么农业基础设施供给绩效将得到提升，如果难以组织村庄成员参与集体行动，那么农业基础设施供给绩效难以实现。较大规模的农地流转能够促成集体行动，从而提升农业基础设施供给绩效，这是提升农业基础设施供给绩效的一种途径，但它的实现是有前提条件的，如农地流转是稳定有序的、能从政府获得项目支持等。当然，还可以从其他方面促成集体行动，如利用农村社会关系网络、社会资本、宗族力量等。

第十三章 农业基础设施供给绩效的实现：机制及模式

一、农业基础设施有效供给的多中心协同治理

农业基础设施作为具有公共物品性质的先行资本，是促进农业稳定发展、农民持续增收的重要物质基础。开展农村税费改革和新农村建设前，公共财政对农业基础设施的投入少，农业基础设施的供给主体是村级组织和农业生产经营者，农业基础设施建设所需资金主要由“乡镇统筹”和“村集体提留”资金支出，农业生产经营者则投劳于农业基础设施，以村集体和农业生产经营者为供给主体的供给方式使得村集体和农业生产经营者的负担沉重，最终导致农业基础设施供给绩效普遍较低。开展农村税费改革和新农村建设后，公共财政加大了对农业基础设施建设的投入，从2007年起，连续九个中央“一号文件”明确提出“要切实把基础设施建设和社会事业发展的重点转向农村”的指导思想。财政投资于农业基础设施的资金增加，政府被当作农业基础设施供给的主体。但单一的公共财政并不能满足农业基础设施建设的需求，会造成农业基础设施供给数量不足，且公共财政投资于农业基础设施将出现供给效率不高、供给的农业基础设施不符合农户需求等问题，还会拉大地区间供给差距。农业基础设施的供给不仅包括筹资，还包括设计、建设、使用、管理与维护等整个过程中的各个环节。在这诸多环节中，都需要有效利用政府、市场、第三部门等各方的资源，才能实现农业基础设施的有效供给，提升农业基础设施供给绩效。

现阶段，相关文件对各级政府在农业基础设施供给中的责任及具体应负责的事务没有做出明确规定，导致政府各层级及同一层级各部门间相互推诿责任，使得政府供给农业基础设施绩效不高，同时对市场供给农业基础设施的领域没有进行界定，对政府在一些能由市场供给的领域应起的作用没有进行说

明，导致现阶段农业基础设施供给的数量、结构、质量都难以满足现代农业发展的要求，农业基础设施投资规模仍然很小，财政投资增长不快，投资结构不合理，资金配置效率不高。中共十八届三中全会《中共中央关于全面深化改革若干重大问题的决定》指出经济体制改革是全面深化改革的重点，核心问题是处理好政府和市场的关系，使市场在资源配置中起决定性作用并更好地发挥政府的作用。农业基础设施供给是一个资源配置问题，在资源配置中正确处理政府与市场的关系，界定农业基础设施供给中政府与市场的责任与范围，充分利用市场在资源配置中的作用，动员社会资金参与农业基础设施供给，构建一个多中心的农业基础设施供给体系，以实现农业基础设施的有效供给，对农业现代化有极其重要的意义。在对农业基础设施产品属性、收益区域性进行分析的基础上，界定农业基础设施各供给主体的责任、范围及农业基础设施的供给方式，构建多中心的农业基础设施供给体系。多中心供给体系中利益主体众多，各利益主体从自身利益出发可能会出现无序状况，而农业基础设施是一个有机的整体，具有系统性、整体性、协同性，各供给主体必须有序合作、协同，才能实现农业基础设施的有效供给，因此，构建协同机制使各供给主体在各司其职的同时，能有序合作以提升农业基础设施供给绩效，最终实现农业基础设施的有效供给。

（一）多中心农业基础设施供给的主体及其责任、范围界定

在农业基础设施供给体系中，通常认为有四种主要力量：政府、市场、农民组织与第三部门。政府有中央政府、省级政府、地市级政府、县级政府、乡镇政府五级，各级政府中与农业基础设施供给相关的各个部门也较多，如农业、水利、财政、农业综合开发办等部门。市场主体包括各类营利性企业。农民组织有村级组织（即村委会），兼业农户、专业农户等传统农户，专业大户、家庭农场、农业合作组织、农业企业等新型农业经营主体。村级组织是政府与农业经营主体的双重代理人，对上连接政府，对下组织村民，村级组织在农业基础设施供给中具有重要作用。第三部门主要指非营利性组织。由于农业基础设施产品属性的多样性及受益范围的区域性，应构建多中心的农业基础设施供给体系，根据农业基础设施产品不同程度的公共特性以及受益范围的区域性，以追求供给绩效最大化为原则，将农业基础设施划分为若干层次，并相应选择合适的供给主体，同时清楚界定各类主体在各层次农业基础设施供给上的功能作用和主要责任。

从经济学的角度看，公共品有两个重要特性：一是公共品的公共性；二是

公共品的层次性。公共性（非竞争性和非排他性）从本质上涉及的是政府与市场的分工问题，即公共品的提供是应该由政府财政和集体资源来满足，还是应由市场社会资源来满足，或是由政府与市场合作来满足。层次性从本质上涉及的是政府系统内部不同级别政府之间的分工问题，即公共品的提供是由哪一级政府财政资源来满足，还是由某几个级别政府共同满足。农业基础设施是一个复杂的大系统，根据是否具有排他性、竞争性，可分为四类：纯公共物品、公共池塘物品、俱乐部物品与私人物品（见表 13-1）。

表 13-1　农业基础设施分类

农业基础设施	非排他性	排他性
非竞争性	纯公共物品	俱乐部物品
竞争性	公共池塘物品	私人物品

根据是否具有公共性，界定由政府还是由市场或者市场与政府合作供给农业基础设施。纯公共物品属性的农业基础设施具有典型的非竞争性、非排他性，无法通过市场机制由企业和个人提供，政府应承担供给责任。对于具有非排他性、竞争性的公共池塘物品，政府应承担主要供给责任，从中获利的利益主体也应积极参与。具有排他性、一定范围内非竞争性的农业基础设施可以采取政府与市场合作的方式供给，由于具有排他性，市场主体介入供给能获取利润，通过市场进行资源配置的效率更高，因此，应积极引入市场主体供给俱乐部物品属性的农业基础设施。正外部性强的俱乐部物品性质的农业基础设施，以政府为主实施公私合作的方式来供给；正外部性弱的俱乐部物品性质的农业基础设施，以私营部门为主，在政府引导下实施公私部门合作供给。具有排他性、竞争性的私人物品属性的农业基础设施由市场供给能获得最优配置效果。

根据农业基础设施的层次性，界定各级政府的供给责任。根据农业基础设施最佳共享人数和最佳共享空间规模，农业基础设施的规模不同，可以从最大的全国范围到最小的村庄范围，因而，其供给也就应该在不同的层面上进行。最佳空间规模和最佳共享人数多的基础设施，比较适合由中央政府提供，中间状态的比较适合由省政府、市政府和县政府提供，而共享范围小的则适合由乡镇政府提供。属全国性的最佳共享人数和最佳共享空间规模大的纯公共物品属性的农业基础设施，应由中央政府供给，中央政府财政资金雄厚，能提供需要大量资金的、覆盖全国的、具有规模经济的农业基础设施，每增加一个占有者，其边际成本几乎为零，占有人数的增加不会增加总的成本。属地方性纯公共产品性质的农业基础设施，应由地方政府供给；具有外溢性的地方性纯公共产品性质的农业基础设施，则应由中央政府和地方政府或各个受益的地方政府共同提供。公共池塘物品属性的农业基础设施具有地域特征，各地所需要的农业基础设施的种类、数量差别大，从信息非对称理论来看，地方政府更了解所管辖地区的农业、自然灾害情况和农户的需求状况，因此，对于区域性的、与地方农业发展和农户生活密切相关的农业基础设施，需要地方政府承担主要供给责任，同时通过激励机制吸引农业经营主体供给，各级地方政府应根据受益范围承担供给责任，各级地方政府共享的则由上一级政府协调供给。不仅如此，在农业基础设施中，还有一些基础设施的使用范围很小，只局限于一个乡镇甚至一个村，而村与村之间又有一定的差异，这样，在政府之外，村集体也就成了供给的主体。

当然，在农业基础设施供给中还存在不以盈利为目的的第三部门，它既不同于政府也不同于市场。第三部门（如世界银行等）有一些资助发展中国家的项目，可能会提供农业基础设施，但第三部门对于整个中国来说所起的作用是有限的。要实现农业基础设施的有效供给，关键是处理好政府与市场在农业基础设施供给中的关系、各级政府之间的关系，引导市场主体供给农业基础设施。需要指出的是，根据产品属性及受益范围划分农业基础设施供给主体并不否认其他主体在供给中的作用，划分供给主体是为了确保农业基础设施供给能得到一定程度上的保障，在供给中可以利用激励机制吸引其他主体进入供给，以实现农业基础设施的最优供给。

（二）农业基础设施有效供给的多中心协同供给模式

农业基础设施供给过程分为提供阶段与生产阶段。农业基础设施提供阶段指通过集体选择机制对以下问题做出决策：由指定的一组人提供农业基础设施，被提供农业基础设施的数量与质量，与这些农业基础设施有关的私人活动被管制的程度，如何安排农业基础设施的生产，如何对农业基础设施的供给进行融资以及如何对生产这些农业基础设施的人进行管理。农业基础设施生产阶段则是将投入变成产出的更加技术化的过程，生产阶段不仅包括农业基础设施的建设，也包括对农业基础设施进行维护，对农业基础设施的运营进行管理。农业基础设施的供给不仅包括决策、筹资，还包括建设、维护、经营、管理等整个过程中的各个环节。提供阶段与生产阶段是两个相对独立的供给子部分，在提供阶段与生产阶段，具有不同比较优势的供给主体可以独立或协作实施农业基础设施供给。农业基础设施的提供者和生产者常常是同一的，但也并不必然如此。根据农业基础设施提供者与生产者的不同组合，将农业基础设施供给方式分为九类（见表 13-2）。

表 13-2 农业基础设施供给方式

		建设、维护、运营、管理者		
		政府	企业	农民组织
提供者	政府	机构型	政府和企业联合型	政府和农民组织联合型
	企业	企业和政府联合型	企业制	企业和农民组织联合型
	农民组织	农民和政府联合型	农民和企业联合型	农民自治

农业基础设施供给方式原则上分为九类，但实际上由农民组织提供、政府负责生产及由企业提供、政府生产的供给方式基本没有，企业提供、农民生产以及农民提供、企业生产的供给方式也较少，因此本章具体分析机构型、企业制、农民自治供给方式及政府和企业联合型、政府和农民联合型供给方式。这样就可以分为两大类——单一供给制和联合供给制。下面对五小类农业基础设施供给方式进行具体的分析。

1. 单一供给制

（1）机构型供给。机构型农业基础设施供给的提供者与生产者都是政府，政府既负责向农业经营主体提供农业基础设施，又直接组织农业基础设施的生产。机构型供给实行自上而下的决策机制，政府决定农业基础设施供给的数量与质量，政府可控制农业基础设施供给规模、结构、时间、区域等事项。机构供给农业基础设施所需建设与管护资金来源于政府财政，由政府部门、政府部门下属事业单位建设或提供服务，有专门的机构对农业基础设施的维护、经营进行管理，政府直接管护或者进行严格契约下的服务外包。机构供给农业基础设施的优点是直接为农业经营主体服务，纯公共物品属性及难以排他的公共物品属性的农业基础设施能得到供给，能满足农业经营主体对纯公共物品属性农业基础设施的需求，但这一供给方式也容易出现决策失误、效率低下、资源浪费等问题。机构型供给方式适用于具有典型非竞争性、非排他性的纯公共物品属性及明显非排他性的公共池塘物品属性的农业基础设施。纯公共物品属性的农业基础设施，如大江大河的治理、跨省大型水利设施、省级农田水利设施、市场网络和农业信息化基础设施、农业气象服务设施、动植物检疫基础设施、农产品质量管理设施、国道及省道等，由中央和省级政府共同供给。具有收益区域性的农业基础设施，如市、县、乡级农田水利设施、道路，应由市级政府、县级政府、乡镇政府供给，但县、乡镇政府财政困难，中央政府和省级政府应给予县、乡镇政府财政转移支付，或者通过政府间协议，即中央政府通过与地方政府签订协议的方式来供给农业基础设施。在对纯公共物品与公共池塘物品属性农业基础设施的供给中，应注意市与市之间、县与县之间、乡镇与乡镇之间、村与村之间连接处的农业基础设施供给，在两个甚至三个行政区域的连接地带往往出现各行政区域都不供给的状态，如一个县与另一个县的连接地带公路质量往往较差。机构供给农业基础设施往往需要各级政府、同一层级政府及同一层级各部门的参与，在供给过程中如何有效协同，以避免各部门互相推诿及多头管理混乱引起的资源配置效率低下问题，需要进行研究。

（2）农民自治供给。这种供给方式指农民自己或通过联合供给农业基础设施，农民既是提供者又是生产者。这种供给方式通常用于村庄范围内、村小组范围内、几户农户之间的较难排他的公共池塘物品及农户田间配套的农业基础设施。农户自己单独供给田间配套的农业基础设施不需要协调，农户根据成本与利润原则进行供给，兼业农户对田间配套设施投入的积极性较弱，新型农业经营主体供给田间配套设施的积极性强，而需要农户联合供给的农业基础设施的提供活动与生产活动都较难实现。有企业或集体企业的村庄供给农业基础设施时资金较足，在村委会有资金的情况下，村委会可以动员农民义务参与，或村委会支付工资给农民参与农业基础设施的建设与维护，因此有企业或集体企业的村庄供给农业基础设施较容易；没有集体资产的村庄供给农业基础设施时，村委会需要通过“一事一议”组织农民对项目进行决策、筹资，涉及的农民众多，除非村干部动员能力强，否则决策与筹资难以实现，农业基础设施供给将成为空谈。村小组范围内的农业基础设施供给需要村小组成员采取集体行动，村干部或小组长应在其中发挥动员、协调作用。供给村庄范围、村小组范围内的农业基础设施时，村委会及村小组会动员、协调村民参与供给，而只涉及几户的农业基础设施则需要农户之间相互协调，如果几户之间关系较差，那么协调难以实现，农业基础设施不能实现有效供给。

（3）企业制供给。这种方式是指营利性企业提供和生产农业基础设施。企业根据市场需求进行决策，供给何种农业基础设施、供给的数量等完全由市场机制决定，营利性企业筹集资金建设农业基础设施，并对农业基础设施的维护、运营进行管理。政府不参与提供和生产环节，不提供资金支持，但对企业给予减税、免税、加速折旧等税收优惠政策，帮助企业降低成本，增加盈利，促进其生产经营活动正常开展。在此过程中，政府监督企业的行为。企业制供给农业基础设施适用于正外部性弱、可实现排他的俱乐部物品属性的农业基础设施及私人物品属性的农业基础设施，如农产品储藏设施、良种繁育、中小型农业机械、节水设施等。

2. 联合供给制

（1）政府和企业联合供给。这种供给方式是指在农业基础设施供给过程中，提供者与生产者是分离的，政府是农业基础设施的提供者，企业是农业基础设施的生产者。政府与企业联合供给方式适用于俱乐部物品属性的农业基础设施。政府与企业联合供给主要有三种形式：一是合同承包。合同承包中政府是提供者，企业是生产者，政府付费给企业购买企业生产的农业基础设施。合同承包适用于正外部性较强的俱乐部物品属性的农业基础设施的供给。农村道路的维护可以采取合同承包的供给方式，政府付费给营利性企业，企业负责农村道路的日常维护，在政府招投标中应确保程序公正、公开、透明，拥有充分的竞争性，同时村民对企业维护农村道路的情况进行监督，以确保企业在政府和村民的双重监督下做好农村道路维护工作。二是特许经营。特许经营是指政府将垄断性特权授予某一私营企业，让它在特定的领域里和规定的时间段内提供农业基础设施，通常是在政府机构的价格管制下进行。在特许经营的供给方式中，政府是提供者，私人组织是生产者。与合同承包不同的是，特许经营供给方式下，是消费者向生产者付费，而合同承包的制度安排是提供者向生产者付费。由此可知，特许经营的供给方式特别适合那些可直接收费的正外部性弱的俱乐部物品属性的农业基础设施，如农产品交易市场、农村电网、动植物良种繁育基础设施、动植物防疫基础设施等。三是补助。在补助这种制度安排下，生产者是私人企业或非营利机构，政府和消费者共同向生产者付费，在政府方面的具体形式，既可以是政府选择特定的生产者提供补助，也可以是消费者选择特定的生产者，使用政府配发的补贴券购买其产品。如在大型农业机械的购买方面，政府可以给购买者补助，以减少购买者的经济压力。在良种繁育、动植物防疫方面，政府可以通过资金补助、免税或税收优惠、低息贷款、贷款担保等补助形式激发企业的供给积极性。

（2）政府和农民组织联合供给。政府与农民组织联合供给是指政府对农民组织申请的农业基础设施项目的可行性等进行审核，审核通过后下拨农业基础设施建设与维护所需资金，并对农业基础设施项目进行决策、提供资金，因此政府是农业基础设施的提供者；农民组织获得资金后负责具体的生产事宜，包括通过招投标选择建设单位，建设好后进行维护，因此农民组织是农业基础设施的生产者。这里的农民组织主要指村委会及新型农业经营主体，如农业合作组织、专业大户。政府与农民组织联合供给方式适用于村庄范围内难以排他的农业基础设施，如村庄主道、村庄灌溉设施。

二、农业基础设施有效供给的多中心协同治理机制

多中心的农业基础设施供给体系能发挥各供给主体的供给优势，但也面临着供给主体众多而带来的协调成本过高、农业基础设施供给碎片化等问题。农业基础设施是一个有机的整体，单一的供给主体难以承担全部供给任务，农业基础设施往往需要两个或两个以上的机构或组织来供给。政府各部门、非营利组织、企业、农业经营主体由于责任边界模糊，各自为政，缺乏有效协同，导致资源浪费、效率低下，最终不但无法发挥各自优势，而且额外增加了大量协调成本。因而，在多中心农业基础设施供给体系中，需要构建多中心农业基础设施供给的协同机制，化解由于多元化导致的农业基础设施供给碎片化问题。农业基础设施协同供给机制是指通过横向和纵向的协调，充分利用各供给主体的资源及优势，为农业生产经营者供给非相互分离的、无缝隙的农业基础设施的过程。

农业基础设施供给协同机制涉及两大核心变量——目标和利益。农业基础设施各供给主体的目标能否保持一致，将直接影响到协同的达成及协同效果。如果目标能够一致将有助于达成协同合作，但在此需要说明的是，目标一致并不是实现协同的必要条件，即使目标冲突，在很多情况下也能够实现协同。在现实情况下，由于参与各方的地位并不一定完全平等，目标冲突的某一方能够在协同过程中扮演关键性的角色，进而推动各供给主体协同的实现。在协同合作的过程中，各供给主体的利益关系可能是相互依赖的，一方需要其他各方的资源来实现自身的目标，即利益耦合；也可能各供给主体相互之间不存在实质性的利益交互关系，各供给主体的利益彼此分立，即利益分离。目标和利益两个变量的组合，可以形成四种关系类型：目标冲突—利益分离，目标一致—利益分离，目标冲突—利益耦合，目标一致—利益耦合。这四种类型形成的四个象限，分别对应四种协同形式：科层制协同、沟通性协同、公私协同、战略性协同（见图 13-1）。下面分析农业基础设施供给可以采取的协同形式。

（一）机构型供给：科层制协同

科层制协同中农业基础设施各供给主体的目标和利益都不一致，但协同依然可能发生。科层制协同通过超越农业基础设施供给各方的自上而下的力量，促进协同机制的形成，常见于各级政府及政府各部门之间的协同。以水渠建设

	目标冲突	目标一致
利益分离	Ⅰ 科层制协同	Ⅱ 沟通性协同
利益耦合	Ⅲ 公私协同	Ⅳ 战略性协同

图 13-1　农业基础设施供给协同机制分析框架

管理为例，有国土局、农业局、水利局、烟草局、发改委、农业综合开发办、扶贫办、财政局、林业局九个部门在做这项工作，各个部门都有自己的职责分工，但水渠的设计、建设与维护管理等需要这些部门协同合作。由于政府各部门的核心职责不同、考核任务各异，各部门在水渠的建设与管护中目标冲突、利益分离。在这种情况下，合作并不能给予水渠建设与管理相关的各部门带来利益，也不能在绩效考核中加分，如果主动协调合作反而加大本部门的工作成本，因此各部门不愿意主动地协调合作。通过以上分析可知，科层体系是天然强调分工而不是合作的，要想协同得以实现必须通过上级部门的统筹协调来推动下级部门的协同。科层制协同可以依据现有行政机构归并职能以打破部门壁垒，统一配置资源，在政府条条块块上建立统筹协调各部门的农业基础设施供给专委会。专委会是虚设机构，由负责农业的高于这些部门的领导担任主任，如分管农业的副市长担任市级政府农业基础设施专委会主任，协调各部门的工作，以避免部门推诿扯皮的问题。不同政府之间可以通过政府间协议的方式，或转移支付方式实现不同层级政府间的协同。

（二）农民自治型供给：沟通性协同

沟通性协同的目标一致，但利益相互分离。在农民自治供给农业基础设施中，虽然农民都想要完善的农业基础设施，但从自身利益出发总是倾向于“搭便车”。在沟通性协同中，农民的目标是一致的，但利益分离，如何促进沟通性协同对农民自治型供给至关重要。Olson 在《集体行动的逻辑》一书中指出，集团规模与成员异质性是集体行动能否成功的关键，规模不等的小集团更能实现沟通性协同，通过农地流转把村庄从规模相等的大集团变成规模不等的小集团是一种可行的实现路径。埃莉诺·奥斯特罗姆认为要实现沟通性协同需把占用者独立行动的情形改变为占用者采用协调策略以获得较高收益或减少共同损失的情形，通过成立农民合作组织、充分发挥村委会在协同中的作用、利用宗族力量使村庄沟通性协同得以形成。

（三）政府与企业联合供给：公私协同

公私协同是目标冲突、利益耦合的协同。公私协同类似于市场的买卖关系：政府与企业双方为了各自的目的进行利益交换，它们的目标并不一致，政府是为了获得农业基础设施，而企业则是从农业基础设施生产中获取利润。但政府与企业的利益是相互依赖的，政府利用市场机制更有效地得到农业发展所需的农业基础设施，而企业能从农业基础设施生产中获取利润，因此，政府与企业在农业基础设施供给中尽管目标冲突，但利益是相互依赖的，是耦合的。在公私协同中，政府应创造一个公平、规范、透明的竞争环境，如明确规定公共品供给标准，使各类市场主体平等参与竞争，不能人为设置障碍，将某些主体排除在外，形成不公平竞争的局面。政府应把一部分财政拨款或财政信贷转为对基础设施项目的贴息、担保资金，增强民间资本介入农业基础设施建设的投资引诱，增强民间资本进行超大型、大型农业基础设施建设的投资能力。由于政府与企业协同合作的目标冲突，因此，政府需要在其中承担监管者的角色，政府应加强对服务质量、价格等方面的监管，建立公私合作机制，以使私营部门在提供服务的过程中不损害公共利益。

（四）政府与农民联合供给：战略性协同

战略性协同的目标一致，利益耦合。当双方或多方目标一致而利益又相互依赖时，便容易形成持续的、制度化的协同关系，这里称之为战略性协同。在农业基础设施供给中，战略性协同多见于政府与农民组织联合供给方式中。政府与农民的目标都是要建造完善的农业基础设施系统以促进农业增产，由于政府与农民在利益上和目标上都没有实质性的冲突，因此最有可能形成稳固的协同性关系。在这种协同中，政府与农民可以达成制度化的协调合作机制，政府下拨资金，农民负责农业基础设施的建设与维护，为实现共同的目标而努力。在政府与农民合作供给中，有可能出现村委会贪污农业基础设施资金的情况，或在招投标中出现寻租问题，因此，政府应对农业基础设施资金的使用进行监督，要求村委会财务公开，同时，调动农民监督村委会的积极性，以真正实现战略性协同。

本章小结

纯公共物品属性的农业基础设施的供给主体是中央政府，公共池塘物品属性的农业基础设施供给主体是地方各级政府，纯公共物品及公共池塘物品属性的农业基础设施的主要供给方式是机构型供给，机构型供给产生的互相推诿、多头管理、效率低下问题可以通过成立专委会实现科层制协同。正外部性强的俱乐部物品属性的农业基础设施应以政府为供给主体，正外部性较弱的俱乐部物品属性的农业基础设施应以市场为供给主体，俱乐部物品属性的农业基础设施的主要供给方式是政府与企业联合供给，政府与市场可以通过公私协同实现农业基础设施的有效供给。村庄范围的公共池塘物品属性的农业基础设施，政府与农民自身是供给主体，可以通过政府与农民组织联合供给或农民自治供给方式实现供给，通过战略性协同、沟通性协同实现村庄范围内农业基础设施的有效供给，受益范围为村小组或几户农户的农业基础设施以农民自治供给为主，通过沟通性协同使农户能顺利实现合作供给。私人物品属性的农业基础设施可以完全由企业供给或农户自己供给，以实现资源的最优配置。

第十四章　政策建议

通过构建农业基础设施供给的多中心协同治理机制，使各供给主体在各司其职的同时能够有序合作，以提升农业基础设施供给绩效，为农业生产高效运行提供物质保障，最终保障国家粮食安全，实现农业增产、农民增收。纯公共物品属性的农业基础设施的供给主体是中央政府，公共池塘物品属性的农业基础设施供给主体是地方各级政府，纯公共物品及公共池塘物品属性的农业基础设施的主要供给方式是机构型供给，机构型供给产生的互相推诿、多头管理、效率低下问题可以通过成立专委会实现科层制协同。正外部性强的俱乐部物品属性的农业基础设施应以政府为供给主体，正外部性较弱的俱乐部物品属性的农业基础设施应以市场为供给主体，俱乐部物品属性的农业基础设施的主要供给方式是政府与企业联合供给，政府与市场可以通过公私协同实现农业基础设施的有效供给。村庄范围的公共池塘物品属性的农业基础设施，政府与农民自身是供给主体，可以通过政府与农民组织联合供给或农民自治供给方式实现供给，通过战略性协同、沟通性协同实现村庄范围农业基础设施的有效供给，受益范围为村小组或几户农户的农业基础设施以农民自治供给为主，通过沟通性协同使农户能顺利实现合作供给。私人物品属性的农业基础设施可以完全由企业供给或农户自己供给，以实现资源的最优配置。

为进一步强化农业基础设施在促进农业经济增长中的基础性地位，本章认为可从以下几方面加强引导：第一，进一步提高农业基础设施投入，促进投入主体多元化；第二，调整农业基础设施供给结构，加强以农田水利基础设施和农村公路为主的农业基础设施体系建设；第三，提高农业基础设施建设和利用水平；第四，通过建立农户基础设施需求表达机制及产权界定，激励农户参与农业基础设施供给；第五，加强地区农业基础设施统筹，正确认识农业基础设施的空间溢出特征；第六，以城乡公共服务均等化为途径，保障农村居民享有公共服务的权利。

一、扩规模，实现农业基础设施投入主体多元化

农业基础设施规模与农业经济增长之间具有稳定的非线性关系，且中国大部分地区的农业基础设施规模均未达到门槛水平。因此，继续加大对农业基础设施的投入将进一步促进农业经济增长。但长期以来以公共财政为主体的农业基础设施投资结构，造成了资金利用率低等问题。为此，本章认为可尝试在农业基础设施建设中引入多元投入机制，建立以公共财政投入为主、社会资本或民间资本投入为辅的多元投入结构，进一步扩大农业基础设施的投入规模。

（一）坚持公共财政在农业基础设施投资中的主体地位

坚持公共财政在农业基础设施投资中的主体地位，整合财政资金，构建纵向和横向农业基础设施财政转移支付体系。随着国家对粮食安全战略的逐渐重视，农业作为国民经济发展的基础性地位得到进一步夯实，而农业基础设施作为农村地区最重要的公共产品，是政府公共财政转移支付的重要领域。但长期以来的城乡二元分割，造成了城乡差异化的基础设施供给机制。近年来，随着经济社会的发展，公共财政已投入了大量的财政资金用于农业基础设施建设，这为农村建设、农业发展和农民增收发挥了积极作用。但是，在财政资金的利用中还存在一些问题，如过多的支农资金管理部门和资金在不同的行政级别内重复中央部委的横向流动等现象，导致资金利用率低，因此需要整合各部门农业基础设施建设资金，加大转移支付力度，避免重复建设，构建以公共财政为主体的农业基础设施多元投资渠道。此外，还需要构建多层次的转移支付体系。不仅要完善中央政府对地方政府的垂直转移支付制度，还要完善省以下政府间的水平转移支付制度，甚至可以试点试行省级横向转移支付，即粮食主销区利用地方财政直接对粮食主产区生产大县进行转移支付。

（二）引入社会资本，推进农业基础设施 PPP 治理模式建设

世界银行发布的《世界发展报告 1994》建议发展中国家基础设施建设采用商业化经营或者引入竞争机制。目前，我国公共财政已投入了大量的资金用于农业基础设施建设，由于我国农业基础本身的脆弱性及历史欠账等原因，农业基础设施建设仍面临较大的资金缺口，有必要在有条件的地区引入社会资本参与农业基础设施建设。不可否认，西方发达国家在市场经济发展过程中也曾

面临农业基础设施投资瓶颈，但它们通过一系列的投融资机制创新，使农业基础设施的供需矛盾在一定程度上得到了缓解。其中运用最广泛的是公私伙伴关系（Public－Private Partnerships，PPP）治理模式。根据联合国粮农组织（FAO）资助的农业 PPP 项目，PPP 治理模式主要应用于农村道路、灌溉基础设施、农产品交易市场等农村基础设施建设中，政府主要通过融资便利（或者税收优惠、贷款担保等）和补贴等方式提高私人投资者参与项目建设的积极性。根据国外已成形的项目运作方案，具体有以下几类 PPP 治理模式可供我国借鉴。第一类，对于已建成的农业基础设施，政府可与私人投资方签订服务协议或运营和维护协议。前者主要把项目服务外包给私人企业，但政府仍对项目的运营和维护负责，并承担项目的融资风险；后者主要由私营企业负责对农业基础设施进行运营和维护，获取合理的商业利益，但项目的所有权仍属于政府。第二类，对于扩建和改造的农业基础设施，一般采用购买—建设—经营模式。政府向私营企业方发放特许经营权证，私营企业对农业基础设施进行改造，改造后经营管理权归私营企业。经营者在特许权下向使用者收费，并向政府缴纳一定的特许费用（费振国，2007）。第三类，对于新建农业基础设施，主要采用设计—建造—运营综合模式。将设计、建造和运营统一归某私人企业负责，但所有权属于政府。此种模式有助于提高农业基础设施效率和质量，也有助于改善经营管理效率。

二、调结构，完善多层次农业基础设施体系

中国农业基础设施内部存在结构效应，农村公路和灌溉投资对农业经济增长具有显著的正向影响。同时，农业经济增长对农村公路建设、灌溉投资和农村电力投资均存在正的反馈效应。因此，需要加强农田水利及农村公路等基础设施建设，建立多层次的农业基础设施体系。多层次农业基础设施结构体系主要包含纯公共产品性质的农业基础设施、自然垄断型准公共产品性质的农业基础设施、优效型准公共产品性质的农业基础设施及私人农业基础设施（黄勇民等，2005）。小型农田水利和农村公路分别属于私人农业基础设施和自然垄断型准公共产品。

（一）明确小型农田水利建设机制

目前，公共财政对于小型农田水利基础设施供给存在缺位，而小型农田水

利设施建设是农业基础设施建设的重要组成部分。加强小型水利设施建设，直接关系到农村千家万户的增产增收和投资（尹成杰，1999），需要采取多种方式建设和经营小型农田水利设施。山东、河北等地区对小型农田水利基础设施供给进行了有益的探索，山东费县在稳定家庭承包责任制的基础上，将已建的小型农田水利基础设施的使用权承包到户，对新建的农田水利项目实行"谁建设谁所有，谁投资谁受益"。河北等地对浇灌机井采用股份合作模式，多个家庭联合投资，统一管理，极大地减少了水资源浪费，降低了农田浇灌成本。小型农田水利基础设施主要以农户私人投资或联合投资为主，建立健全相关产权和管理权对稳定供给具有重要意义。尹成杰（1999）认为小型农田水利基础设施的供给需要在家庭联产承包责任制基础上，按照市场经济的原则，实行"投资主体明确、设施产权明确、经营管理主体明确、收益分配明确"的新型投资管理体制来推进农田小型水利设施建设。其中，投资主体明确主要指明确基础项目的投资者是农户、村集体还是其他主体；设施产权明确是指"谁投资、谁所有、谁受益"；经营管理主体明确是指谁投资谁经营，允许存在委托经营；收益分配明确是指对基础项目实行商品化经营，提供有偿服务，合理分配。

（二）完善农村公路监管体制

农村公路是我国公路网的重要组成部分，规模大，覆盖面广，是连接县—乡—村的主要交通基础设施，服务于农业生产和生活，对农村经济发展具有重要意义。近些年来，通过"新农村建设"和"村村通公路"等政策的实施，我国的农村公路网络基本形成了县与乡、乡与乡、乡与村之间的农村交通网络。但现有的农村公路投资体制及管理体制存在以下问题：①农村公路筹资主要来源于地方财政。农村公路作为自然垄断型准公共产品，其投资一般来源于中央财政拨款和地方财政配套，但中央财政投入资金有限，地方自筹资金约占农村公路建设资金总量的60%~70%（鞠晴江，2005）。由于经济发展水平不同，东、中、西部农村公路建设资金构成也有较大差别。因此，需要中央财政加大对农村公路的投资比例，重点投向西部地区及粮食主产区中的产粮大县。②农村公路管护投资较少。大部分地区农村公路的养护经费并未纳入财政预算，各个乡镇也没有专门的公路建设管理单位，农村公路的日常管理养护工作归公路交通部门而不是地方政府，存在监管缺位。因此，需要落实以建设为主向建管养运协调发展的转变，建立农村公路管护资金的预算，同时建立农村公路联动协管机制，在村委会成立协管站，每个村配置一名协管员巡查监管道路，并与村民协商制定村规民约管护农村公路，让村民亲身参与路政管理工作，既增强了村民的爱路护路意识，又延长了公路的使用寿命。

农业基础设施体系协调发展模式如表 14-1 所示。

表 14-1 农业基础设施体系协调发展模式

	纯公共产品	准公共品			私人产品
		接近纯公共品的准公共品	间性准公共品	接近私人物品的准公共品	
内容	大江大河治理、省级大型水利基础设施，农产品流通的基础设施和市场网络，农业与农村信息化基础设施等	市县级中小型水利与农田基础设施，乡村道路，农村电网，渔业基础设施等	动植物良种繁育基础设施，动植物防疫基础设施等	农村通信设施，农业生产资料生产和销售设施，大型农产品加工、储藏、销售基础设施等	中小型节水设备，中小型农业机械，小型储藏与运输设施，田间配套水利设施等
投资主体	中央政府和地方政府，以中央政府为主	地方政府和企业，以地方政府为主	地方政府和企业，以企业为主	地方政府、企业、农户	农户
财政投资方式	政府直接投资，财政担保	以工代赈、国债转贷、财政周转等	财政周转、财政担保、财政贴息等	财政周转、财政担保、财政贴息等	财政贴息、财政补助、税收优惠等
管护模式	集权管护	集权管护，私人管护	自主管护	自主管护	私人管护

资料来源：温铁军，张林秀．社会主义新农村的基础设施建设与管理问题研究［M］．北京：科学出版社，2011.

三、增效益，提升农业基础设施建设和利用水平

2000~2013 年，中国农业全要素生产率年均增长约为 2.6%。中国农业基础设施的技术效应表现为正的水平效应和负的增长效应，说明中国农业基础设施技术效应的正向影响呈现递减趋势，促进农业基础设施正向增长效应是实现技术效应的关键。然而，这需要提高农业基础设施的建设和利用水平，同时需要提高农业基础设施体系与新型农业经营体系之间的瞄准对接水平。近年来，农业基础设施建设水平和工艺创新不明显，许多成熟的建造工艺已应用于其他建设领域，但在农业基础设施领域应用较少。因此，一方面需要加大对新技

术、新材料的研发和推广应用，对一些传统的建设方法和工艺进行改善，减少投入，降低能耗，实现降低农业基础设施建设成本；另一方面需要引进其他建造领域的先进工艺，提高农业基础设施建设水平。

（一）鼓励农地流转，促成集体行动

村庄中经营农业的成员数量越少，成员之间存在的异质性越有利于农业基础设施供给这一集体行动的形成。农地流转能减少村庄中经营农业的成员数量，因此，应鼓励村庄农地流转。应鼓励有条件的村庄有序稳定流转农地，健全土地承包经营权登记制度，推进土地承包经营权确权登记颁证工作，为农地流转创造良好的政策环境。可以创新农地流转的方式，加快农地经营权流转的市场和平台建设，减少农地流转的中间环节，降低农地流转成本，在此基础上监督流转农地的用途，使专业大户、农业企业、农业合作社流转的农地真正用于农业生产。在村庄农地流转的情况下，村庄中的成员有积极性自己供给或向政府申请项目供给农业基础设施，使得村庄农业基础设施供给绩效得以提升。

同时，改变以兼业农户为主导的成员结构，鼓励农地经营规模较大的专业农户、农业合作社等新型农业经营主体的发展，打破农业基础设施供给低水平的均衡，出现能从农业基础设施供给中获得较大收益的成员，才能促成集体行动。有关部门应创造良好的政策和法律环境，采取奖励补助等多种办法，扶持联户经营、专业大户、家庭农场，为新型农业经营主体发展提供配套措施，充分利用各类培训资源，加大专业大户、家庭农场经营者培训力度，提高他们的生产技能和经营管理水平，使新型农业经营主体能在政策的支持下，利用规模及技术优势、管理才能获得较高利润。只有从农业生产经营中获得较高利润，新型农业经营主体才有能力对农业基础设施进行投资，村庄农业基础设施供给绩效才能得以提升。

（二）加强农业基础设施体系与新型农业经营主体生产体系的对接

农业基础设施体系与新型农业经营主体生产体系的对接也不容忽视。随着工业化和城镇化的发展，大量农村劳动力选择到城镇就业，他们将闲置的农村土地流转给家庭农场、农业企业等新型农业经营主体。但现有大部分农业基础设施仍以单个家庭或单个村庄为服务对象，无法适应规模化生产的新型农业经营主体。一方面，新型农业经营主体的作物耕种品种与原有农户的生产存在差异；另一方面，新型农业经营主体因生产技术差异对农业基础设施的要求往往高于原有农户生产。因此，改善现有农业基础设施体系，使之适应新型农业经

营主体的生产偏好，对丰富农产品供给、保障国家粮食安全非常有必要。

（三）加强管理，提升农业基础设施供给效率

应不断提高农村居民的受教育水平，保证农村居民完成基本的九年义务教育，这样农村居民才能更好地行使对地方政府的监督权，使农业基础设施供给效率得以提高。农业基础设施供给效率区域差异大，特别是取消农业税后，西部地区农业基础设施供给效率较低，因此应继续加大对中部地区特别是西部欠发达地区的农业基础设施投入力度，以获得规模经济带来的效率提升。应加大财政支农中用于农业基础设施的支出，同时提高财政支农资金的使用效率，财政资金的使用一定要伴随着更严格的财政监督措施，以防止由此可能带来的效率损失。

通过加强管理与监督提升农业基础设施供给效率。要提高农业基础设施供给效率，应加强对农业基础设施管理机构的管理，逐步改革现有的多部门管理体制，使农业基础设施利用政府资金的管理权相对集中，形成专业化的农业基础设施管理机构，并且合理设置农业基础设施管理部门的组织结构，逐步健全完善农业基础设施管理部门的管理职能。建立信息的公开化和透明化机制，改革当前农业基础设施资金管理方式，增加投资项目决策、实施过程的透明度，减少决策失误和人为因素的影响，使投资决策程序化、公开化和规范化，提高资金投入的使用效率。财政部门作为农业基础设施资金的管理部门，要委托审计部门严格控制整个资金运行流程，充分发挥监管职能，并通过将项目单位内部监督、审计监督和财政监督相结合，日常监管和专项检查相结合，做好事前、事中、事后的监督检查，一旦发现截留挪用问题，就要按照政策法规的规定严肃处理。

四、降成本，促进农业供给侧结构性改革

农业基础设施建设对于降低粮食生产成本和调整生产要素投入结构具有重要作用。农业基础设施存量增加 1%，玉米、稻谷和小麦平均生产成本分别减少 0.102%、0.069%和 0.029%。同时，农业基础设施建设对粮食生产中的劳动要素具有替代效应，对资本要素和中间要素具有互补效应；资本—劳动比和中间—劳动比对农业基础设施的弹性都显著且为正值，说明农业基础设施存量增加刺激了粮食生产中要素投入结构的调整，扩大了资本要素和中间要素的投

入比重。总之，农业基础设施在降成本、促进农业供给侧结构性改革方面具有重要的意义。为促进农业基础设施投资转化成有效供给，一方面需要改变现有“自上而下”的投资决策程序，让农户参与农业基础设施投资决策；另一方面需落实管护责任主体，对农业基础设施进行差异化产权界定。

（一）建立农户需求表达机制

现有农业基础设施项目投资的决策程序以“自上而下”的政府决策为主，缺乏农民对于农业基础设施需求的表达机制，单个农户只是被动接受政府有关农业基础设施投资的具体方案，导致农业基础设施供给结构与农户现实需求存在错位，农业基础设施利用率低下。决策程序中忽视了农民的实际需求，大量农业基础设施项目建设资金被用于非生产性或重复建设中，造成了大量公共财政资金的浪费，也背离了“改善农业生产”的宗旨。因此，需要建立农户需求表达及偏好显示机制，提高农户私人参与农业基础设施建设的动力，改善不合理的投资结构；实现农业基础设施项目投资决策“自下而上”，让农民充分表达个人意愿，增加农业基础设施有效供给；进一步完善村民委员会制度和乡人民代表大会制度。村民委员会是村民实现自我管理和自我服务的基层组织，在农村公共事务决策中具有重要地位。对于小型农业基础设施项目，可以借助村民委员会形成初步意见，再报乡镇或县级财政备案并由县级公共财政给予拨款。对于较大的农业基础设施项目，可通过县或乡镇人民代表大会投票决定具体方案，同时，可建立专家听证会对项目规划和建设进行论证。这样既充分考虑了老百姓的现实困难，又兼顾民主集中。另外，发挥民间组织的中间协调作用也有助于实现农户需求意愿的表达。与单个农户协商或获取农户需求的意愿可能存在较高的“谈判成本”，因此应建立合适的民间组织代替农户表达自己的意愿，或者强化农村精英表达，形成一个有权与政府对话的协调组织，代表广大农民参与农村基础设施供给决策。

（二）推进农业基础设施差异化产权改革，明晰管护责任主体

目前，我国农业基础设施存在产权虚置现象，造成了农业基础设管护缺位和“公地悲剧”，影响农业基础设施长效作用的发挥。因此，需要明晰农业基础设施产权，落实农业基础设施的经营权和管理权，并将“建、管、用”主体与“责、权、利”主体进行有机统一。同时，农业基础设施的固有属性、制度选择主体的偏好、组织的交易形式等共同决定了农业基础设施的管护应建立在差异化的产权制度基础上（吴清华，2015）。具体而言：①对于以农户自

建或自用为主的小型工程，产权归个人所有，由乡镇人民政府核发产权证。同时地方人民政府要给予扶持，并规范其收费标准和服务行为。②对于经营性的工程，可组建法人实体，实行企业化运作，也可拍卖给个人经营。③对于一些受益人口相对分散，政府、经济合作组织和个人联合提供的工程，可组建合作管理组织，国家补助所形成的产权归合作管理组织所有。始终坚持“谁投资、谁管护、谁受益、谁负责”的原则，形成农业基础设施的激励机制和长效管护机制，避免“搭便车”现象。

五、加强统筹，构建整体区域供给框架

在不同的空间权重下，中国农业产出均存在显著的空间依赖性；农业基础设施存量对农业产出存在正向的直接效应和溢出效应，并且在经济空间权重下的直接效应和溢出效应均强于其他空间权重；在溢出效应分析中，农业基础设施存量对农业产出的影响最大，同时农业基础设施的空间溢出效应存在区域差异性，粮食主产区农业基础设施的空间溢出效应要强于粮食平衡区和粮食主销区。虽然上述研究结论只以省份作为研究范围，并未探讨以地级市或县的农业基础设施为研究对象的情况，但不可否认农业基础设施公共投资的空间溢出特征的存在。现有农业基础设施供给范围主要是村、镇（乡），资金投入较分散，没有考虑农业基础设施功能的整体性。因此，要充分重视对农业基础设施的整体性的规划和供给，同时要充分重视农业基础设施的数量和质量。

（一）加大落后地区农业基础设施投入，缩小供给差距

可在产粮大县试点建立农业基础设施投资平台，按照“县域整合，跨域投资”的思路将各种农业基础设施财政资金汇入县级农业基础设施综合管理平台，在综合考虑县域内粮食生产的基本情况后，由平台对县域内农业基础设施实行统一规划，统一分配财政资金资源，打破农业基础设施局部供给，促进农业基础设施的区域共享，减少财政资源的浪费。

中央政府在制定相关政策时，应根据地区的实际情况区别对待，现阶段，应解决好西部地区县、乡镇财政困难问题。应建立规范的转移支付制度，平衡地区间财政供给农业基础设施的能力上的差异，从宏观层面提升农业基础设施的供给绩效。在我国取消农业税以后，许多县、乡镇基层财政面临资金困境，有限的财政资金必须维持政府运转，供给农业基础设施的投入不足并呈现下降

趋势。中央政府应进一步加大对中西部省份转移支付的力度，特别是加大专项用于农业基础设施的转移支付的力度。国家农业基础设施投资应重点向中西部地区倾斜，特别是向西部地区倾斜，以缩小农业基础设施供给的区域间差距。在制定农业基础设施供给的相关政策时不能只重视结果，对农业产出多、粮食产量多的省份投入更多，当然为了确保粮食安全，针对性地投入粮食产量高的地方是合理的，但也要兼顾农业从业人员多、耕地面积大的地方，让他们能获得满足其农业生产需求的农业基础设施，避免出现“马太效应”，避免农业生产条件好、经济发达的地方农业基础设施越来越好，而农业生产条件差的地方农业基础设施越来越差。

（二）强化需求表达及监督机制，提高农业基础设施供给质量

从农村和农业经营主体的实际需要出发，建立充分体现农民需求的偏好显示机制和自下而上的农业基础设施供给决策机制，确保农业基础设施供给与需求一致，供给农民需要的质量有保障的农业基础设施。要构建这样的机制，必须强化信息披露，减少信息不对称性，让农民更准确地掌握农业基础设施建设的相关信息，从而提供有价值的意见和建议。同时应提高农业经营主体的组织化程度，建立起真正能代表农业经营主体利益、能有效表达其需求的农民合作组织。通过农民合作组织向政府表达农业经营主体的真实需求，同时监督政府对相关资金的使用，使农业基础设施供给质量得到提高。在政府忽视农业经营主体需求的情况下，农民合作组织应与政府谈判，通过谈判保护农业经营主体利益，表达农业经营主体需求。

在提高农田水利设施供给质量方面，应尽快消除水库安全隐患，恢复防洪库容；推进大中型病险水闸除险加固；加固堤岸，清淤疏浚，使治理河段基本达到国家防洪标准，减轻洪涝灾害的危害。优化农业基础设施结构，在西部地区与华北平原着重建设储存水源的水利设施，确保在干旱时节能获得灌溉水源。加大井灌区的节水改造力度，在主要依靠机井抽取地下水灌溉的干旱缺水地区（如西部地区、华北平原）大力推广喷灌、滴灌、微灌、管道灌溉和渠道防渗等节水灌溉技术，扩大节水灌溉面积，提高农业灌溉用水的利用效率，以提高农业抗旱能力。另外，农田水利设施减灾效果的发挥也离不开有效的制度安排，只有在完善的硬件基础设施的基础上，有效组织与利用农田水利设施才能有效减灾。

六、城乡公共服务均等化，促进农村公共财政改革

农业基础设施具有公共物品属性，私人难以提供，而市场经济改革后，政府提供农业基础设施的能力显著减弱，因此，应重塑政府在农业基础设施供给中的主导作用，提升供给绩效。应深化财政体制改革，建立事权和支出责任相适应的制度。适度加强中央事权和支出责任，中央出台增支政策形成的地方财力缺口，原则上通过一般性转移支付调节，逐步取消地方资金配套。对于那些地方政府不具供给优势的公共产品，中央政府应承担主要责任，以确保地方政府财政用到更有优势的地方。在农业基础设施供给中，地方政府特别是基层政府更具信息优势，中央政府应加大对农业基础设施建设的专项转移支付力度。

城乡公共服务均等化是一项艰巨的任务，长期偏向工业和城市的发展方向导致农村基础设施供给严重不足，由于公共财政的支出负担过重，所以对于城乡公共服务的供给不能完全依赖公共财政。需要在以政府公共财政为主体的基础上，探索其他公共服务有效供给的模式和途径，最大限度地发挥市场作用，充分调动社会组织的积极性，形成政府—市场—社会组织相互协调“一主多元”供给机制。

（一）充分发挥政府在城乡公共服务供给中的主体地位

在城乡公共服务的供给过程中政府需要扮演好四种角色：①政府是农村基本公共服务的生产者。政府作为基本公共服务的直接生产者，为农户提供基本的公共服务，满足农村居民的消费需求。②政府是农村基本公共服务的安排者。政府需要组织和协调社会力量，加强农村基本公共服务供给，满足农村居民对公共服务的多元需求。政府需要对农村基本公共服务进行分类，确定哪些服务可以通过市场（或者第三部门）供给，哪些服务只能由政府垄断供给。对于前者，政府可与供给主体签订合同，采用外包或凭单制等方式。③政府是农村基本公共服务多元主体的培育者。多元供给主体的发展状况直接影响着公共服务多元化供给的有效性，政府应当为它们的发展营造有序的竞争环境。④政府是农村基本公共服务的监督者。政府在引导多元主体参与和竞争机制形成的过程中，可能存在腐败等问题，因此需要发挥政府的监督作用。

（二）充分发挥市场机制中私人部门的辅助作用

适度利用市场机制，鼓励私人部门或公私合作（PPP 模式）提供高效优质的公共服务，私人投资包括农户自筹、企业投资等，它们具有适应竞争的组织结构和激励机制，在某些领域比公共资本更有优势。因此，在农村基本公共服务的供给中，应引入私人部门一些先进的管理方式和生产技术，逐步改善公共服务的供给质量和效率，主动建立适当市场化的激励机制，引导私人部门直接参与农村基本公共服务供给，或者建立 PPP 发展模式。在与私人部门的合作中，政府应权衡好私人资本的逐利性和公共服务的公益性，同时，政府还应打破垄断，降低公共服务供给的准入门槛，让更多的私人部门加入到公共服务的供给中，达到缓解财政压力、增加公共服务有效供给的双重目标。此外，政府还可借助财政手段，为私人部门投资公益性较强的服务提供奖励或补贴，增强其积极性。但是应严格区分公共服务范围和类型，防止腐败。

（三）充分发挥非营利性组织（NGO）的弥补作用

适当引入非营利性组织（NGO），弥补政府机制与市场机制的不足。20 世纪 70 年代以来，公共服务领域最大的变化是社会组织积极介入公共服务领域（莱斯特·萨拉蒙，2008）。这种不以盈利为目的，以服务社会为宗旨的组织，结构灵活，在发现公众需求、克服政府官僚体制方面具有优势，能够弥补政府对弱势群体需求回应不足的缺陷，在公共服务供给中具有先天优势，从而有利于促进社会公平。

第四篇

专题研究

——以湖南省农业基础设施为例

第十五章　湖南省高标准农田建设研究

一、高标准农田建设的具体方案

高标准农田建设模式是在自然与经济社会条件的基础上，落实高标准农田建设的主要任务，实现高标准农田建设的具体目标的方法。按照 2012 年 7 月 1 日国土资源部颁布执行的《高标准基本农田建设标准》条例，基于湖南省农业区划委员会确定的五个农业区划以及熊鹰等（2003）的研究，将湖南省划分为六大类型区，如表 15-1 所示，分别为洞庭湖平原丘陵地区、长衡丘陵盆地地区、雪峰山地地区、武陵山地地区、南岭山地丘陵地区以及祁邵丘陵盆地地区，分析六个研究区高标准农田建设的制约因素以及高标准农田建设的方向与目标，探索适合湖南省不同类型区的高标准农田建设模式，对未来湖南省高标准农田建设具有指导作用。

表 15-1　湖南省高标准农田建设模式

		区域	高标准农田建设模式	建设目标
核心区	主产区	湘北洞庭湖平原丘陵	集约型：集约规模化模式	粮、渔、牧、经作区
	支撑区	湘东长衡丘陵盆地	产业型：农业产业化模式	粮、油、养殖区
非主产区	压力区	湘西南雪峰山地	技术型：生产技术提高模式	林、经作、粮、牧区
	自给区	湘西武陵山地	便利型：生产条件便利模式	林、牧综合区
其他地区	后备区	湘南南岭山地丘陵	资源型：后备资源开发模式	林、粮、经作、牧区
	辐射区	湘中祁邵丘陵盆地	特色型：特色农业运作模式	粮食、经作、养殖区

（一）核心主产区：洞庭湖平原丘陵——集约规模化模式①

1. 核心主产区耕地基本情况

表 15-2 反映了 2005～2012 年洞庭湖平原丘陵各地区耕地的基本变化情况，从耕地存量来看：①从各地区耕地面积占全省耕地面积的比重来看，洞庭湖平原丘陵各地区的耕地面积占比的变化不大，在过去的八年间只有五个地区（岳阳楼区、云溪区、君山区、武陵区和安化县）有所下降，其他地区均出现了一定幅度的上升。②水田和旱田占耕地面积比重的变化率较大，有 16 个区县市的水田面积有所减少，总体上耕地的可利用率在减少，其中，君山区水田占比的增加程度高于旱田的下降幅度，赫山区水田占比的减少幅度大于旱田占比的增加幅度，临湘市、安乡县、桃源县水田的下降幅度低于旱田的增加幅度。③土地垦殖率的变化情况中，有 18 个区县市的土地垦殖率有所下降，反映了区域内耕地面积在相对减少。④户均耕地面积的变化程度不大，只有七个区县市有所下降，集中于经济较发达的区县市。

表 15-2 核心主产区——洞庭湖平原丘陵耕地基本情况变化率

	耕地面积占比	水田占比	旱田占比	土地垦殖率	户均耕地面积（亩）	复种指数	种植结构
岳阳楼区	-0.0043	0.0102	-0.0102	0.0191	-0.0343	5.6552	0.1546
云溪区	-0.0021	-0.0028	0.0028	-0.0163	0.0873	0.6052	-0.0803
君山区	-0.0002	0.0013	-0.0009	0.0278	0.3573	0.8825	0.0545
岳阳县	0.0129	-0.0026	0.0026	-0.1428	0.4995	1.0643	-0.0503
华容县	0.0215	-0.0026	0.0026	-0.0588	0.4043	1.0768	0.0278
湘阴县	0.0039	0.0023	-0.0023	-0.3421	0.4147	1.3235	0.0069
平江县	0.0131	-0.0002	0.0002	-0.0603	0.2183	0.7274	-0.0463
汨罗市	0.0107	-0.0060	0.0060	-0.2176	0.2577	0.9653	-0.0078
临湘市	0.0073	-0.0042	0.0045	-0.1228	0.3529	1.0594	-0.0594
武陵区	-0.0033	0.0033	-0.0033	-0.0221	-0.1082	2.0091	0.0388
鼎城区	0.0221	-0.0006	0.0006	-0.1517	0.9229	1.1173	0.0032

① 洞庭湖平原丘陵地区包括岳阳市：君山区、岳阳楼区、湘阴县、华容县、临湘市、岳阳县、云溪区、汨罗市、平江县；常德市：临澧县、鼎城区、武陵区、桃源县、安乡县、汉寿县、津市市、澧县；益阳市：资阳区、赫山区、南县、沅江市、安化县、桃江县。

续表

	耕地面积占比	水田占比	旱田占比	土地垦殖率	户均耕地面积（亩）	复种指数	种植结构
安乡县	0.0228	-0.0004	0.0006	0.0494	1.3477	1.2319	-0.0027
汉寿县	0.0279	-0.0025	0.0025	-0.1485	0.3453	1.3868	-0.0100
澧县	0.0155	0.0000	0.0002	0.0139	0.6181	0.9072	0.0678
临澧县	0.0107	-0.0025	0.0025	-0.0515	0.8318	1.1896	0.0185
桃源县	0.0235	-0.0004	0.0006	-0.0513	0.8175	0.9853	0.0747
津市市	0.0091	-0.0066	0.0066	-0.0400	0.7972	1.1577	-0.0142
资阳区	0.0046	0.0009	-0.0009	-0.3820	-0.1111	1.2400	-0.1125
赫山区	0.0020	-0.0002	0.0000	-0.2360	-0.0163	0.8874	-0.0740
南县	0.0159	-0.0002	0.0002	-0.1564	0.0345	1.7979	-0.0367
桃江县	0.0038	-0.0006	0.0006	-0.0650	-0.1052	1.2506	-0.1108
安化县	-0.0231	0.0131	-0.0131	-0.0254	-0.1947	0.7548	-0.0505
沅江市	0.0212	-0.0012	0.0012	0.0135	-0.3365	1.2061	0.0395

	机械化率	土地生产率	劳动生产率	农村从业人员占比	有效灌溉率	每亩农田可用水量（立方米）	机械化程度（千瓦/亩）
岳阳楼区	0.0280	325.1185	-852.5205	-0.1049	2.3059	2.7285	1044.8465
云溪区	0.3420	1309.6291	-1778.6941	-0.0735	0.1999	0.2272	49.5532
君山区	-0.0459	115.0238	3006.5492	-0.1878	0.1050	0.1265	91.4091
岳阳县	0.0415	-48.1455	2664.9988	-0.1613	0.0924	0.2028	-37.3086
华容县	0.3698	-506.8276	966.8250	-0.0904	0.2629	0.2696	10.7835
湘阴县	0.0578	-11.2628	1142.0646	-0.0836	0.2487	0.3355	62.9135
平江县	0.2431	-245.3544	1260.3053	-0.0399	0.1047	0.3217	7.7584
汨罗市	-0.0802	73.1477	1103.0075	-0.0711	0.1522	0.0885	44.0558
临湘市	-0.0038	618.5249	2086.5632	-0.0876	0.2895	0.4758	96.6159
武陵区	-0.1614	-146.4577	2181.7309	-0.1856	-0.0470	0.4985	13.0646
鼎城区	0.2849	-28.9405	1214.2109	-0.0833	0.1086	0.3992	13.2642
安乡县	0.5271	-494.8020	-1761.1454	-0.0551	0.2562	0.2933	18.9732
汉寿县	0.6888	237.3144	1607.4588	-0.0498	0.6503	0.3675	460.0869
澧县	0.1613	-735.0814	332.8954	-0.0345	0.1783	0.2040	-21.5729
临澧县	0.1934	-148.8743	-2042.0201	0.0388	0.1352	0.1720	-13.0626
桃源县	0.4581	44.6265	1629.1774	-0.0196	0.0354	0.1297	507.4782
津市市	0.2067	241.5422	3863.0820	-0.0784	-0.0709	0.1998	2.9042

续表

	机械化率	土地生产率	劳动生产率	农村从业人员占比	有效灌溉率	每亩农田可用水量（立方米）	机械化程度（千瓦/亩）
资阳区	0.5439	605.3298	3969.0317	-0.0395	0.1972	0.5384	-3.4380
赫山区	-0.0369	618.8446	2888.9401	-0.0802	0.1756	0.4392	0.6296
南县	0.1842	95.9331	6574.9286	0.0261	0.1103	0.3212	107.1998
桃江县	-0.2581	417.0972	2739.8770	-0.0245	0.0456	0.0648	564.8490
安化县	0.2131	291.9821	2311.2791	-0.0089	0.1094	0.5751	276.5343
沅江市	-0.4054	-190.8427	3841.8574	-0.0112	-0.1569	0.3109	99.9281

注：表内数据为 2012 年对比 2005 年的变化率。

从耕地利用程度来看：①复种指数是反映全年农作物总播种面积与耕地面积的百分比的系数。一般情况下，复种指数越大，说明耕地利用程度越高，从 2012 年和 2005 年的对比结果来看，洞庭湖平原丘陵地区复种指数上升幅度较大，基本维持在 0.5~2.0，说明耕地利用程度较高。②从种植结构来看，从 2005 年至 2012 年，有超过一半的地区粮食作物的种植比例在下降。经济作物的收益相对较高，因而部分农民转而种植非粮作物。③从以机耕面积占农作物比重面积的比重衡量的机械化率中可以看出，洞庭湖平原丘陵有 16 个地区的机械化率 2012 年比 2005 年有所上升。④土地生产率和劳动生产率方面，大部分地区的这两个指标都有所上升。因此，总体来看，洞庭湖平原丘陵地区耕地利用情况在朝集约化、规模化的方向发展。

从耕地生产潜力来看：①从农村从业人员占比情况来看，几乎所有的区县市都是不断减少的，由于农业的弱质性和农业生产的低附加值性，以及工业化、城镇化的需求，大量的农村劳动力外流，农村从业人员逐渐减少，在农业机械化、规模化和现代化程度还不是很高的情况下，农村人口的大量外流势必引致“谁来种田问题”的发生。近年来，湖南一些山村就出现了大量农田闲置甚至抛荒的现象，因此，为保障粮食安全和基本农田建设，应该引导农村人口的有序、合理转移。②有效灌溉率和每亩农田可用水量反映了农田基础设施建设情况，直接影响到耕地的生产水平和潜力，洞庭湖平原丘陵依靠洞庭湖，拥有较为丰富的淡水资源，因此，每亩农田可用水量和有效灌溉率基本都有所提升，且提高的幅度较大，岳阳楼区、汉寿县、华容县、湘阴县、临湘市、安乡县等地的有效灌溉率提高幅度都超过了 20%，而岳阳楼区、汉寿县、桃源县、桃江县、安化县等地的每亩用水量的提高幅度都超过了 200 立方米。③从以每亩耕地的农机动力衡量的机械化程度来看，过去几年中，亩均机械动力都有提高，但是提高幅度不大，只有岳阳楼区的提高幅度达到了 2.73 千瓦/亩，其他地区均在每亩 1 千瓦以下，因此，洞庭湖平原丘陵地区的机械化程度还有很大的上升空间。

2. 核心主产区高标准农田建设方案

根据洞庭湖平原丘陵地区的自然条件，结合上述分析，可以得出：①该地区地势平整，耕地连片，耕地资源丰富，在全省耕地面积中的占比有上升的趋势，而且水域广阔，光热充足，水资源丰富。但近年来，水田在减少，旱田变化情况不大，粮食种植比例呈下降趋势，由于受到经济发展的影响，土地垦殖率在降低，因此，要严格管制土地用途，控制复种系数的合理区间，做好耕地养护和维持工作。②该地区农田基本建设和农业技术装备有一定基础；土地复种指数、机械化率有所上升；耕地可用水量、有效灌溉率以及机械化程度出现了大幅提高；人民生活水平日益提高，地区经济发展较快，且洞庭湖平原丘陵地区位置优越，为未来的粮食供应提供了便利，该区域是湖南省重要的粮食生产基地。③今后，洞庭湖平原丘陵地区应大力发展粮食、水产业生产，建设一批高标准的农田，并辅助发展以猪禽为主的畜牧业，以及棉、麻、桑、茶、芦苇等经济作物，搞好农副产品深度加工增值，最终建设成为农工商综合发展的商品粮、渔基地。较之目前的耕地利用水平，该地区未来的农田改造可从规模化、机械化和集约化方向入手，充分利用地理、地形优势，逐步实现农业的现代化生产。一是加大低洼涝区和环湖地区排涝体系建设，进行灌区续建配套，提高灌溉保证率。二是推广工厂化育秧及抛秧技术，扩大机插秧、机收等农机作业面积，提升秧苗质量，提高适用农业技术到位率。三是扩大双季稻种植面积，增加复种指数。④因此，洞庭湖平原丘陵地区的高标准农田建设模式应为集约规模化的生产模式，走集约型道路，目标是建设成为粮、渔、牧、经作区。

（二）核心支撑区：长衡丘陵盆地——农业产业化模式①

1. 核心支撑区耕地基本情况

表 15-3 反映了 2005 年至 2012 年长衡丘陵盆地耕地基本的变化情况。从耕地存量来看：①从耕地面积占全省耕地面积的比重来看，该地区的耕地面积

---

① 长衡丘陵盆地包括长沙市：芙蓉区、天心区、岳麓区、开福区、雨花区、长沙县、望城区、浏阳市、宁乡县；湘潭市：湘潭县、湘乡市、韶山市、岳塘区、雨湖区；株洲市：炎陵县、天元区、荷塘区、芦淞区、石峰区、醴陵市、攸县、株洲县、茶陵县；衡阳市：耒阳市、南岳区、雁峰区、石鼓区、珠晖区、蒸湘区、衡阳县、衡南县、衡山县、衡东县。

占比在过去几年中大部分的区县市都有所降低，仅有一小部分地区有小幅度的增加，且都分布在较偏远的地区。②水田与旱田占耕地面积比重的变化情况和耕地面积占比的变化大体一致，该区 33 个县市区中有 18 个地区的水田面积占比有所减少，农田的总体可利用程度在减少，而且水田占比未减少的地区大都分布在市郊区，由此可以发现，长衡丘陵盆地的偏远地区的耕地质量在下降，耕地养护不够；其中，开福区、衡阳县水田占比下降的速度小于旱田占比的上升速度，雨花区、望城区水田占比下降的速度大于旱田占比上升的速度，浏阳市、蒸湘区水田占比上升的速度大于旱田占比的下降速度，珠晖区水田占比上升的速度小于旱田占比下降的速度，雨湖区、炎陵县的水田占比和旱田占比都有一定程度的上升。③土地垦殖率的变化情况中，仅有岳麓区、雨花区、芦淞区以及珠晖区的土地垦殖率 2012 年比 2005 年是上升的，其他地区的土地垦殖率都呈下降趋势，耕地面积相对减少严重。④户均耕地面积的变化情况中，约一半的地区减少了，一半的地区增加了，且减少的幅度高于增加的幅度，增加的地区集中于较偏远地区，减少的地区则在市郊区，其中湘潭县、长沙县、株洲县的户均耕地面积增加幅度最大，均超过了 1 亩。

表 15-3　长衡丘陵盆地各地区耕地基本情况变化率

	耕地面积占比	水田占比	旱田占比	土地垦殖率	户均耕地面积（亩）	复种指数	种植结构
芙蓉区	-0.0026	-0.0294	0.0294	-0.0357	-0.0191	2.3356	0.1516
天心区	-0.0051	-0.0545	0.0545	-0.0257	-0.0548	0.0601	0.1983
岳麓区	-0.0213	-0.2904	0.2829	0.0060	-0.2428	20.2787	0.3812
开福区	-0.0204	-0.0616	0.0643	-0.0877	-0.1988	0.7278	-0.1027
雨花区	-0.0235	-0.5108	0.5035	0.0649	-0.1696	-1.1062	-0.0267
长沙县	0.0100	-0.0120	0.0120	-0.1688	1.6324	0.0785	-0.1006
望城区	-0.0088	-0.0013	0.0011	-0.3244	-0.9079	1.2626	-0.0401
宁乡县	0.0169	-0.0031	0.0031	-0.1356	0.0700	0.7606	-0.0572
浏阳市	-0.0008	0.0007	-0.0005	-0.0216	0.0539	1.1338	-0.1305
荷塘区	-0.0010	0.0025	-0.0025	-0.0342	-0.3115	1.0228	-0.0960
芦淞区	-0.0008	0.0156	-0.0156	0.0075	-0.0863	7.2397	0.1091
石峰区	-0.0023	0.0006	-0.0006	-0.0108	-0.2268	0.9331	-0.0206
天元区	-0.0043	0.0078	-0.0078	-0.1073	-0.3221	3.5672	0.0176
株洲县	0.0015	-0.0007	0.0007	-0.0986	1.3053	0.2930	-0.0923
攸县	0.0197	-0.0064	0.0064	-0.0584	0.4870	0.7841	-0.1068

续表

	耕地面积占比	水田占比	旱田占比	土地垦殖率	户均耕地面积（亩）	复种指数	种植结构
茶陵县	0.0192	-0.0039	0.0039	-0.0408	0.2276	0.6065	-0.0656
炎陵县	0.0017	0.0001	0.0006	-0.0077	0.0668	0.6313	-0.0781
醴陵市	-0.0041	0.0072	-0.0072	-0.0549	0.2335	0.7652	0.0025
雨湖区	-0.0008	0.0042	0.0020	-0.0514	-0.0783	14.3725	0.2776
岳塘区	-0.0029	0.0043	-0.0043	-0.0306	-0.1113	0.4798	-0.0256
湘潭县	0.0165	-0.0005	0.0005	-0.2027	1.3388	0.3834	-0.0399
湘乡市	-0.0352	0.0255	-0.0255	-0.1519	0.5390	0.9109	-0.0631
韶山市	0.0005	-0.0105	0.0105	-0.1986	0.4699	1.0872	-0.0956
珠晖区	-0.0081	0.0042	-0.0060	0.0088	-0.2230	1.0811	-0.1171
雁峰区	-0.0154	0.0992	-0.0992	-0.0505	-0.1901	1.4412	-0.1762
石鼓区	-0.0049	0.0211	-0.0211	-0.0598	-0.1330	1.2371	-0.1661
蒸湘区	-0.0159	0.0675	-0.0637	-0.1171	-0.3867	0.9012	-0.0810
南岳区	0.0007	-0.0113	0.0113	-0.0050	0.1831	1.0827	0.0392
衡阳县	0.0253	-0.0037	0.0039	-0.1480	0.3066	0.8745	0.0018
衡南县	0.0152	-0.0048	0.0048	-0.1672	0.3322	1.0703	-0.0103
衡山县	0.0039	-0.0036	0.0036	-0.0713	0.2839	0.9667	-0.0898
衡东县	0.0115	-0.0023	0.0025	-0.1147	0.5058	0.9248	-0.0162
耒阳市	0.0185	0.0019	-0.0019	-0.0991	-0.0629	0.9270	-0.0333

	机械化率	土地生产率	劳动生产率	农村从业人员占比	有效灌溉率	每亩农田可用水量（立方米）	机械化程度（千瓦/亩）
芙蓉区	0.1852	1486.5185	71160.1442	-0.0892	1.0504	266.73	28.67
天心区	0.4217	-699.2776	2885.7071	-0.0244	-0.2281	8.9417	1.7277
岳麓区	0.1101	-665.4057	1877.6719	0.1096	7.1878	1365	8.1403
开福区	0.2910	1689.0753	-6995.9311	0.0502	-0.0566	-10.36	1.6331
雨花区	-0.3057	-869.8413	-49402.1647	0.0608	-0.5785	31.82	1.8817
长沙县	0.0835	204.3796	269.8762	-0.0537	0.0892	-12.59	-0.2418
望城区	0.2800	174.6979	4566.8145	-0.2023	-0.1782	7.0031	1.2556
宁乡县	-0.1124	-16.9254	4314.5507	-0.0350	0.0161	-35.37	0.4880
浏阳市	0.0815	102.1343	3692.1109	-0.1277	0.0185	95.18	0.4635
荷塘区	-0.0616	-6.6230	3808.2610	-0.0638	-0.0274	-0.3888	0.3489
芦淞区	-0.4438	626.8950	872.7796	0.1308	2.7660	928.78	3.2758

续表

	机械化率	土地生产率	劳动生产率	农村从业人员占比	有效灌溉率	每亩农田可用水量（立方米）	机械化程度（千瓦/亩）
石峰区	0.1078	-27.9084	-589.1399	0.0145	0.0200	65.30	0.2046
天元区	-0.1049	-350.0567	2930.3318	0.0080	0.8980	21885	0.4690
株洲县	0.0754	-384.7375	1710.5947	-0.0760	-0.1771	-64.20	0.1079
攸县	0.0149	-239.6544	1343.5647	-0.0057	-0.0023	17.01	0.3720
茶陵县	0.1472	-203.8213	1944.1525	-0.0211	-0.0177	918.81	0.6254
炎陵县	0.0134	59.6705	-37.2014	-0.0155	0.1068	77.63	0.2760
醴陵市	0.1126	-286.1143	1757.4355	-0.0212	0.2456	-18.72	0.3667
雨湖区	0.4755	362.3655	-7492.8092	0.3351	6.0296	316.60	3.1029
岳塘区	0.4449	-138.9739	-7.3175	0.0784	0.0240	18.67	0.4890
湘潭县	0.1163	116.2493	928.0245	0.0079	0.0060	-30.18	0.4203
湘乡市	0.2666	116.7134	1666.3265	-0.0468	0.1515	-633.13	0.5247
韶山市	0.1089	38.4554	-99.2973	0.1053	0.1164	21.31	0.8622
珠晖区	0.0184	56.7045	5233.0811	-0.2492	0.1428	752.33	0.2178
雁峰区	0.1052	23.8333	4178.9073	-0.1384	0.0205	48.96	1.6201
石鼓区	-0.2944	82.8138	6703.0171	-0.1549	-0.3616	-35.82	-1.3573
蒸湘区	-0.0495	199.7475	3307.2367	-0.1743	-0.2038	75.81	-0.2953
南岳区	0.4582	410.7174	4532.7193	-0.1807	0.4991	29.24	0.1978
衡阳县	0.8328	-393.9870	2749.1653	-0.1463	0.0332	-8.94	0.4170
衡南县	0.2919	-590.1037	-1.9300	-0.0091	0.0586	523.2476	0.3553
衡山县	0.3008	152.1769	1703.8968	0.0341	0.1807	-2.5536	0.3436
衡东县	0.2952	-628.2900	3139.2980	-0.1249	-0.0308	722.2065	0.3176
耒阳市	-0.0073	-214.1097	2643.3196	-0.1113	0.0307	-459.7907	0.4958

注：表内数据为 2012 年对比 2005 年的变化率。

从耕地利用情况来看：①2012 年比 2005 年，长衡丘陵盆地各地区的复种指数有不同程度的上升，耕地利用水平不一，岳麓区和雨湖区的复种指数出现了成倍的增长，天心区在过去几年中复种指数没有太大的变化，而雨花区甚至出现了负数，耕地利用程度不如从前。②种植结构上，绝大部分地区的粮食种植比例都下降了，只有 9 个地区的粮食种植比例有所上升。③机械化率方面，大部分地区稳中有升，但也有 8 个地区的机耕面积出现了下降。④从土地生产率和劳动生产率来看，有超过一半的县市区的土地生产率上升了，劳动生产率方面也是绝大多数地区表现为一定程度的上升，仅有 8 个地区出现了下降。因此，总体来讲，长衡丘陵盆地的耕地利用效率较高，但并不均衡。

从耕地生产潜力来看：①从农村从业人员占比情况来看，有 22 个区县市的农村从业人员占比减少了，有 11 个地区出现了增加，其中雨湖区和珠晖区的增加幅度较大，雨湖区超过 33%，珠晖区接近 25%，且从结构上看，增加的地区都是经济较为发达的地区，因此，经济发展可能带动农产品加工业等的发展，为农村人口的本地就业创造机会。②有效灌溉率和每亩农田可用水量方面，长衡丘陵盆地的大部分地区有效灌溉率提高，每亩农田可用水量也有所增加，其中，芙蓉区、岳麓区、芦淞区和雨湖区的有效灌溉率提高幅度 2012 年比 2005 年提高了一倍以上，而每亩农田可用水量有 9 个地方的提高幅度超过了 200 立方米以上，这些地区的农田基础设施建设得较为齐全，有利于农业生产，但仍然有一些地区每亩农田可用水量还不高，甚至出现了下降，如株洲县、石鼓区、开福区和荷塘区。③从每亩耕地的农机动力衡量的机械化程度来看，过去几年中，亩均机械动力绝大多数地区有所提高，但提高幅度不一，八年中，芙蓉区每亩耕地的农机动力提高了 28. 67 千瓦，岳麓区提高了 8. 14 千瓦/亩，芦淞区、雨湖区的提高幅度达到 3 千瓦/亩，而每亩提高幅度超过 1 千瓦的还有 8 个地区。因此，长衡丘陵盆地的机械化程度较高，但发展不一，部分地区上升空间大。

2. 核心支撑区高标准农田建设方案

综合上述分析可以得出：①长衡丘陵盆地是一个地理条件优越，城郊农业发达，生产基础较好的地区；岗地广布，河谷平原宽广，光热水资源丰富；但是，由于长衡丘陵盆地地处湖南省经济中心，耕地流失严重，耕地面积的全省占比和土地垦殖率都呈下降趋势，水田占比也呈缩减趋势；且夏秋高温少雨，干旱较突出，应防止耕地大量流失。②该地区生产水平高，复种系数、机械化率和耕地利用效率虽然区域水平并不均衡，但是整体上表现为上升趋势；有效灌溉率、可用水量以及每亩耕地的农机总动力也大都有所增加；农民收入水平增长迅速，地区经济发展势头好，且水陆交通方便，可以将该地区建设为湖南省的第二个商品粮基地。③今后，该地区应继续大力发展城郊农业，辅助以养猪、鱼等为主的养殖业和油、茶、果等种植业，实现农工商结合的城乡综合型经济。该地区的高标准农田建设应充分利用丘陵有利于一年多熟、经营多种项目的优势，以及便利的交通，实现产业化种植、品牌化运作，使农业逐步走向市场。一是发展节水农业，加强灌区续建配套和节水改造，提高灌溉水利用率和效益。二是推广耐密和适合套种、机收的品种，增加粮食种植密度；在条件适宜地区，推广套作等种植模式。因此，长衡丘陵盆地的高标准农田建设模式应为农业产业化的生产模式，走产业型道路，目标是建设成为粮、油、养殖区。

（三）非主产压力区：雪峰山地——生产技术提高模式①

1. 非主产压力区耕地基本情况

表15-4反映了2005~2012年雪峰山地各地区的耕地基本变化情况。从耕地存量来看：①从耕地面积占全省耕地面积的比重来看，雪峰山地各地区除鹤城区、中方县有所减少外，其他地区均呈上升趋势，耕地资源保持较好。②从水田和旱田占耕地面积比重情况来看，大部分地区的水田占比下降了，说明雪峰山地地区耕地可利用率在下降，其中，鹤城区的水田占比和旱田占比均上升，会同县、城步县水田占比的下降幅度大于旱田占比的上升幅度，芷江县水田占比的下降幅度小于旱田占比的上升幅度。③土地垦殖率方面，大部分地区也呈下降趋势，只有鹤城区、靖州县、通道县以及洪江区有所上升。④户均耕地面积方面，雪峰山地绝大部分地区都有所上升，只有鹤城区、绥宁县以及城步县有所降低。

表15-4 雪峰山地各地区耕地基本情况变化率

	耕地面积占比	水田占比	旱田占比	土地垦殖率	户均耕地面积（亩）	复种指数	种植结构
鹤城区	-0.0049	0.0001	0.0008	0.0393	-0.4674	0.9966	-0.0884
中方县	-0.0006	-0.0071	0.0071	-0.0098	0.0972	0.7397	-0.0472
辰溪县	0.0078	-0.0067	0.0067	-0.0197	0.1703	1.0078	-0.0227
溆浦县	0.0063	-0.0005	0.0005	-0.0631	0.1314	0.5748	-0.0205
会同县	0.0048	-0.0016	0.0012	-0.0023	0.2283	0.2885	0.0101
麻阳县	0.0049	-0.0057	0.0057	-0.0441	0.4144	0.5044	-0.0613
新晃县	0.0027	0.0014	-0.0014	-0.0056	0.5513	0.1496	0.0755
芷江县	0.0141	-0.0117	0.0121	-0.0050	0.2657	0.8380	0.0070
靖州县	0.0053	-0.0022	0.0022	0.0138	0.1249	0.6371	0.0070
通道县	0.0037	-0.0024	0.0024	0.0163	0.1169	0.2916	0.0467
洪江市	0.0078	-0.0077	0.0077	-0.0104	0.0563	0.6837	0.0158

① 雪峰山地包括怀化市：洪江市、洪江区、中方县、辰溪县、溆浦县、会同县、麻阳县、新晃县、靖州县、芷江县、通道县（自治县）、鹤城区；邵阳市：绥宁县、城步县（自治县）。

续表

	耕地面积占比	水田占比	旱田占比	土地垦殖率	户均耕地面积（亩）	复种指数	种植结构
洪江区	0.0002	0.0000	0.0000	0.0106	0.0906	-1.2244	#DIV/0!
绥宁县	0.0042	0.0000	0.0000	-0.0023	-0.3909	0.5158	0.0157
城步县	0.0028	-0.0011	0.0005	-0.0058	-0.3014	0.4888	-0.0413

	机械化率	土地生产率	劳动生产率	农村从业人员占比	有效灌溉率	每亩农田可用水量（立方米）	机械化程度（千瓦/亩）
鹤城区	0.1243	1165.7862	15898.2734	-0.0672			0.0887
中方县	0.2173	231.1800	2844.8304	-0.2832	-0.2149	94.35	0.3026
辰溪县	0.1448	793.9405	1917.6604	-0.1474	0.0555	15902	0.2592
溆浦县	0.4027	541.9788	757.8927	-0.1068	-0.2578	653.74	0.3078
会同县	0.2010	1295.4741	703.9302	-0.1058	0.7754	340.75	0.4021
麻阳县	0.2245	684.7641	3016.9554	-0.1638	0.0955	400.10	0.2155
新晃县	0.0412	449.0919	841.0830	-0.1827	0.2516	902.02	0.2199
芷江县	0.0510	775.7716	3819.9908	-0.1038	-0.2379	-518.12	0.4120
靖州县	0.0862	464.5846	3187.0768	-0.1742	0.0408	779.52	0.5336
通道县	0.3648	477.9392	1377.2740	-0.1490	0.4373	-12.33	0.3536
洪江市	0.2845	420.2308	1873.9144	0.0117	-0.2178	1.82	0.2180
洪江区	#DIV/0!	#DIV/0!	1997.3549	0.0441	0.1851	10137	0.0727
绥宁县	0.1477	-160.6886	-9.6750	-0.0915	0.0847	270.64	0.4415
城步县	0.1758	288.7987	2426.2351	-0.0643	0.1989	1646.6	0.1894

注：表内数据为2012年对比2005年的变化率。

从耕地利用情况来看：①从复种指数来看，雪峰山地各地区的复种指数也不高，只有辰溪县超过了1.0。②种植结构上，雪峰山地有超过一半的地区粮食种植比重都有所增加。③机械化率方面，所有地区的机械化率都有上升，机耕面积增加。④耕地利用效率方面，除绥宁县以外，雪峰山地各区县市的劳动生产率和土地生产率均出现了不同程度的增加。因此，总体来说，雪峰山地各地区耕地利用水平较为均衡，农田粮食种植情况较多，并在机械化和产出效率方面均呈增长趋势。

从耕地生产潜力来看：①从农村从业人员占比情况来看，只有洪江市和洪江区的农村从业人员占比有所上升，其他地区均出现了减少情形，且中方县的农村从业人员占比减少幅度还超过了 25%。②有效灌溉率和每亩农田可用水量方面，雪峰山地地区的有效灌溉率提高幅度不大，有 4 个地区出现了下降，并且下降的幅度都较大，均超过了 20%；但雪峰山地的每亩农田可用水量较为充足，提高幅度在每亩 200 立方米以上的地区有 9 个，由此可见，雪峰山地地区的水资源储备丰富，但农业基础设施不健全。③从机械化程度来看，过去几年中，各地区亩均机械动力均有所提高，但是提高幅度都不大，亩均农机动力均未超过 1 千瓦，雪峰山地地区地势险峻，机械化程度难以提高，可以寻求特色化的农田建设模式。

2. 非主产压力区的高标准农田建设方案

综合上述分析：①雪峰山地地区以山地为主，盆地串联，雪峰山脉绵亘区内，森林覆盖率高，水田呈下降趋势，土地垦殖率下降，因而粮食生产水平低；但相对来说，该地区的耕地占比没有减少，户均经营耕地面积有所增加。②该地区经济发展较缓慢，人民收入增长不快，以家庭经营性收入为主；农业基础设施不健全，有效灌溉率较低，且由于山地劣势，农田机械化水平较低，该地区在粮食生产方面应提高农业生产技术水平，争取粮食自给自足。③未来雪峰山地地区应保护森林资源，大兴山林之利，发展油菜，以及油桐、柑橘、茶叶等多种经济林和林特产品；发展牛、羊、猪等畜牧业；努力提高粮食产量，走农林牧有机结合、农工商综合经营的道路。该地区的农田改造应注重保护耕地，加大土地整理和复垦，提高耕地质量，稳定粮食播种面积，加强农田水利基础设施建设，努力提高农田的可利用程度与利用效率。因此，雪峰山地地区的高标准农田建设应为生产技术提高的生产模式，走技术型道路，目标是建设成为林、经作、粮、牧区。

（四）非主产自给区：武陵山地——生产条件便利模式[①]

1. 非主产自给区耕地基本情况

表 15-5 反映了 2005~2012 年武陵山地各地区的耕地基本变化情况，从耕地存量来看：①从耕地面积占全省耕地面积的比重来看，武陵山地大部分地区是有所增加的。②水田和旱田占比方面，有一半以上的地区水田占比在过去的几年中减少了，其中，凤凰县水田占比上升的幅度大于旱田占比下降的幅度，永顺县水田占比下降的幅度大于旱田占比上升的幅度，永定区和武陵源区水田占比上升的幅度小于旱田占比下降的幅度。③土地垦殖率方面，有一半以上的区县市有所下降。④户均耕地面积上，也有近一半的地区出现了下降。

① 武陵山地包括湘西土家族苗族自治州：吉首市、泸溪县、凤凰县、花垣县、保靖县、古丈县、永顺县、龙山县；张家界市：永定区、武陵源区、慈利县、桑植县；常德市：石门县；怀化市：沅陵县。

表 15-5 武陵山地各地区耕地基本情况变化率

	耕地面积占比	水田占比	旱田占比	土地垦殖率	户均耕地面积（亩）	复种指数	种植结构
吉首市	0.0031	-0.0572	0.0572	0.0065	-0.1675	1.0115	-0.0671
泸溪县	0.0050	-0.0085	0.0085	0.0140	-0.1652	0.9394	-0.0808
凤凰县	-0.0002	0.0041	-0.0037	0.0217	0.3154	0.7601	-0.0120
花垣县	0.0021	0.0008	-0.0008	0.0565	-0.5119	0.5932	-0.0738
保靖县	0.0045	-0.0018	0.0018	-0.0247	0.1160	0.7738	-0.1122
古丈县	0.0023	-0.0032	0.0032	-0.0087	0.5074	0.5893	0.0011
永顺县	0.0021	-0.0013	0.0010	-0.0422	0.5431	0.6383	-0.0604
龙山县	0.0065	-0.0026	0.0026	-0.0339	-0.0226	0.7022	-0.0716
永定区	-0.0190	0.0139	-0.0142	0.0036	-0.3573	0.7759	-0.0481
武陵源区	-0.0023	0.0143	-0.0174	0.0121	-0.4760	0.6793	0.0313
慈利县	-0.0049	0.0028	-0.0028	-0.0298	0.2615	0.6167	0.0244
桑植县	0.0069	-0.0001	0.0001	-0.0363	0.0815	1.1542	-0.0220
石门县	0.0098	-0.0018	0.0018	-0.0483	0.6770	0.5991	-0.0061
沅陵县	0.0140	-0.0056	0.0056	-0.0094	0.5083	0.5644	0.0109

	机械化率	土地生产率	劳动生产率	农村从业人员占比	有效灌溉率	每亩农田可用水量（立方米）	机械化程度（千瓦/亩）
吉首市	0.0565	1114.9682	691.7744	-0.1068	0.4863	90.46	0.3167
泸溪县	0.2413	1441.1211	1105.5466	-0.0978	0.5751	566.7	0.2063
凤凰县	0.0064	1615.2902	1229.6970	-0.0993	0.4799	54.52	0.1844
花垣县	0.3132	841.9317	404.4844	-0.0654	0.3995	93.66	0.1362
保靖县	0.0437	1685.8318	1078.7532	-0.0658	0.6677	1521	0.1820
古丈县	0.2598	1636.2082	1423.9817	-0.0334	0.6772	64.65	0.2922
永顺县	0.1776	848.9789	915.7402	-0.0129	0.5207	223.80	0.2907
龙山县	0.1729	830.8675	863.7056	0.0023	0.2210	152.73	-0.0313
永定区	0.0663	-313.1756	1241.8397	0.0088	0.0687	384.15	0.1109
武陵源区	0.2467	63.7916	1116.6660	-0.0839	0.0118	845.67	0.0156
慈利县	0.0897	393.2217	1626.0322	-0.0074	-0.0408	108.8	0.1961
桑植县	0.1460	-456.9133	326.8274	-0.0200	0.1264	74.27	0.0392
石门县	0.4372	-490.2853	1716.0082	-0.0343	-0.1132	2363	0.4801
沅陵县	0.2232	627.0157	1423.8552	-0.0954	-0.3572	-10005	0.2480

注：表内数据为 2012 年对比 2005 年的变化率。

从耕地利用情况来看：①从复种指数来看，武陵山地各地区的耕地利用程度较为均衡，复种系数大致分布在0.5～0.9，吉首市、桑植县超过了1.0。②在种植结构上，武陵山地大部分地区的粮食种植比例也是下降的，仅有古丈县、武陵源区、慈利县以及沅陵县的种粮面积有所增加。③机械化率方面，所有地区的机械化率均表现出上升趋势，机耕面积增加。④耕地利用效率方面，所有地区的劳动生产率均有所提高，土地生产率除永定区、桑植县以及石门县外也都出现了不同程度的增加。因此，总体来说，武陵山地各地区耕地利用水平较为均衡，耕地利用效率空间大。

从耕地生产潜力来看：①从农村从业人员占比情况来看，只有龙山县和永定区的农村从业人员占比有所上升，其他地区均出现了减少情形。②有效灌溉率和每亩农田可用水量方面，武陵山地很大一部分地区的有效灌溉率和可用水量都有较大幅度的提高，但沅陵县的有效灌溉率和可用水量都出现了大幅度的下降，由此可见，武陵山地地区的水资源储备丰富，农业基础设施较为健全。③从机械化程度来看，过去几年中，各地区亩均机械动力均有所提高，但提高幅度不大，亩均农机动力的提高幅度均在0.5千瓦以下，武陵山地地区的机械化程度提高空间很大。

2. 非主产自给区高标准农田建设方案

综合上述分析可知：①武陵山地地区山高坡陡，地形复杂，耕作区分散；光热偏少，雨量丰沛，但地下溶洞阴河多，地面水不易蓄积利用，干旱严重；地处边陲，少数民族聚居，科学文化水平低；森林资源破坏严重，水土流失加剧，旱洪灾害频繁；农业生产水平低，粮林矛盾突出。②该地区农田利用效率和农田发展潜力势头好，土地复种指数稳中有升，机械化率和土地产出率、劳动生产率有所提高；有效灌溉率和每亩农机总动力也有所提升，应加强该地区农业基础设施建设，保证常耕地面积，提高粮食自给率。③今后，武陵山地地区应充分利用区内丰富的生物资源，发展多种经济林、畜牧业，以及柑橘、茶叶、蚕桑、烟草、药材等经济作物，实现粮食、林牧业的综合经营与发展。该地区未来的农田改造应考虑地区特点，发展旱作节水农业，加强雨水集蓄利用和淤地坝等建设；加快耐旱粮食品种培育和推广，普及地膜覆盖、注水播种抗旱保苗等农业节水技术；因地制宜，注重改善人民的生产生活条件。④因此，武陵山地地区的高标准农田建设模式应为生产条件便利的生产模式，走生产条件的便利路径，目标是建设成为林、牧综合区。

（五）后备区：南岭山地丘陵——后备资源开发模式①

1. 后备区的耕地基本情况

表 15-6 反映了 2005~2012 年南岭山地丘陵地区的耕地基本变化情况，从耕地存量来看：①从耕地面积占全省耕地面积的比重来看，该地区有超过一半地区的占比下降了，道县没有变化，增加的地区都是经济发展较为落后的地区。②水田和旱田占耕地面积比重的变化情况中有约一半的地区下降了，但是在结构分布上不同，市郊地区水田占比上升、旱田占比有所下降，偏远地区的水田占比下降、旱田占比有所上升。其中，苏仙区、零陵区、冷水滩区、江华县、常宁县旱田下降的幅度大于水田上升的幅度，桂阳县、桂东县、道县水田下降的幅度大于旱田上升的幅度。③该地区的土地垦殖率除桂阳县以外，其他地区都是下降的，反映了过去几年中南岭山地丘陵地区的耕地也在相对减少。④户均经营耕地面积中，郴州市大部分地区的户均经营耕地面积在减少，而永州市大部分地区的户均经营耕地面积在增加，呈现明显的区域特点，其中道县的户均耕地面积增加幅度最大，达到 1. 11 亩。

表 15-6　南岭山地丘陵各地区耕地基本情况变化率

	耕地面积占比	水田占比	旱田占比	土地垦殖率	户均耕地面积（亩）	复种指数	种植结构
北湖区	-0. 0058	0. 0128	-0. 0128	-0. 0272	-0. 0711	1. 7277	-0. 0427
苏仙区	-0. 0058	0. 0005	-0. 0012	-0. 0546	-0. 1182	1. 0572	-0. 0957
桂阳县	0. 0110	-0. 0022	0. 0020	0. 0171	-0. 0423	0. 6947	-0. 0924
宜章县	-0. 0046	-0. 0041	0. 0041	-0. 0693	-0. 1954	1. 2055	-0. 0675
永兴县	-0. 0001	0. 0010	-0. 0010	-0. 0424	0. 2182	1. 0359	-0. 0173
嘉禾县	0. 0044	-0. 0044	0. 0044	-0. 1016	0. 2368	0. 5243	0. 0194
临武县	-0. 0058	0. 0115	-0. 0115	-0. 0414	-0. 1969	0. 7834	0. 0069
汝城县	-0. 0003	-0. 0027	0. 0027	-0. 0279	-0. 0580	0. 9709	-0. 1206
桂东县	0. 0004	-0. 0055	0. 0045	-0. 0054	-0. 6709	1. 0871	-0. 1335
安仁县	0. 0031	-0. 0030	0. 0030	-0. 1170	0. 7108	1. 1411	-0. 0855

① 南岭山地丘陵地区包括郴州市：北湖区、苏仙区、安仁县、桂东县、桂阳县、嘉禾县、临武县、汝城县、宜章县、永兴县、资兴市；永州市：冷水滩区、零陵区、江永县、祁阳县、蓝山县、宁远县、新田县、东安县、道县、双牌县、江华县（自治县）；衡阳市：常宁市。

续表

	耕地面积占比	水田占比	旱田占比	土地垦殖率	户均耕地面积（亩）	复种指数	种植结构
资兴市	0.0064	-0.0095	0.0095	-0.0285	0.1273	0.9111	-0.0864
零陵区	-0.0031	0.0064	-0.0067	-0.1341	-0.0526	1.1891	-0.0354
冷水滩区	-0.0733	0.0569	-0.0572	-0.1921	-0.4871	1.6275	-0.1106
祁阳县	-0.0813	0.0562	-0.0562	-0.2003	0.2952	1.3951	-0.0231
东安县	0.0075	-0.0012	0.0012	-0.1111	0.0114	0.7005	0.0748
双牌县	-0.0117	0.0230	-0.0230	-0.0334	-0.4314	1.4026	-0.0266
道县	0.0000	-0.0015	0.0012	-0.0797	1.1106	1.2576	-0.0231
江永县	0.0064	-0.0028	0.0028	-0.0356	0.3949	0.6497	-0.0513
宁远县	-0.0022	0.0015	-0.0015	-0.0632	0.1272	0.6326	0.0026
蓝山县	-0.0001	-0.0012	0.0012	-0.0229	0.4088	0.5624	0.0231
新田县	0.0037	-0.0006	0.0006	-0.0976	0.4209	0.9244	0.0470
江华县	0.0017	0.0007	-0.0011	-0.0442	0.3079	1.0027	0.0399
常宁市	0.0155	0.0005	-0.0007	-0.0978	0.1532	0.9067	-0.0598

	机械化率	土地生产率	劳动生产率	农村从业人员占比	有效灌溉率	每亩农田可用水量（立方米）	机械化程度（千瓦/亩）
北湖区	0.0130	-100.5444	587.7725	-0.0420	0.0980	6.0812	0.6524
苏仙区	0.6637	-255.6026	-430.7264	-0.0670	-0.0260	103.03	-0.2301
桂阳县	-0.0897	-352.7532	1713.3480	-0.0241	0.0947	484.75	0.2224
宜章县	0.0651	-793.0042	1705.3796	-0.0546	0.1402	4.6572	0.6080
永兴县	0.0120	-851.7598	582.5457	-0.0247	0.0128	284.20	0.1045
嘉禾县	0.1211	-505.9383	583.4480	-0.0666	0.1266	-8.5080	0.4406
临武县	-0.0517	-438.9165	-153.6851	0.0405	0.0895	27.8479	0.9057
汝城县	0.0339	214.5272	-272.8141	-0.0088	-0.0984	169.23	0.4609
桂东县	-0.0913	-864.0904	59.1877	-0.0307	0.2635	12.43	0.3944
安仁县	0.0400	-579.8571	-615.9422	-0.0001	0.0354	17.71	0.1849
资兴市	0.0197	-779.3366	330.6458	-0.0250	0.0314	521.13	0.4457
零陵区	0.1805	-98.4353	1249.7683	0.0365	0.0456	103.26	0.3055
冷水滩区	0.2619	441.8027	2540.2860	-0.0160	0.0765	578.88	0.6002
祁阳县	0.1075	54.0014	256.9540	-0.0278	0.2537	422.80	0.4455
东安县	0.1317	-41.7870	278.1745	0.0195	0.1677	-19.50	0.3726

续表

	机械化率	土地生产率	劳动生产率	农村从业人员占比	有效灌溉率	每亩农田可用水量（立方米）	机械化程度（千瓦/亩）
双牌县	0.0678	184.4148	4437.0922	0.0095	0.1931	685.29	0.5418
道县	0.0612	805.7182	1215.0679	-0.0068	0.3480	-8.96	0.4072
江永县	0.1230	-78.1872	1127.5844	-0.0221	-0.0834	-51.10	0.2697
宁远县	0.2997	282.8163	1518.2178	-0.0335	0.2689	28.62	0.8559
蓝山县	0.2085	-162.6822	445.9510	-0.0144	0.1360	126.84	0.5740
新田县	0.3160	-274.1674	643.9548	0.0150	-0.0218	-60.24	0.5971
江华县	0.2402	-14.9043	1725.8050	0.0337	0.1073	92.91	0.4483
常宁市	0.6973	285.1834	2491.8273	-0.0650	0.2344	-7.035	0.4477

注：表内数据为2012年对比2005年的变化率。

从耕地利用程度来看：①从复种指数来看，南岭山地丘陵各地区的耕地利用程度出现了较为平衡的增长，复种指数维持在0.52~1.72。②种植结构上，仍然是大部分地区粮食种植比重缩小，只有7个地区出现了增加。③机械化率方面，绝大部分地区出现了增加，机耕水平逐渐增加。④从耕地利用效率来看，土地生产率中仅有7个地区出现了增加，其他地区表现出不同程度的降低；劳动生产率则相反，绝大部分都有所上升，只有苏仙区、临武县、汝城县和安仁县有所下降。因此，总体来讲，南岭山地丘陵地区耕地利用程度较高。

从耕地生产潜力来看：①从农村从业人员占比情况来看，仅有6个地区的农村从业人员占比有所上升，主要分布在经济较不发达地区，其他地区农村从业人员占比均有不同程度降低。②有效灌溉率和每亩农田可用水量方面，绝大部分地区有所提升，但提高和降低的幅度都不大，仅有桂东县、祁阳县、道县、宁远县、常宁市的有效灌溉率在八年间提高了20%以上，每亩用水量仅有桂阳县、永兴县、资兴市、冷水滩区、祁阳县、双牌县超过了200立方米，南岭山地丘陵地区水资源较为紧张，且利用率不高，还需加大农业基础设施的投入。③从机械化程度来看，过去几年中，亩均机械动力都有所提高，但是提高幅度都不大，没有一个地区的亩均农机动力超过1千瓦，苏仙区甚至出现了下降，南岭山地丘陵地区的地形地势可能制约了机械化程度，可以寻求特色化的农田建设模式。

2. 后备区高标准农田建设方案

结合上述分析可知：①南岭山地丘陵四周群山簇集，中央是以低山丘陵为主的岩溶盆地；水热资源丰富，无霜期长，但干旱严重；且宜农荒地资源多，低产田面积大，有待开发利用；但不容忽视的是，该地区市郊区水田占比上升、旱田占比下降，偏远地区则旱田占比上升、水田占比下降，土地垦殖率普遍下降，耕地保护迫切。②该地区农业基础设施不健全，水利设施较差，水资源利用效率不高，复种指数、有效灌溉率和每亩农地总动力的提升空间大，且由于山地地理限制，机械化水平不高；地区经济和人民生活水平有一定程度的提高，但幅度并不大，并且地区差距大，该地区发展应结合地理和自然特点，加强农田硬件设施建设，挖掘农业生产潜力，创造农业经济价值。③今后，应充分挖掘南岭山地丘陵地区的潜力，努力发展粮食生产，积极发展油茶、柑橘、烤烟、茶叶、甘蔗等多种经济作物，巩固和发展林业，利用草场资源适当发展畜牧业，把该区建设成林、粮、牧、经作综合发展的农业区。未来的农田改造应该从健全农业基础设施入手，改善坪坝地区农田水利工程，加强塘坝、窖（池）等小型蓄水、提水工程建设，增加灌溉面积，保证粮食生产用水需要；加强坡耕地改造；加强水稻病虫害防控；开发后备耕地资源，保护生态环境，建设一批高标准农田，夯实粮食安全根基。④因此，南岭山地丘陵地区的高标准农田建设模式应为后备资源开发的生产模式，走资源型道路，目标是建设成为林、粮、经作、牧区。

（六）辐射区：祁邵丘陵盆地——特色农业运作模式[①]

1. 辐射区耕地基本情况

表 15-7 反映了 2005~2012 年祁邵丘陵盆地的耕地基本变化情况，从耕地存量来看：①从耕地面积占全省耕地面积的比重来看，祁邵丘陵盆地的大部分地区在过去的几年中有所上升，耕地资源充足。②水田和旱田占耕地面积的比重均有约一半的地区出现下降，水田下降的地区主要分布在邵阳市各地，旱田占比下降的地区主要分布在新邵县、新宁县、武冈市和娄底地区，其中，新化县水田占比上升的幅度大于旱田占比下降的速度，大祥区、邵东县、娄星区的水田占比下降幅度小于旱田占比上升幅度，祁东县水田占比的下降幅度大于旱田占比的上升幅度，双清区的水田占比和旱田占比均有一定程度的上升。③祁邵丘陵盆地的土地垦殖率均呈现下降的趋势，耕地相对减少严重。④户均耕地面积也有超过一半的地区是下降的，仅有大祥区、娄星区、双峰县以及涟源市有少许的增加。

---

① 祁邵丘陵盆地包括邵阳市：邵东县、新邵县、邵阳县、隆回县、洞口县、武冈市、新宁县、北塔区、大祥区、双清区；娄底市：新化县、涟源市、冷水江市、双峰县、娄星区；衡阳市：祁东县。

表 15-7　祁邵丘陵盆地各地区耕地基本情况变化率

	耕地面积占比	水田占比	旱田占比	土地垦殖率	户均耕地面积（亩）	复种指数	种植结构
双清区	0.0006	0.0015	0.0006	-0.1431	-0.0762	0.7303	-0.0917
大祥区	0.0025	-0.0033	0.0045	-0.1228	0.0462	0.6363	-0.0317
北塔区	0.0014	-0.0086	0.0086	-0.0429	-0.2226	0.4564	0.0234
邵东县	0.0107	-0.0026	0.0028	-0.0988	-0.0037	0.8491	0.0240
新邵县	-0.0033	0.0037	-0.0037	-0.1272	-0.1546	0.8258	-0.0769
邵阳县	0.0158	-0.0023	0.0023	-0.1026	-0.0538	0.5194	0.0350
隆回县	0.0132	-0.0002	0.0002	-0.0760	-0.3433	0.5709	-0.0340
洞口县	0.0118	-0.0016	0.0016	-0.1306	-0.4012	0.9415	-0.0060
新宁县	-0.0116	0.0093	-0.0093	-0.0674	-0.4038	0.6641	-0.0388
武冈市	0.0009	0.0026	-0.0026	-0.1884	-0.4253	0.7171	-0.0048
娄星区	-0.0051	-0.0128	0.0137	-0.0575	0.0164	0.6544	-0.0324
双峰县	0.0034	0.0020	-0.0020	-0.2342	0.4700	0.7015	-0.0482
新化县	-0.1321	0.0132	-0.0130	-0.0835	-0.0082	0.9191	-0.0065
冷水江市	-0.0557	0.2177	-0.2177	-0.0541	-0.1041	1.2732	-0.0537
涟源市	-0.0170	0.0065	-0.0065	-0.1386	0.1900	0.7956	-0.0017
祁东县	0.0184	-0.0045	0.0043	-0.0542	-0.0609	1.3282	-0.0780

	机械化率	土地生产率	劳动生产率	农村从业人员占比	有效灌溉率	每亩农田可用水量（立方米）	机械化程度（千瓦/亩）
双清区	0.0268	224.1587	999.6073	-0.0490	0.0820	0.1615	0.5295
大祥区	-0.0970	474.9321	1439.3769	-0.0939	0.0049	-6.8125	0.6429
北塔区	0.0701	290.2854	1551.3255	-0.2724	0.1469	16.65	0.5351
邵东县	-0.0479	44.9221	2195.2282	-0.0950	-0.1339	53.97	0.2984
新邵县	0.1485	151.8503	1581.6608	-0.0829	0.0142	335.16	0.1539
邵阳县	0.8596	837.6014	1130.3296	-0.0201	0.1892	-13.53	0.1917
隆回县	0.5800	523.8197	1544.3226	-0.0770	0.0812	16.05	0.1714
洞口县	-0.0068	-963.4179	384.8657	-0.0228	0.0408	27.12	0.3490
新宁县	0.2743	-84.3287	1666.4878	-0.1124	0.1014	5.0142	0.5168
武冈市	0.2115	94.3281	2902.7364	-0.0328	0.1487	6.5916	0.3356
娄星区	-0.2922	-429.0996	138.3423	0.0804	-0.0190	89.99	1.0306
双峰县	-0.0922	82.1307	2979.3467	-0.0344	-0.0836	698.62	0.5298
新化县	0.1126	106.6351	2492.1831	-0.0152	-0.1079	65.04	0.3892

续表

	机械化率	土地生产率	劳动生产率	农村从业人员占比	有效灌溉率	每亩农田可用水量（立方米）	机械化程度（千瓦/亩）
冷水江市	-0.0325	-189.8044	2833.0997	-0.0465	0.0117	1149.43	1.4114
涟源市	0.1259	240.7569	2085.7292	0.0521	-0.0981	16.89	0.3653
祁东县	0.1505	-419.7360	2000.5209	0.0158	0.1870	-1.9888	0.5313

注：表内数据为 2012 年对比 2005 年的变化率。

从耕地利用程度来看：①从复种指数来看，祁邵丘陵盆地各地区的复种指数不高，只有冷水江市和祁东县超过了 1.0。②种植结构上，大部分地区的粮食种植比重在减小，只有北塔区、邵东县、邵阳县三个地区粮食的种植比例有所上升。③机械化率方面，大部分地区机耕面积增加，农业机械化程度上升。④耕地利用效率方面，祁邵丘陵盆地各区县市的劳动生产率均出现了不同程度的增加；土地生产率也只有洞口县、新宁县、娄星区、冷水江市以及祁东县出现下降，其他地区均有所上升。因此，总体来说，祁邵丘陵盆地的耕地利用水平不一。

从耕地生产潜力来看：①从农村从业人员占比情况来看，只有娄星区、涟源市和祁东县三个地区的农村从业人员占比有所上升，其他地区均出现了减少，其中北塔区的农村从业人员占比减少超过了 25%。②有效灌溉率和每亩农田可用水量方面，祁邵丘陵盆地的有效灌溉率提高幅度不大，且有 5 个地区出现了下降，而每亩农田可用水量也只有新邵县、双峰县和冷水江市充足，提高幅度均在每亩 200 立方米以上，由此可见，祁邵丘陵盆地的水资源储备不丰富，且农业基础设施也有待健全。③从机械化程度来看，过去几年中，各地区亩均机械动力均有所提高，但是提高幅度都不大，仅有娄星区和冷水江市的亩均农机动力超过了 1 千瓦，囿于地形地势，祁邵丘陵盆地的机械化程度不高，可以寻求特色化的农田建设模式。

2. 辐射区高标准农田建设方案

综合上述分析可以得出：①祁邵丘陵盆地地势较高，丘陵起伏，盆地相间；光热较足，冬少严寒；水利条件较差，夏秋常发生干旱；城镇工矿较多，水土流失严重；人多耕地少，但耕地资源在全省耕地资源中的比重有上升趋势；垦殖指数高，但土地垦殖率逐年降低。②该地区的复种指数低，耕地利用程度不高，但土地生产率和劳动生产率普遍有所提升；农业基础设施也有待健全，有效灌溉率提高幅度不大；囿于地形地势，每亩农田的农机动力也没有大的提高，但水陆交通方便，应寻求发展特色型农业。③今后，祁邵丘陵盆地应继续抓紧粮食生产，积极发展适宜生长的柑橘、茶叶、油茶和黄花、百合等经济作物，大力发展猪、鱼养殖业，最终成为一个独具特色的农林牧渔全面发展农业区。未来的农田改造应适度新建水源工程，增加灌溉供水，扩大灌溉面积，加快防洪排涝体系建设，加大现有灌区续建配套及节水改造力度，完善灌溉设施，提高灌溉保证率和排涝标准。再者，推广大型农业机械，促进粮食生产全程机械化，实施土壤深松深翻、秸秆还田，增强保水保墒能力等；注重保护耕地质量，植树造林，绿化荒山，切实保障基本农田建设。④因此，祁邵丘陵盆地的高标准农田建设模式应为特色农业的生产运作模式，走特色型道路，目标是建设成为粮食、经作、养殖区。

二、高标准农田保护措施研究

高标准农田建设需要有效整合资金、聚合资源，为高标准农田建设提供保障。首先，要做好规划和项目设计，确保高标准农田建设的实施效果。其次，要加强部门协作和社会舆论监督，维护农民群众根本利益。再次，加强科技支撑，建立网格化的监管体系。最后，有效结合良种、良法工程，实现传统农业改造。因此，综合来讲，应提供组织、政策、信息、资金以及技术方面的保障。

（一）组织保障

为了更好地完成高标准基本农田建设工作任务，各级地方政府应该成立以地方主管财政、农业和国土资源的主要领导及国土、财政、农业、水利、林业等部门的行政一把手为成员的高标准基本农田建设领导小组，负责高标准农田建设工作的组织领导。并以市国土资源局为核心，设立高标准基本农田建设领导小组办公室。抽调有关专家和基层土管所、水管所的业务骨干，组成专项工作组，分片负责，对区域基本农田的建设和保护情况实行“三包制”，即包调查、包摸底、包处理，实行一包到底的工作方式。把具体工作分解落实到个人，各尽其职，各负其责。

（二）政策保障

制定关于加强基本农田保护工作的规定，将基本农田保护工作纳入政府领导任期目标考核的内容，签订责任书，明确由各级人民政府对土地利用总体规划确定的耕地保有量、基本农田保护面积和质量负责，定期进行目标考核并兑现奖惩措施。严格执行基本农田保护的各项规章制度，基本农田承包户与行政村、行政村与乡级政府、乡级政府与市政府层层签订基本农田保护责任书，明确各级人员保护基本农田的责任、权利和义务。改进基本农田建设和保护工作的管理模式，加强各个部门的合作，把各部门各司其职的单一管理模式，变为各部门协同合作的综合管理模式，调动社会各方面的积极性，积极参与到基本农田建设和保护工作中来。探索建立基本农田保护奖励机制，市财政部门每年在年度部门预算内统筹安排资金，对基本农田保护先进单位和个人进行表彰和奖励。大力宣传基本农田建设保护的相关法律和知识内容，营造有利的司法氛围，用法律手段加强基本农田保护。

（三）信息保障

信息化建设是高标准基本农田建设的主要内容，迅速发展的 IT 产业为基本农田保护示范区信息化建设构建了一个可利用的产业平台。应充分利用国土资源综合信息监管平台，完善定期报备制度，统筹信息的采集和处理，实现集中统一、全程全面、即时动态的管理；应用遥感技术，使基本农田监督管理信息化建设更加前卫；建立信息统计制度，定期进行信息的统计、分析、汇总和上报；采用信息化手段进行管理，提高管理效能，提供学习和相互借鉴、资源共享的信息沟通渠道；高度重视网络安全，成立国土、电信、公安等保证网络安全的工作小组。实行重大数据异地备份、网络权限管理等管理制度，为基本农田监督管理信息化提供信息渠道安全保障。

（四）资金保障

按照统一规划、分步实施、部门管理、项目运作的原则，统筹安排农田水利建设、农业综合开发、土地开发整理、耕地土壤改良、农田林网建设等农业基础建设资金。建立集中投入机制，全面实现高标准基本农田建设的任务和目标。由市政府统一筹划，以国家和省国土资源部门批准的高标准基本农田建设土地整治项目资金为龙头，集中各方财力、物力、人力完成该项目区的高标准基本农田建设。目标是达到田、水、路、林、村的综合治理，全面建设社会主义新农村。按照“谁整理、谁受益”的原则，鼓励企事业单位和个人参与对基本农田建设和保护的资金投入。企事业单位和个人投资基本农田开发整理项目，免收施工单位地方税种，竣工及验收合格后，具有优先耕种新增耕地的权利，当年即可享受国家扶持农业等政策。加大纪检、监察、审计和公、检、法、司的执法监察力度，确保高标准基本农田建设专项资金安全，专款专用。对贪、占、挪用基本农田示范区建设和配套专项资金的人和单位，一经发现，从严查处，决不姑息。

（五）技术保障

邀请国土、财政、水利、农业、林业等有关专家，共同研究制定高标准基本农田建设的总体方案，开展土地开发整理潜力、土壤改良等专项技术课题研究，加强基本农田建设和保护，专项研究基本农田后续管理的制度建设，切实巩固基本农田整理成果。国土资源局将主动与国家和省国土资源系统的信息中心建立联系，随时掌握基本农田管理软件系统开发情况，以便及时引进利用。利用独特的区位优势和农业科技优势，发展高效农业和绿色农业，引入现代化农业经营理念，以全面发展绿色种植业来实现基本农田土壤的改良。此外，在人才方面，利用市国土资源局与大学、农业公司之间的良好合作关系，培养一批懂业务、能钻研的信息管理人才，为高标准农田的信息化建设提供技术和人才保障。成立由农业、水利、林业、环境、法律等部门专家组成的基本农田保护和利用专家组，并利用专家组技术优势开展全员轮训，培养一批业务熟练、技术精湛的专业技术队伍，增强人员、技术保障能力。

本章小结

（1）高标准农田建设需要适宜的内、外部条件，其中基础性的条件包括水利、交通、电力等；水利土地权属清楚是高标准农田建设的关键性条件；公众参与是高标准农田建设的必要性条件；政府支持是高标准农田建设的保障性条件。

（2）高标准农田建设需要各级主体的协调与配合。包括建设主体、运营主体、管理主体以及监督主体，应各司其职，互相配合与监督。

（3）高标准农田建设的目标具有层级性，和建设主体相呼应。具体目标也是基本目标和总目标提出的微观要求，而基本目标和总目标是具体目标的宏观实现。

（4）高标准农田建设后的土地利用方向受地区自然条件和社会经济条件的双重影响，可以根据各地的客观实际来决定高标准农田建设的侧重点，可以采用集约节约型、产业发展型、资源开发型、特色运作型、科技引领型和设施便利型的土地利用方式。

（5）高标准农田需要充足的资金支持，应建立税收、项目运作等模式，形成以国家与省级资金支持为主、广泛吸纳企业与民间的资本为辅的高标准农田建设与维护资金支撑机制。

（6）高标准农田建设的效益评价应当注重综合效益，既要注重经济效益、社会效益与生态效益的协调，也要注重正外部性与负外部性的协调，还要注重农民、企业以及政府的效益。

（7）高标准农田建设方案的制定必须考虑区域自然条件与社会经济发展情况，综合各项制约因素以及高标准农田建设的方向与目标，探索具有地方特色与适应性的高标准建设模式。

（8）高标准农田建设是一个系统的、复杂的过程，因此，要保障高标准农田建设的顺利开展以及绩效的提高，必须在组织领导、政策规章、信息技术、资金以及技术支持等方面提供保障。

第十六章　湖南省小型农田水利设施建设和管理研究

一、湖南省小型农田水利设施的建设和管理现状

（一）湖南省小型农田水利设施的建设情况

1. 湖南省小型农田水利设施的建设成果

作为中国中部的一个内陆省份，湖南省常年受亚热带季风气候的影响，省内降水比较丰富，水资源也比较丰富，此外湖南省还拥有洞庭湖、湘江、沅江、资水、澧水等丰富的水系。湖南省是一个农业大省，也是13个主产区之一，农业比重较大。由于季风气候的显著特征为夏秋季节，雨热同期，降水集中，易出现洪涝和干旱等自然灾害问题，对农业造成重大影响。截至2014年底，全省土地面积为21.18万平方公里，其中耕地面积4153.32千公顷，水稻产量居全国第一，达2634万吨。2014年湖南省降水总量为2990.81亿立方米，平均每平方公里拥有水资源量141.21万立方米，高于全国平均水平；农业用水量200.19亿立方米，占降水总量的6.69%。湖南省小型农田水利设施的建设在减缓农田干旱、防御洪涝灾害、实现粮食产量的稳产和增产方面起着十分重要的作用。

相关数据显示，2014年湖南省水资源蕴藏量为1532.45万千瓦，已开发利用大约29.27%。由于湖南境内主要以山丘地形为主，加上受到亚热带季节性气候的影响，历来水灾旱灾频繁，2014年水灾导致的经济损失达到199.35亿元。洞庭湖区域的洪涝灾害多出现在5~7月时的汛期，山区和丘陵地区的泥石流和洪灾主要暴发在夏季。在农作物耗水多的农业灌溉季节，往往又因降水少而造成干旱。改革开放以来，随着水利基础设施建设的不断发展，湖南抗

御水旱灾害的能力有了明显的提高。截至 2014 年，湖南省拥有蓄水工程农业灌溉量 132.7 亿立方米，引水工程农业灌溉量 29.4 亿立方米，农田有效灌溉面积 3101.7 千公顷，占耕地面积的 74.68%；农用排灌动力机械拥有量 245.52 万台，农用水泵拥有量 227.27 万台，农业排灌动力机械 1053.18 万千瓦，取水泵站工程农业灌溉供水量 21.13 亿立方米；农业排水闸数 1415 座，引水闸数 543 座；农田机电排灌面积 1187.8 千公顷，占耕地面积的 28.6%。全省有水库 12253 座，总库容量 430.06 亿立方米；其中已建成小型水库总库容 61.8069 亿立方米，有效灌溉面积达到 112.53 千公顷。水利建设新增改善灌溉面积 48.1 千公顷，水利建设新增保水治理面积 7.15 千公顷；水利建设已完成总投资额 854488 万元，其中中央水利建设投资项目完成投资额 42473 万元，地方水利建设投资项目完成投资额 812015 万元。

由表 16-1 可以看出，2005 年至 2011 年，湖南省节水灌溉面积由 252.1 千公顷增加到 312.7 千公顷，增长了 24.04%；有效灌溉面积由 2690.41 千公顷增加到 2762.41 千公顷，增长了 2.68%；农田灌溉面积由 2006 年的 2753.53 千公顷增加到 2825.62 千公顷，增长了 2.62%；值得注意的是，七年间有效灌溉面积占农田总灌溉面积的比例始终保持在 97%左右。但是小型水库总库容有下降的趋势，由 2005 年的 63.8001 亿立方米下降到 2011 年的 61.8069 亿立方米，这表明近七年湖南省在小型水库建设和维护方面的力度有变弱的趋势。

表 16-1　2005~2011 年湖南省的小型农田水利设施建设情况

年份	节水灌溉面积（千公顷）	有效灌溉面积（千公顷）	农田灌溉面积（千公顷）	已建成小型水库总库容（亿立方米）
2005	252.1	2690.41	—	63.8001
2006	264.3	2696.93	2753.53	63.6331
2007	271.9	2702.88	2777.73	63.2737
2008	281.8	2709.21	2784.14	62.1544
2009	316.1	2720.68	2792.21	63.3114
2010	301.3	2739.32	2819.23	61.4717
2011	312.7	2762.41	2825.62	61.8069

资料来源：《中国水利统计年鉴》（2006~2012）。

由表 16-2 可知，2000~2011 年湖南小型农田水利设施建设在农田排灌方面已取得比较大的成就：农用排灌动力机械拥有量由2000年的115.8万台增加到2011年的227.2万台，增长了96.14%；农用水泵拥有量由2000年的120.9万台增加到220.9万台，增加了82.70%；农业排灌动力机械动力由2000年的566.5万千瓦增加到2010年的946.4万千瓦（暂无2011年数据），增长了67%；但是农田机电排灌面积增长缓慢，12年间总共只增加了24.5千公顷。

表16-2　2000~2011年湖南农田排灌机械发展情况

年份	农用排灌动力机械拥有量（台）	农用水泵拥有量（台）	农业排灌动力机械动力（万千瓦）	农田机电排灌面积（千公顷）
2000	1158134	1208900	566.4559	1163.3
2001	—	1273200	—	—
2002	6511600	1317600	—	1181.2
2003	—	1412300	—	1181.2
2004	1473000	1507100	—	1173.4
2005	1526405	1588618	698.534	1168.6
2006	1589400	1683782	721.72	1170.7
2007	1693676	1778945	755.9474	1170.7
2008	2142504	1703707	827.3346	1159.3
2009	2009683	1838922	867.2514	1182.1
2010	2186911	2099818	946.3701	1188.9
2011	2271564	2208613	—	1187.8

资料来源：《中国水利统计年鉴》（2001~2012）。

由表16-3可以得知，2005~2011年湖南小型农田水利设施在节水灌溉方面的发展情况是：低压管灌灌溉面积由2.4千公顷增加到4.82千公顷，微灌灌溉面积由0.39千公顷增加到1.6千公顷，渠道防渗灌溉面积由201.7千公顷增加到262.55千公顷，三者增长率分别达到100.8%、310.3%、30.1%；但是相比2005年，喷滴灌灌溉面积和其他节水灌溉面积都出现了下降趋势，分别下降了14.36%和1.7%。另外，对比图16-1和16-2可知：低压管灌灌溉面积、渠道防渗灌溉面积和微灌灌溉面积在节水灌溉总面积中的份额都有所提高，分别由 0.95%增加到 1.54%、由 80.03%增加到 83.96%、由 0.15%增加到 0.51%；这表明近几年湖南在节水灌溉方面，低压管道灌溉、微灌灌溉和渠道防渗灌溉取得了一定程度的发展。

表 16-3　2005~2011 年湖南小型农田水利设施节灌灌溉发展情况

单位：千公顷

年份	低压管灌灌溉面积	喷滴灌灌溉面积	渠道防渗灌溉面积	其他节水灌溉面积	微灌灌溉面积	节水灌溉总面积
2005	2.4	24.1	201.7	23.5	0.39	252.04
2006	2.6	25.15	212.2	23.75	0.54	264.24
2007	1.83	19.15	227.64	22.63	0.72	271.97
2008	4.2	19.6	234.6	22.2	1.32	281.82
2009	4.7	19.8	267.31	22.7	1.6	316.1
2010	4.71	20.1	251.8	23.14	1.6	301.3
2011	4.82	20.64	262.55	23.1	1.6	312.7

资料来源：《中国水利统计年鉴》（2006~2012）。

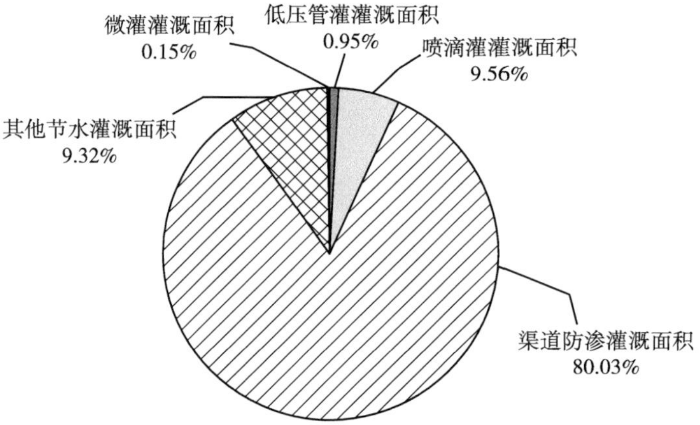

图 16-1　2005 年各类节水灌溉面积占总节水灌溉面积的比例

2. 湖南省小型农田水利设施建设的投融资情况

在建设主体方面，2010 年湖南省政府提出：①各级政府应该加大公共财政资金在水利设施方面的投入，并通过鼓励和吸收社会资金投入、引导农民筹

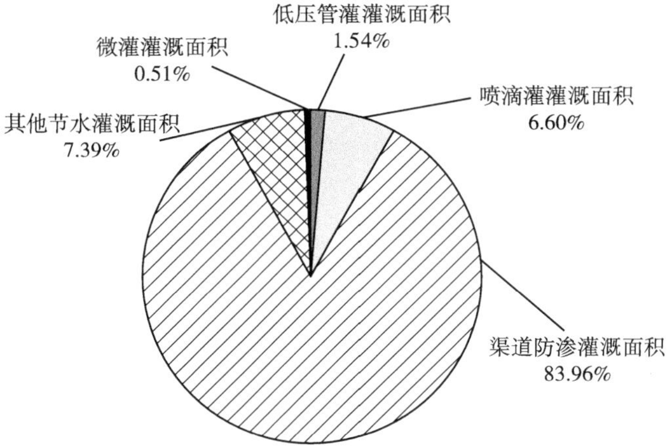

图 16-2　2011 年各类节水灌溉面积占总节水灌溉面积的比例

资投劳等方式建立多主体、多渠道的投资模式。②对农民、农民用水者协会、农民合作组织等弱势建设主体进行财政补贴，村内的小型农田水利设施主要由当地村委会、村组为主组织建设。

但是这个条例目前还没有取得明显成效，湖南省内的小型水利设施的投资建设主要是以中央和县级的公共财政资金的投入为主，农民自筹资金和私人企业的投资比较少。根据肖志成等（2012）对湖南省衡南县小型农田水利设施建设情况的调查，目前衡南县的小型农田水利设施建设资金中，中央、省级和县级财政资金共占 75%左右，农民自筹资金占 20%，私人企业资金占 5%。这表明小型农田水利设施建设在吸收社会资金方面明显不足。

（二）湖南省小型农田水利设施的管理情况

1. 市场改革后管理主体呈多样化

目前，湖南省小型农田水利设施的管理主要由县级和乡镇的水利部门规划指导，相关部门协调管理。但是小型农田水利设施具体的管理和维护工作主要是在乡镇水利管理机构组织和协调下完成的。20 世纪 80 年代以前，农田水利的管理和维护工作主要由当地乡政府、村委和农民共同参与完成，管理和维护的成效比较好；2000 年以后，湖南省在农村逐步实行税费改革，取消“两工”制度[①]，并将小型农田水利设施的管理权和经营权进行市场化改革，允许个人

① “两工”即农村义务工和劳动积累工。农村义务工，主要用于防汛、义务植树、公路建勤、修缮校舍等；劳动积累工，主要用于本村的农田水利基本建设和植树造林，并主要安排在农闲时间出工。

和私人部门参与水利设施的经营和管理。改革后，村镇等基层组织的财政收入大幅度减少，没有足够经费来维持小型农田水利设施的正常运营和日常维修；在这种情况下，大多数地方政府选择将水利设施的经营权和管理权转让给了私人部门，以减轻自身的财政负担，政府部门逐渐淡出了小型农田水利设施的维护和管理。在这种水利设施私有化改革的大背景下，管理主体和经营主体逐步呈多样化，村民、私企、协会等管理主体占总经营主体的比例大幅度提高。

但在经营权和管理权的市场化改革过程中也出现了不少问题。由于小型农田水利设施是准公共物品，地方政府在改革中对水利设施的产权没有进行明确的界定，在改革过程中缺乏规范化管理，导致改革后产权十分模糊，经营权和管理权的行使经常出现不一致性。同时，个体农户和私人企业在管理中和经营中一般秉承追求自身利益最大化的原则，导致公共利益经常受到侵害，水资源管理和定价比较混乱；此外，小型农田水利设施的所有权不归私人所有，对农户和私人部门而言，缺乏维护水利设施的激励机制，导致多个地区水利设施常年失修，已经建成的水利设施的运行效率逐年下降，很多设施基本上已经被废弃。根据肖志成等（2012）的调查，近年来农民对农田水利设施的维护频率很低，1~2 年维修的占 15%，两年以上才维修的占 39%，基本没有维修的占 37%（见图 16-3）。可见，虽然大多数小型农田水利依旧处于使用状态，但是由于建成完工的时间比较久远（很多是在 20 世纪五六十年代建成的），再加上疏于管理和维护，其在农田灌溉等方面发挥的作用逐年减小。表 16-1 中小型水库的库容量 2005~2011 年的下降趋势也从侧面反映了湖南省衡南县小型农田水利在管理和维护方面存在的严重问题。

2. 地方政府部门对小型农田水利设施实行分级管理

从 2005 年开始，按照“谁受益、谁负责”的管理原则，湖南建立了新的小型农田水利设施分级管理体系。县级地方政府的水利主管部门在小型农田水利设施管理中起主导作用，这要求不仅要加强管理机构自身的建设和保障机制的完善，更要督促地方政府部门在小型农田水利管理工作中发挥其职能作用。乡镇级政府及其水利管理部门按照县级人民地方政府的指示，具体组织、指导、协调本辖区内的小型农田水利设施建设和维护管理。村民委员会和村民小组应当动员和组织村民开展小型农田水利设施建设和维护管理。

小型农田水利基础设施管理具体分为三级：干、支渠跨镇域的，一般由县级政府的水利部门直属的水管单位管辖；干、支渠同一镇但跨村域的，由乡镇水利所管辖；斗、毛渠由村级政府部门管理。大部分农田水利基础设施管理费

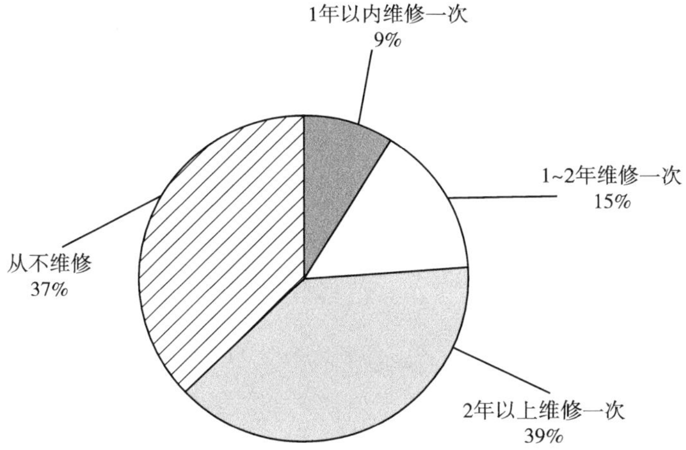

图 16-3 湖南省衡南县的小型农田水利设施的维修频率

资料来源：肖志成等．湖南省衡南县水利设施建设与管理的调查与分析［J］．中国农村水利水电，2012（11）．

用从收取的水费中支付，由于部分地区农用水费收缴困难，农田水利基础设施的管理和维护经费难以落实，导致农田水利基础设施管护工作无法进行，其使用寿命和使用效率大幅度降低。此外，由于水利部门管理机构的层层分级，部门机构和人员众多，据不完全统计，湖南各市州的水利部门在岗员工加起来有5万余人，这说明存在一定程度的机构膨胀现象。实践证明，这种管理体系容易出现多头管理、人浮于事、管理效率低下等现象，并且庞大的水利管理机构需要财政资金拨付经费来维持，导致地方政府的财政负担加剧。

3. 小型农田水利设施的具体管理和维护主要以单个农民为主

小型农田水利设施涉及农村生产和农户生活的各个层面，很多农户可以从中受益。由于水利设施分散在广阔的农田区域，要实现对水利设施的有效维护，需要相关受益农户共同参与。“两工”取消之后，对小型农田水利进行管理和维修的激励机制作用减小，目前对设施的清理淤泥、修理巩固以及修建新的水渠等项目，大都是农户基于自己的利益自发完成的。但是农户的这种自发行为涉及的面很窄，仅局限于与自身相关的水利设施。因此需要地方政府的水利管理部门建立一个机制来激励农户共同维护水利设施的正常运行，这可能需要政府部门进行合理的规划和分工，同时也需要提供维护的资金和技术等方面的支持。

二、湖南小型农田水利建设和管理中存在的问题及原因分析

（一）建设和管理中存在的主要问题

1. 建设中存在的主要问题

（1）小型农田水利设施的资金投入严重不足。湖南省作为中部省份之一，在公共事业改革方面相对滞后，小型农田水利设施的建设资金一直以来主要以中央、省级和县级公共财政的投入为主。但是中国地域广阔，中央财政分配给湖南省水利设施建设的资金十分有限，湖南地方经济相对而言发展程度不高，财政资金也相对不充足，同时还要支持其他事业（比如文化、教育、医疗、卫生等）的基础设施建设，这就造成了一直以来湖南在小型农田水利设施建设方面资金投入比例比较低的状况，而湖南省作为一个农业大省，水利设施建设需求较大，并且两者矛盾愈演愈烈。从 1994~2004 年（数据来源于《中国水利年鉴》（2005）和《湖南统计年鉴》（2005）），湖南水利设施的资金投入占公共基础设施投资比重由 1.32%增加到 4.52%，而在这期间，湖南的 GDP 年均增长 10%左右。2005 年的中央一号文件提出要加大对小型农田水利设施的建设投入，中央财政每年拿出 3 亿元作为小型农田水利设施的专项资金；2015 年中央一号文件提出要加大对水利等农村农业基础设施建设的贷款力度；2016 年中央一号文件则提出要扩大开发性金融支持水利工程建设的规模和范围。湖南省政府在水利建设方面也做出了贡献，投入相应的配套资金，但相对于湖南这个农业大省和用水大省而言，这些资金依然不能弥补水利设施在建设和维护方面的短缺问题。2014 年湖南的农田有效灌溉面积占耕地面积比重仅为 74.68%，也就是说目前湖南还有 1/4 的耕地得不到有效灌溉，而美国耕地的有效灌溉率高达 89%；同时，结合数据可知，近几年湖南小型水库的有效库存量呈现不断下降的趋势，这从侧面反映了湖南省对小型农田水利设施的投资和建设存在严重不足的问题。

（2）小型农田水利设施的建设效率偏低。由于在小型农田水利设施的项目或工程建设中，投资主体、建设主体和管理主体不明确，彼此之间在分工合作方面缺乏协调性，导致建设过程中出现工程监管不到位，资金浪费严重，项目建设的投入产出效率偏低等现象。工程建设中的责任、权力和利益的不一

致，导致大多数的乡镇和村组的小型农田水利设施建设监管缺失。例如，在建设覆盖面积较广、工程量较大的引水渠或农田的排水灌溉设施过程中，由于缺乏有效的监管和监督机制，经常出现建设方偷工减料的现象，导致建成的小型农田水利质量较差，达不到防洪抗旱的质量要求。这种“低质量”的小型农田水利不仅严重浪费了有限的建设资金，同时在洪涝灾害来临时，没有发挥应有的防洪抗旱功能，给农业生产和农民生活造成了很大的经济损失。

20 世纪 90 年代，小型农田水利开始进行市场化改革，湖南的大多数小型农田水利设施被承包或转租给了当地的农户或私人机构。这些农户或私人机构往往倾向于追求自身利益的最大化，对其管理的水利设施缺乏建设和维护的动力机制，已建成的水利设施提前老化，导致最近几年防洪抗旱过程中湖南各地普遍出现了水利配套设施严重不足，工程抗灾能力弱等问题。水利设施的建设和管理私有化后，由于农户和私人部门自身对水利设施的建设规律认识有限，很多私人部门在建设过程中缺乏规划性，导致农户间各自建立的水利设施在区域内不能协调，同时也不能与国家和地方政府建设的大中型水利设施很好地衔接；因而导致同一区域内的蓄水、引水、排水、灌水等各项水利工程没有形成一个具有联防作用的有效体系，大大降低了小型农田水利设施的功效。

（3）小型农田水利设施的建设结构不平衡。湖南小型农田水利设施的投资结构不平衡主要表现在两个方面：第一，水利设施建设的投资分配严重不平衡，水利设施的建设资金主要来源于中央和地方政府的公共财政资金，其投资比例高达 75%；农户和民营企业等私人部门的投资比例仅仅为 25%（肖志成等，2012）。但是中央和地方政府的公共财政资金主要用于大型和中型的水利设施建设，忽视了建设小型农田水利设施这“水利工程的最后一公里”的重要性，导致小型农田水利的建设和供给严重不足，远不能满足农业生产的用水需求。第二，小型农田水利设施建设在区域上不平衡。湖南省拥有 21.18 万平方公里的土地面积，地域分布较广，不同的地市州以及同一地市州内不同县乡镇在区域经济发展、地形地貌、水资源分布等方面存在着较大差别。一般情况下，地方经济发展较好、地方政府公共财政资金充足、农户收入较高的地区的小型农田水利在建设规模和建设质量上都比较好，区域内的灌溉体系比较完善。地方经济发展缓慢、农户收入较低的区域，小型农田水利设施的建设规模较小，没有形成防洪抗灾的灌溉体系。由表 16-4 可以得知，湖南省不同的地市州在水利建设方面存在较大差别，虽然经济发展相对落后的郴州市和怀化市的水库容量分别达到约 104 亿立方米和 89 亿立方米（得益于两个地区水资源丰富和国家财政资金在大中型水库方面的建设），远高于其他市州的水库容量

（比如长沙市的水库容量不到 12 亿立方米），但是这两个市的农田有效灌溉率分别只有 63.3%和 63.8%，比起经济发达的地区长沙市和湘潭市（有效灌溉率分别是 81.3%和 84.0%）低了将近 20 个百分点，这从侧面反映了对于灌溉体系“最后一公里”的小型农田水利设施的建设，地方经济发展起到了很大作用。另外，由于地形主要以高山为主，经济条件相对较差，地处湖南西部地区的湘西土家族苗族自治州和张家界市的小型农田水利设施建设是湖南 14 个地区中比较落后的，有效灌溉率分别只有 61.1%和 49.9%。

表 16-4　2011 年湖南省各市州水利设施建设情况

地区	水库数（座）	水库容量（亿立方米）	农用排灌动力机械拥有量（台）	有效灌溉率（%）
长沙市	760	11.93	188561	81.3
株洲市	897	13.93	62414	71.6
湘潭市	383	9.41	224462	84.0
衡阳市	1530	19.01	197112	69.0
邵阳市	1220	18.31	236707	65.5
岳阳市	1459	17.20	142397	81.6
常德市	1203	40.12	231556	85.3
张家界市	217	22.97	30636	49.9
益阳市	549	42.06	275260	81.4
郴州市	920	103.89	83970	63.3
永州市	1291	20.43	293806	74.2
怀化市	1604	88.64	116820	63.8
娄底市	693	7.16	153828	67.9
湘西土家族苗族自治州	625	15.01	34035	61.1

注：有效灌溉率是指有效灌溉面积占总耕地面积的比例，结果经笔者计算而得。

资料来源：《中国水利年鉴》（2012）和《湖南统计年鉴》（2012）。

2. 管理中存在的主要问题

（1）产权不明晰，管理主体缺位。根据产权理论，小型农田水利设施属于准公共产品，其经济效益和社会效应都具有正的外部性。由于私人部门不能解决水利设施的供给不足，政府部门必须主导水利设施的建设；政府部门是小型农田水利设施的产权的主要拥有者，需对水利设施进行管理和维护。如果水利设施得不到正常的修缮，将导致工程折旧和老化速度加快，水资源的利用效率降低。

改革开放以前，小型农田水利设施的建设和管理归集体所有。在政府的相关政策的强制下，农户有义务无偿提供劳动对小型农田水利进行管理和维修。在改革开放后，随着农田承包责任制的推行，农民的集体意识逐步淡化，村组等集体组织也渐渐淡出了小型农田水利设施的建设和管理的主导地位，导致水利设施的产权归属不明确。用水农户认为水利的管理维护成本大于自己所得经济收益，因此在改革后农户投入的维护劳动量锐减。正因为产权的不明确，政府部门、村组集体与农户之间的责任和权益划分不明确，从而导致小型农田水利在建设、运营和管理三个方面不能有效衔接。在湖南的各个市、县、州，地方政府的水利部门普遍存在重视水利设施的建设而忽视水利设施维护和管理的现象，经常出现“有人用水而无人管水”的情况，这也反映了管理主体的缺失使得管理和维护责任不能界定。

（2）小型农田水利设施老化失修严重，管理和维护经费不足。现代农业的发展要求种植品种优良化，种植结构合理化，经营规模化，同时农业生产过程中要防止土壤污染和贫瘠化，维护生态环境的平衡。现代农业的发展必然要求小型农田水利设施在蓄水、灌溉、排水和抗旱等方面提供完善的配套服务。但是湖南大多数的小型农田水利设施修建于 1950~1980 年，由于当时的社会经济条件、技术条件等限制，修建的农田水利设施的整体质量都比较差，经过长达半个世纪的使用，这些项目工程都已出现严重老化的问题，在实际使用过程中出现了蓄水灌水排水能力低下等现象，甚至没有排洪抗旱能力。此外，对于近些年新修建的小型农田水利设施，地方政府的水利部门通常只管修建，而对于维护和管理缺乏积极性，导致出现“有人修建而无人管水”、新修建的水利设施有一定程度损坏等现象，例如水渠的管道淤泥堆积、引水渠渗漏严重、水库塌方等，严重降低了工程本应该有的防洪抗旱能力；当洪涝或旱灾（湖南是洪灾旱灾高发区）来临时，很多小型农田水利设施基本上处于瘫痪状态，给农业生产、农民生活及农村经济造成大量损失。

对小型农田水利设施进行市场化改革，以承包等形式将水利设施的管理权和经营权转让给农户或者其他私人部门，以实现所有权与经营权的分离。这种做法表面上缓解了当地政府的财政负担，但由于水利设施的所有权并不归个人所有，农户在经营中为了追求利益的最大化，并没有对水利设施进行合理的维护。当承包合同到期时，水利设施的累积维护费用（由于承包者的不维护所造成的费用）将会转嫁到地方政府。水利设施私有化在短期内减轻了政府的财政负担，但从长期来看易形成更高额的维护费用。鉴于这种情况，从 2005 年开始，湖南省放缓了水利设施的私有化改革，并且设立了水利专项维护基金（同时中央也配套了专项的维护基金）。中央和省级政府的水利专项维护基金主要用于大中型水利设施的维护，而小型农田水利设施的维护费用仍然由地方（县乡级）政府承担。地方政府本身的财政负担很重，唯一可行的办法是将水商品化，通过制定一定用水价格，向用水的农户计收水费。计收水费会遇到两方面的问题，一方面，农户一般比较贫穷，不具备支付一定额度水费的经济能力；另一方面，农户普遍缺乏缴纳水费的意识（他们不认为水是商品），不愿意支付水费。基于以上两个方面的原因，小型农田水利设施的管理和维护经费严重不足。

（3）管理过程水资源浪费严重，农户缺乏节约用水和安全管理意识。第一，管理过程中水资源浪费严重。随着气候和水资源等自然状况、地区经济社会发展等变化，湖南各市州的农业生产结构和种植结构发生变化，农业生产活动对农业用水需求也发生了显著变化。早期建设的水利设施在设计参数、质量标准和配套服务等方面已不能满足当前对农业用水的需求。比如，在输水灌溉和农田管理方面，很多农户沿袭以往的经验，采用土渠运水和农田漫灌等落后的灌溉方式，而很少使用防渗漏和节水的滴灌和喷灌等灌溉设施。这种落后的水资源管理和农田管理模式，导致农田有效灌溉率偏低，水资源浪费严重；水资源还存在边利用边污染的情况，如农户经常把含有残留农药的瓶盖扔进水库和水渠里，导致水资源重金属超标。此外水土流失相当严重，造成土壤贫瘠化和沙漠化，农田的生态环境日益下降。

第二，农户缺乏节约用水和安全管理意识。由于自然条件等因素的影响，农户在日常的农业生产活动中，节约用水意识普遍淡薄，漫田灌水、大浇大灌等严重浪费农业水资源的做法相当普遍。对于存在安全隐患的水利设施缺乏有效的防御对策，例如湖南省衡南县的山口镇和宝盖镇存在比较严重的地质灾害，当地的水利设施容易受到影响，但当地政府的水利管理部门对此无作为。除此之外，也有工厂在水库管理保护范围内进行采矿等行为，比如衡南县的龙溪桥水库和塘泥湾水库等，这种做法可能造成淤塞库容、污染水质的危害发生。

（二）建设和管理中存在问题的原因分析

1. 建设中存在问题的原因分析

（1）缺乏对小型农田水利设施的建设规律的正确认识。近些年湖南省在小型农田水利设施建设方面资金严重短缺，水利设施的供给远不能满足农业的生产活动和农民日常生活的需要，其根本性原因在于地方政府的水利部门没有对小型农田水利设施的建设特点和规律形成正确认识。小型农田水利设施作为一种准公共产品，在其建设和运行过程中所产生的经济效益和社会效益具有很强的正外部性；如果让私人部门来建设和经营，私人部门常常出于自身利益最大化的目的而出现“搭便车”的行为，因此需要政府部门在小型农田水利设施建设过程中扮演主导性角色。

为了解决小型农田水利建设资金短缺的问题，湖南省政府建立了“以中央、省级、县乡政府的公共财政资金投入为主体，农户、地方水利协会以及其他私人机构的自筹资金为补充”的资金投入体系，其目的在于将部分可以私营化的小型农田水利设施建设推向市场，以整合社会各方面的资金，形成一个长期稳定的水利设施的资金投入机制。基于解决小型农田水利建设资金短缺问题这个出发点，将政府部门公共财政与社会资金相融合建立投入体系是可行的，但地方政府在具体执行过程中出现了严重的偏离。地方政府一方面出于自身的公共财政负担，另一方面误认为公共物品的投资收益与一般的工程项目投资是等同的，忽略了小型水利设施建设的外部性特点，从而盲目进行小型农田水利设施市场化改革，将很多应是政府部门进行投资建设的水利设施承包给私人部门，导致地方政府虽然在短期内减少了财政支出，但财政负担在长期内并没有因市场化改革而减轻。同时农户和私企等私人部门在水利建设和经营中常出现“搭便车”行为，投入建设资金相当少，进一步导致小型水利设施的建设资金投入严重短缺。因此，地方政府对具有准公共产品属性的小型农田水利设施的建设特点存在认识不足的问题，在建设中公共部门的管理职能缺失，缺乏有效的满足小型农田水利设施建设需要的资金投入和制度保障，正是湖南近些年小型农田水利设施建设资金严重短缺的制度性原因。

（2）没有形成有效的小型农田水利设施建设体系。地方政府不仅没有正确认识小型农田水利设施的建设规律，同时在政府内部的各部门间（比如财政局、水利局、农业局、环保局等）的水利设施的建设规划方面也缺乏协调性。各部门间出于自身利益考虑单独对水利设施进行投资建设，导致水利设施的建设标准不一，有的质量高，有的质量低，不同类型不同时间建设的水利设施不能有效衔接。其最终导致不同部门间的资金整合程度较低，建设资金的配置效率低下，很多跨区域的水利工程项目难以实施，区域间的输水和用水的灌溉体系缺乏协同性。另外，在后期维护性建设方面，水费的设计不合理，收取的水费不能抵销水利设施的运行成本；同时水费征收困难，很多农户不愿意缴纳水费，导致水利设施在亏损的状态下运行，因此水利设施运行后难以征收足够的折旧资金进行维护和修缮，同时也缺乏资金建设新的节水灌溉设施。

（3）缺乏对私人部门建设小型农田水利设施的激励机制。小型农田水利设施建设不同于其他一般的工程项目建设，它具有投入资金量大，资金的回笼时间较长，投资回报率较低，同时还存在着一定的风险（比如自然灾害的冲击）等特点，因此对于追求利润最大化的私人部门来说，往往对小型农田水利设施投资缺乏积极性。当前在湖南省内，对于一些排他性较强且经济效益明显的水利工程，都通过租赁和承包的方式将经营权和管理权转让给了私人部门。对于一些排他性较弱、正外部效益很强、经济效益不明显的水利工程（比如运水渠道、水闸等），私人部门一般不愿意参与建设。另外，地方性商业银行对参与小型农田水利的建设缺乏积极性，主要原因在于大多数的水利设施不会产生直接的经济效益，而商业银行是具有明显逐利性质的机构。

小型农田水利设施的建设不仅需要大量的资金投入，而且还需要大量的劳动力投入。2004 年以前，农户若缺乏足够的经济实力进行资金投入，可以采用“以劳动力代替资金”的方式进行水利设施建设。但从 2004 年开始，地方政府为了落实中央一号文件的要求，为农民减负，取消了“两工”制度（即劳动积累工和农村义务工），导致农民每年投入到水利工程建设的劳动量比 2003 年减少了将近 3/4。为了完成项目建设，不得不通过支付给农民一定数额的劳动工资来进行水利设施建设。这对于很多需要大量劳动力投入的小型农田水利工程来说，无疑会进一步加剧建设资金的短缺。

2. 管理中存在问题的原因分析

（1）小型农田水利设施的产权改革不合理。根据产权理论，对于产权的界定必须是明确且有效的，才能实现资源的有效配置。改革开放前湖南省小型农田水利设施的产权市场化改革，主要集中在水利设施的管理权和经营权方面，很少涉及水利建设方面（因为私人部门不愿意参与水利设施的建设）。改革开放后，家庭联产责任制的推行，特别是在“两工”制度取消后，原来归村组集体管理的水利设施，基本处于无人管理的状态。按照政府部门的改革思路，将现有的水利设施的经营权和管理权转让给农户或私企等私人部门，经营权可以给农户带来比较丰厚的经济收益，如果农户想继续维持这种经济收益，他必定会加强水利设施的管理。但事情的发展结果并非如此，一方面，水利设施的所有权不归农户所有，农户并没有永久性取得管理权和经营权，而是有一定的承包期限；另一方面，水利设施的维护会产生比较高的维护成本，如果在承包期限内，农户对水利设施进行维护，那么他所获得的经济收益可能小于他不维护时所获得的收益；作为一个追求自身利益最大化的理性经济人，农户必然会选择不对水利设施进行维护。因此，在小型农田水利经营权和管理权的市场化改革过程中，改革后产权主体的界定是明确的，但不是有效的，没有达到政府最初的预期；不仅没有实现水利设施的正常维护，反而因农户的经营、水利设施的老化和破损的速度加快，导致水资源配置效率低下。

另外，产权改革可能会导致私人利益与集体利益产生冲突。在洪涝或者干旱时期，防洪抗旱可能会违背水利设施的经营者的经济利益。例如农户甲经营一水库，该水库可以通过养殖带来经济收益；当洪涝来临时，农户甲为了防止蓄水太多影响养殖收益而选择水库放水，但是水库放水会冲击其他农户的农业生产（比如水稻），给其他农户带来损失；当干旱来临时，农户甲为了保证养殖所需的正常水位而选择水库蓄水，但是水库蓄水会进一步加重其他农户的农田旱情，同样会给其他农户带来严重的经济损失。因此，对于承担着防洪抗旱重要任务的小型农田水利设施而言，不能盲目进行产权改革；否则经营权和管理权的放开会导致私人利益与集体利益发生严重冲突，使得全体农户遭受严重的经济损失。

（2）水资源的产权改革滞后，没有形成合理的水价机制。农村水资源利用可持续性的关键在于水资源的产权改革和合理水价机制的形成。价格机制是调节水资源供给与需求的重要力量，因此对水资源的使用设定一个合理的价格是水资源产权改革的先行条件。但是水资源作为一种公共产品，具有正外部性，不能仅仅依靠市场机制根据供给与需求来确定水资源的价格；必须在政府的干预下，按照水的边际生产成本等于边际收益的原则来确定水资源的价格。水资源定价偏高，会增加农户的灌溉成本，导致农户的经济利益受损，打击他们进行农业生产的积极性。就湖南目前的情况而言，农户的收入水平比较低，在农业生产中一般采用的是大水漫田的灌溉方式，用水量比较大，如果水价偏高，将会使农户的收入大幅度下降。但是如果水资源定价偏低，一方面，供水的生产成本得不到弥补，水资源供给部门亏本运行，不能实现水资源的可持续利用；另一方面，低水价不会影响到农户原有的灌溉方式，他们还是倾向于采用大水漫田的灌溉方式，导致水资源的严重浪费。因此，在保证农户的收入水平不会受到明显影响的情况下，地方政府部门应该设定一个合理的水价，水价设定的依据是征收的水费应该等于水资源的生产成本。这样，一方面可以弥补水资源供给方的运营成本，另一方面可以促使农户改变用水行为，由以前的大水漫田的灌溉方式逐步转向喷灌滴灌等节水灌溉方式，形成节约用水的环保意识，从而实现水资源的可持续利用。

（3）地方政府没有建立完善的用水体系。完善的用水体系的建立需要地方政府的不同部门在水资源的可持续利用目标与地方经济发展目标上达成一致认识。水利主管部门的目标是实现水资源的可持续利用，因此它会向用水农户征收一定数额的水费来弥补水资源的生产成本。然而由于各种因素的阻碍，水费的征收是相当困难的，其基本阻碍来源于水资源可持续利用目标与地方政府追求经济发展目标的冲突性。对于绝大多数乡镇而言，农业是地方经济发展的主导产业，因此地方政府首先关注的是农业的生产和农户的增收问题，然后才会关注水资源的可持续利用问题。农户一般是不情愿缴纳水费的，如果阻止拖欠水费的农户用水，将会影响农业的生产活动，同时也会影响地方经济的发展，地方政府通常不愿意让这种情况发生。因而，在实际操作中，水费的征收是比较困难的，水资源可持续利用目标经常要打折扣。地方政府的难题在于如何建立一个合理的用水体系，使得经济发展目标与水资源可持续利用目标达到统一；这需要地方政府从经济发展长远目标、水资源的生产成本、农户对水费可承受力等方面进行权衡，然后通过相关的政策法规建立一个比较完善的农业用水体系。

在完善用水体系的同时，也需要地方政府部门和用水农户在节水灌溉方面和水利设施安全管理方面做出努力。农户在节水灌溉设施建设方面往往缺乏自发行为，同时他们也缺乏足够资金来购买喷灌和滴灌等节水设施。因此，需要地方政府拨付公共财政资金来帮助农户购买节水设施，使广大农户普遍具有节约用水的意识。此外，安全管理的缺失往往是水利主管部门责任不明确或者缺乏责任意识所造成的，因此需要完善相关的法律法规以及责任的奖惩制度，来加强水利主管部门员工的责任意识，从而避免因水利设施的故障造成的水资源浪费问题。

三、国外在农田水利设施建设和管理方面的经验

（一）美国农田水利设施的建设和管理经验

1. 美国农田水利设施的建设经验

美国地域辽阔，人口密度相对较小，美国境内耕地面积比较多，农业用地比较集中，农业生产早已实现规模化和机械化等现代化生产方式。美国是一个崇尚自由市场经济的国家，因此美国的农场主在农场经营方面比较独立，有很强的自主权，可以根据自己的意愿独自建设水利设施。然而，为了保证粮食安

全，美国政府对水利设施建设的投资比较大，尤其在农业基础设施和环保项目方面。

美国实行州、地方政府两级的财政预算体系。美国政府对水利设施的投资主要表现在两个方面：第一，对于大型水利设施，政府直接进行投资建设。对于中小型水利设施建设，以农场主投资为主，政府予以适当补贴，包括建设水利设施的税收减免，以及联邦政府对水利工程项目的赠款（赠款额度一般为工程总资金的1/5）。另外，联邦政府还会给予农场主自行建设水利设施的税负减免政策。在新修建水利项目期间，农场主可以免缴所有税负，这样做可以保证农场主有足够的资金来完成水利设施的建设。

第二，针对水利设施建设，美国政府还建立了比较完善的贷款体系。在水利项目借贷方面，金融机构一般以无息或者3%的利息为农场主提供贷款，同时偿还期限可以宽限至40~50年；正是因为这种完善的贷款体系，美国农场主在中小型农田水利设施建设方面积极性非常高。因而，美国拥有比较完善的灌溉体系，以及先进的灌溉技术。美国的灌溉技术相当发达，已实现从取水到灌溉过程的全自动化，大大提高了灌溉效率，同时也节省了人工成本。另外，美国喷灌和滴灌等节水灌溉已经普及，并采用先进的时针式、平移式大型喷灌机组，不仅节约了农业用水，也提高了农业的产出。

2. 美国农田水利设施的管理经验

美国有比较完善的水利设施管理体系，在农场灌溉区域实行的是将民主选举与公司制结合起来的董事会模式。在灌溉区域内，通过民主选举来选出水利设施管理的董事会成员；在选举中，不管这个人是否是农场主，所有人都有选举权和被选举权。董事会是水利设施的最高管理机构，董事会成员一般3~5年选举一次。董事会通过民主决议聘任经验丰富的人担任总经理，负责农田水利设施的具体运行。总经理每年根据董事会对水利设施的预算和决算以及水价和水量等，来安排具体的管理工作；同时，总经理有权聘用员工来帮助他完成管理工作。政府对董事会不征收任何税赋，同时还会提供一定的资助。美国这种类似于股份制企业的水利设施管理机构，实现了水利设施所有权和管理权的分离，保证了农场灌溉区的水利设施有效运作。

（二）日本农田水利设施的建设和管理经验

1. 日本农田水利设施的建设经验

日本国土面积狭小，人口密度大，耕地面积也比较有限，因此日本政府一直以来十分重视农田水利的建设和管理，已形成“精耕细作”的农业生产模式。日本政府对于大中型农田水利设施直接进行投资，对于小型农田水利设施建设一般给予补助，由农户自行投资完成。对于小型农田水利设施建设，只要达到政府所规定的质量标准和规模，政府将给予全额补贴（一般是中央政府补贴 60%，地方政府补贴 40%）。日本在水利设施建设方面的融资体系比较完善，除了中央和地方政府直接公共财政投资外，农户可以从金融机构获得低息贷款，也可以通过一定的方式向社会公众发行债券进行融资等。

日本在节约农业用水和推行节能灌溉方面的做法十分值得借鉴。日本政府和民众的环境保护意识都比较强。在日本，每年有约 50% 的工业污染用水通过污水处理设备进行除污更新等处理后形成可再生利用水源，用于农业灌溉和城市绿化。另外，日本建立了比较完善的水资源管理的法律法规体系，来指导民众、企业和农户如何对生活用水、工业用水和农业用水进行处理，因而保证了水资源在领域内的有效利用。

2. 日本农田水利设施的管理经验

日本主要是从立法的角度来保证农田水利设施的有效管理，根据日本的《土地改良法》，农户是农田水利设施的管理主体。在具体管理方面，日本的做法与美国有些类似，首先由受益农户选举出一个水利设施的最高管理结构董事会，然后在董事会下面设立一个理事会来负责水利设施的日常管理。理事会成员的管理工作是有偿劳动，但水利设施的维护工作，比如清淤等，是由当地农户提供义务劳动完成的。

日本政府为农田水利设施的管理和维护工作提供了大量的财政补助，中央和地方政府会补贴管理和维护经费的 50%～80%，而农民承担的经费一般为 20%～50%。除此之外，日本政府还设立专门的农田水利设施维护基金，来帮助农民对水利设施进行维护和修缮。因此，日本农民所承担的水利设施的管理成本和维护成本比较低，维护效率比较高。

（三）以色列农田水利设施的建设和管理经验

1. 以色列农田水利设施的建设经验

以色列地少人多，水资源匮乏，人均水资源量不到世界平均水平的 1/35，不到中国的 1/8，因此以色列将节约用水作为一项长期的基本国策。由于以色列的经济较为发达，其在水资源开发利用和管理以及节水灌溉方面都走在世界的最前端。

以色列不仅通过一系列的法律法规、行政手段和经济政策来引导民众在日常生活中养成节约用水的习惯，还通过大量的投资来推动先进节水技术的研发和推广使用；经过半个世纪的发展，以色列在农田水利设施建设方面已取得举世瞩目的成就。目前，以色列的农业用水占总用水比重不到53%，较20世纪70年代下降了23个百分点；农业灌溉已全部实现节水灌溉，水资源利用率高达96%。在以色列，农田水利设施公共管道网络的建设费用和管理维护费用全部由政府承担，农业用水可以直达农场的灌溉区域。另外，农户自行建设的水利设施由政府提供不少于45%的资助，其余的建设资金一般由金融机构提供的长期的低利息贷款予以补充，因此，农户一般不会承担过度的建设资金。

2. 以色列农田水利设施的管理经验

以色列的农田水利设施管理以“精确”闻名。首先，以色列已建成覆盖全国的智能供水管道网络，通过中央的输水配水控制系统来调节全国的农业用水。其次，合理开发利用地下水资源。以色列每年大概开采15亿立方米的地下水资源。每当雨季来临时，降水比较丰沛，供水管道网络将多余的地表水补充给已超量开采地下水的地方；当旱季来临时，同样通过供水管道网络将地下水输送给缺水的地方。最后，通过修建水库和小型水域拦截工程、海水淡化以及人工降水，将地表上的水引入供水管道网络；通过这些工程和措施，以色列每年能取得将近5亿立方米的水资源。

以色列对水资源管理的显著性特征是将地表水资源和地下水资源整合起来，统一规划、统一分配和统一使用。无论是个人还是企业，水资源的开发利用必须取得政府的许可，任意开发水资源是违法的；即使农户在自己所拥有的灌溉区域内钻井取水也必须获得政府的行政许可。

（四）国外农田水利设施建设和管理经验对我国的借鉴意义

从美国、日本、以色列这三个国家在农田水利设施建设方面的经验来看：一是政府公共财政承担了绝大部分（至少是95%以上）的大中型农田水利设施的建设资金投入，对于农户自行建设的大中型农田水利设施，政府给予了丰厚的补助，包括资金补贴、税收减免、低息或无息的长期贷款等。二是对于小型农田水利设施的建设主要是由农户或农场主完成，但政府给予了较高比例的资金补贴以及优惠的长期贷款等。在大中型农田水利的管理模式上，这三个国家稍有不同。美国是以董事会的形式对水利设施进行管理，是一种农户参与式的集体管理模式；在日本和以色列，水利设施管理是在政府主导、农户参与的情况下完成的，是一种政府与农户互助的管理模式。但是这三个国家在小型农田水利管理方面具有相同点，农户是管理的主体，政府部门给予指导，并提供较高比例的管理和维护经费。

这三个国家在农田水利设施建设和管理方面的经验对于我国的借鉴意义在于：一是对于大中型农田水利设施而言，建设资金投入必须由政府部门承担，管理和维护应该由政府或集体组织完成。二是对于小型农田水利设施而言，建设资金一般由农户承担，但政府必须提供较高比例的补贴和优惠的长期贷款，同时农户是小型农田水利设施的产权所有者和管理主体，政府部门只承担指导和协调的职责。但这些经验目前还不能在中国普及，原因在于中国地少人多，每个农户拥有的农田规模较小，与美国的农场式经营不能相提并论，小型农田水利设施的运营往往会牵涉比较多的农户；如果由单个农户进行管理，其他农户的公共利益将难以得到保障。另外，中国大部分地方政府的财政资金比较短缺，同时农户的收入也比较低，因此就当前情况而言，我们还不能照搬国外的相关经验。

四、完善小型农田水利设施建设和管理的政策建议

（一）完善小型农田水利设施建设机制

1. 完善小型农田水利建设投资政策

当前小型农田水利设施规模和质量已远远不能满足农业生产的需求，而近些年的小型农田水利设施的建设速度比较缓慢，其根本性难题是缺少足够的建设资金。因此，必须根据现实情况摸索建立一个新的小型农田水利设施融资机制，其基本思路是：继续加大公共财政资金在水利设施建设方面的投入，同时建立一个激励体系引导农户、私企和社会团体等多种主体的资金投入。

（1）继续扩大公共财政资金在小型农田水利设施方面的投入。小型农田水利设施的建设对于发展农业生产而言是一个必备条件，而水利设施是一种经济效益和社会效益正外部性很强的准公共物品。为了克服水利设施的公共物品属性，首先政府必须是主要的建设主体，其次政府要尽最大的努力激励农户参与水利设施的建设和管理。在东部发达地区，小型农田水利建设应由当地政府负责；在大部分中部地区，应由中央和地方政府共同承担水利建设的资金投入；在西部地区以及贫困地区，水利建设费用应由中央政府全额支付。

2004 年以后湖南各市州逐步取消了“两工”制度，转而实行“一事一议”的农户劳动用工机制。在村组集体逐步建设和管理的情况下，政府部门应在中西部地区加大公共财政资金的投入力度，改善农业的用水状况。除此之

外，政府部门对于农户自行建设的水利设施应加大补贴力度。在湖南现行的补贴体系中，各级政府的补贴资金只占总建设资金的46%，农户需独自承担54%左右的建设资金负担；并且，金融机构在小型农田水利建设方面没有给予农户优惠的贷款政策。沉重的资金负担，严重打击了农户建设水利设施的积极性。因此，必须要加大政府部门补贴力度，为农户减负，积极引导农户和其他社会团体进行小型农田水利设施建设。

（2）建立小型农田水利设施建设资金的整合机制。在政府部门内部，各部门（农业、水利、国土、发改等部门）必须加强协调，从经济发展的长远目标出发，在小型农田水利设施建设方面达成一致的行动目标，对农田的灌溉体系进行统一规划。要不断总结和推广国外和国内在小型农田水利建设资金整合方面的经验，在不改变资金的性质和用途的原则下，尽可能地整合优化支持农田水利设施建设、农业生产、环境保护、农业技术推广等方面的资金，发挥资金在建设和使用方面的规模效应，提高小型农田水利设施建设资金的利用效率。

2. 加强金融机构对小型农田水利设施建设的支持力度

（1）发挥政策性金融在小型农田水利设施投资方面的支撑作用。在当前政府部门对小型农田水利设施建设资金投入严重不足的情况下，政策性金融机构，比如国家开发银行和农业发展银行等，应该安排专项的建设基金，为农户提供低利息的长期贷款，以减轻农户在小型农田水利设施建设方面的资金负担，从而激励农户积极进行水利设施建设。

（2）加快小型农田水利设施建设的金融产品的开发。在严格控制农户信用风险的基础上，各市州的金融机构应该根据小型农田水利设施的建设和资金需求特点，推出有针对性的金融产品。对于已获得政府资金部分补助的小型农田水利工程，地方金融机构可以为农户提供配套性贷款。同时，金融机构应该拓展多种方式的抵押贷款，以满足农户的资金需求。金融机构应该为改善节水灌溉设施，提高水资源利用效率的农户提供必要的低息贷款。此外，农村需建立公益性的小额贷款机构，专门为农村居民服务。

（3）积极拓宽小型农田水利设施建设的融资渠道。政府可以通过向社会公众发行债券，吸收社会资金来为小型农田水利设施建设筹集资金。同时，鼓励商业性金融机构，比如保险公司和小额贷款公司等，以较低的利息为小型农田水利设施建设提供贷款支持。

3. 建立小型农田水利设施建设投资的补偿机制

结合前文发达国家或地区在农田水利设施建设方面的特点可知，美国、日本、以色列这三个国家都建立了比较完善的水利设施建设投资的补偿体系；各级政府都为农户自行建设水利设施提供资金补助，农户自行负担的建设费用都比较少，因而农户参与水利设施建设的积极性很高。因此，中国可以运用中央和地方财政资金为农户在小型农田水利设施建设中的投资提供补贴。

（1）政府应从经济政策和法律法规方面来引导金融机构为农户提供低息贷款。政府应该通过法律法规明文规定：对于不同类型的小型农田水利设施建设，哪些金融机构有义务提供特定形式的优惠贷款，而政府又以哪种形式为金融机构的优惠贷款提供补偿。当然，金融机构必须建立相应的信任管理机制和监督机制，以保证农户所得优惠贷款按照约定用到了实处。如果金融机构发现农户有违约的情况，比如农户将贷款用于他途而非水利设施建设，金融机构有权及时停止对该农户的信贷，同时追回已发放的贷款。

（2）湖南各市州的经济发展、水资源分布、农业发展水平以及农户收入水平等方面都存在较大差异，政府应该根据这些特征对不同地区规定不同的政策倾斜程度。对于经济发展较好、农户收入较高的地区，比如长沙市、湘潭市等，政府应给予的补贴相对要少一些；对于经济发展落后、农户收入水平低的地区，比如湘西自治州、怀化市等，政府应加大补贴力度。

（二）完善小型农田水利设施的管理机制

1. 建立合理的小型农田水利设施的产权改革机制

当前小型农田水利设施在管理方面面临的主要问题是产权不明确，管理主体缺失。造成这种情况的原因，一方面是家庭联产承包责任制的推行和农民在水利设施建设和维护方面的“劳动义务工和劳动积累工”制度的废除，导致村组集体逐步退出了管理主体；另一方面则是政府部门盲目推行的水利设施的经营权和管理权的市场化改革。

鉴于之前产权改革的经验教训，要对小型水利设施产权改革特有的性质有正确的认识。对于已建立的小型农田水利设施，其所有权是归村组集体或地方政府所有的，应考虑如何引入有效的管理主体。由于一些小型农田水利设施除了灌溉功能外，在洪涝灾害时期还承担着防洪抗旱的重要责任，因此，这些小型农田水利的管理权和经营权必须控制在集体管理范围内。根据国外的经验，可以成立一个由用水农户组成的管理机构，比如董事会或水利协会，来对这些公共利益性质强的水利设施进行管理。对于盈利性很强、公共利益较弱的水利设施，我们可以将其经营权承包给农户或其他私人机构，同时征收较高的经营费；但是管理权依旧归村组等集体所有，政府部门可以用征收所得经营费来对水利设施进行维护和管理。对于农户自行建设的小型农田水利设施，由农户自主进行管理，政府部门予以适当的补助和指导。

2. 建立合理的农业用水的价格机制

建立合理的农业用水的价格机制，主要出于两个方面的考虑：一是水资源的开发利用和小型农田水利设施的运行都会产生一定的生产成本，但是当前湖南各市州的公共财政资金有限，没有足够的资金来承担这部分营运成本，必须通过计收一定的合理的水费来弥补公共财政资金的不足。二是如果不对农户计收水费，则农户不会改进其灌溉方式，不仅造成水资源的大量浪费，还会进一步增加水资源的运输成本。因此，建立合理农业用水的价格机制，是当前小型农田水利设施进行正常管理和维护的必备条件之一，也是实现水资源的可持续利用的重要举措。

建立合理的农业用水的价格机制，可以从以下三个方面着手：第一，确定农业用水的生产成本，包括小型农田水利设施的管理和维护成本，水资源的开发成本等；水价设定的价格应该等于其生产成本。在推行水价前，应该向社会特别是农户公布农业用水的生产成本具体来源和数目，并通过听证会来征求农户的意见，以取得农户对推行农业用水价格改革的支持。第二，对于不同的农业用水量，实行差别定价，农业用水量越大，水价越高，以激励农户养成节水用水的习惯。第三，对于不同的地区，实行差别定价。由于经济发展水平低、农户收入水平低的地区，农户没有足够资金来支付水费，因此对于这些地区，政府应该以财政补贴的方式承担水资源的运行成本。

3. 制定节约农业用水的相关政策

节约农业用水是实现水资源可持续利用，保证农业经济长期发展的必要条件。当前，政府在小型农田水利设施建设和管理方面都存在严重不足；节约农业用水可以在其他条件不变的情况下，减少农业生产对用水的浪费，从而可以在一定程度上减少对水利设施建设的需求，缓解政府的财政负担。节约农业用水可以从两个方面展开：

第一，加强对农户的节约用水的宣传，普及节约用水意识，建立节约用水的奖惩机制。政府不仅要在农户中大力宣传节约农业用水的重要性，使农户形成节约用水意识；同时还需要制定相关政策，来引导农户在农业生产活动中养成节约用水习惯。比如，可以建立适当的奖惩机制，节约用水的农户，可以在水利设施建设方面享受政府更多的优惠政策和支持，而对于不节约用水的农户，将向其征收更高的水费，以示惩罚。

第二，在有条件的地区制定相关的政策，引导农户大力发展喷灌滴灌等节水灌溉设施。首先，政府在进行新的农田水利设施建设时，应该考虑到优先发展资金投入少、管理方便的节水灌溉设施。对于有经济实力的农户在建设规模化的滴灌或喷灌等节水设施时，政府部门应该给予较高比例的资金补贴，或者提供低利息的长期贷款，以提高农户发展节水设施的积极性。其次，要注重对现有灌溉设施的正常维护，来提高水利设施对水资源的利用效率，避免水资源的浪费。要及时修缮水渠和运水管道的破损，清理水渠的淤泥，搞好河道的防治工程，从而在现有的条件下，进一步提高水资源的利用效率。

本章小结

本章主要对湖南省小型农田水利设施的建设和管理现状进行研究，分析其存在的问题及原因，并结合国外在农田水利设施建设和管理方面的经验，对完善小型农田水利设施建设和管理体制机制提出合适的建议。通过本章的研究可以得出以下几个方面的基本结论：

（1）从湖南省现行小型农田水利设施成果来看，在建设方面，农田排灌机械、节水灌溉、投资建设等方面已取得较好的成果；在管理方面，市场改革后管理主体呈现多元化，地方政府部门的分级管理体系也在不断完善。但在小型农田水利设施建设和管理不断发展的过程中，也存在很多问题。

（2）从湖南省现行小型农田水利设施的建设和管理存在的问题来看，在建设方面，由于对小型农田水利设施建设规律认识不足，建设体系不完善以及对私人部门建设小型农田水利设施的激励机制缺乏等原因，造成资金投入不足、建设效率偏低、建设结构不平衡等问题；在管理方面，小型农田水利设施产权改革不合理、水价机制不合理以及用水体系的不完善，导致出现产权不明晰、设备老化且维护经费不足、用水节约和安全意识缺乏等问题。

（3）从国外在农田水利设施建设和管理方面的实践来看，主要可以从美国、日本、以色列借鉴相关经验：一是对于大中型农田水利设施而言，建设资金投入由政府部门承担，管理和维护由政府或集体组织完成；二是对于小型农田水利设施而言，建设资金投入一般是由农户承担，但政府必须提供较高比例的补贴和优惠的长期贷款，同时，农户是小型农田水利设施的产权所有者和管理主体，政府部门只起到指导和协调作用。值得注意的是，中国国情决定了不能照搬国外的经验，需要根据现实状况进行调整。

（4）从对完善当前小型农田水利设施提出的建议来看，主要对建设机制和管理机制进行阐述。在小型农田水利设施建设机制方面，要完善小型农田水利建设投资政策，加强金融机构对小型农田水利设施建设的支持力度，建立小型农田水利设施建设投资的补偿机制；在小型农田水利设施管理机制方面，要制定节约用水的相关政策，建立合理的农业用水的价格机制和小型农田水利设施产权改革机制。

第十七章　湖南省基层农技推广体系建设问题研究

一、我国现行农技推广体系的发展研究

（一）我国农业科技推广体系的历程

1. 我国农业科技推广体系的发展历程

我国农业科技服务组织的建设经历了一个长期的历史演变过程，大致为三个阶段：

第一阶段是指农村经济体制改革以前。农业主要以扩大耕地面积等生产规模来提高总产量，产业结构单一，农产品品种以粮棉油为主，农业经济处于粗放经营的落后状态，农业资源生产率、劳动生产率、科技进步贡献率极其低下，农业科技服务极少出现。

第二阶段是农村经济体制改革之后到20世纪90年代后期。农业经济增长方式由粗放经营型向集约经营型转变，开始注重依靠科技提高单位面积产量、劳动资源生产率和劳动生产率，从而使农业低效高耗的状况有所改观。但是，农业科技成果只有30%~40%转化为生产力，仅为发达国家的一半，而成果普及率还不到30%。而且农业内涵比较单一，局限于种植业和养殖业的第一产业，注重内部增产性科技成果的推广应用，且农业技术革命以单项技术突破为主。

第三阶段是20世纪90年代末期至今。农业内涵开始向农用工业、农副产品加工第二产业以及农村商业、服务业第三产业延伸，拓宽农业科技领域，创造性地吸收其他领域的科技知识，有计划地进行相关领域包括社会科学领域的科技成果在农业领域的应用，加速工业技术向农业领域的移植，以大科技支持大农业的发展。

2. 中央一号文件对农技推广体系改革和建设工作的论述

（1）2004年的中央一号文件《关于促进农民增加收入若干政策的意见》第六条提出要加强农业科研和技术推广。深化农业科技推广体制改革，加快形成国家推广机构和其他所有制推广组织共同发展、优势互补的农业技术推广体系。积极发挥农业科技示范场、科技园区、龙头企业和农民专业合作组织在农业科技推广中的作用。建立与农业产业带相适应的跨区域、专业性的新型农业科技推广服务组织。支持农业大中专院校参与农业技术的研究、推广。

（2）2005年的中央一号文件《关于加强农村工作若干政策的意见》提出要加快改革农业技术推广体系。要按照强化公益性职能、放活经营性服务的要求，加大农业技术推广体系的改革力度。国家的公益性农技推广机构主要承担关键技术的引进、试验、示范，农作物病虫害、动物疫病及农业灾害的监测、预报、防治和处置，农产品生产过程中的质量安全检测、监测和强制性检验，农业资源、农业生态环境和农业投入品使用监测，水资源管理和防汛抗旱，农业公共信息和培训教育服务等职能。对公益性技术推广工作，各级财政要在经费上予以保证。同时，积极稳妥地将一般性技术推广和经营性服务分离出去，按照市场化方式运作。发挥农业院校在农业技术推广中的作用。积极培育农民专业技术协会和农业科技型企业。探索农业技术推广的新机制和新办法，对农技推广项目实行招投标制度，鼓励各类农技推广组织、人员及有关企业公平参与申报。在总结试点经验基础上，有关部门要抓紧提出加强农业技术推广体系建设的指导意见。

（3）2006年的中央一号文件《关于推进社会主义新农村建设的若干意见》提出要大力提高农业科技创新和转化能力。要加快农业技术推广体系改革和建设，积极探索对公益性职能与经营性服务实行分类管理的办法，完善农技推广的社会化服务机制。深入实施农业科技入户工程，扩大重大农业技术推广项目专项补贴规模。鼓励各类农科教机构和社会力量参与多元化的农技推广服务。

（4）2007年的中央一号文件《关于积极发展现代农业 扎实推进社会主义新农村建设的若干意见》中提出要推进农业科技进村入户。继续加强基层农业技术推广体系建设，健全公益性职能经费保障机制，改善推广条件，提高人员素质。

（5）2008年的中央一号文件《关于切实加强农业基础建设 进一步促进农业发展农民增收的若干意见》提出要着力强化农业科技和服务体系基本支撑。一是切实加强公益性农业技术推广服务，对国家政策规定必须确保的各项公益性服务，要抓紧健全相关机构和队伍，确保必要的经费。通过3~5年的建设，力争使基层公益性农技推广机构具备必要的办公场所、仪器设备和试验示范基地。国家可采取委托、招标等形式，调动各方面力量参与农业技术推广，形成多元化农技推广网络。二是建立健全动植物疫病防控体系。加快构建网络健全、队伍稳定、保障有力、处置高效的动物疫病防控体系。

（6）2009 年的中央一号文件《关于 2009 年促进农业稳定发展农民持续增收的若干意见》提出要推进基层农业公共服务机构建设。按照三年内在全国普遍健全乡镇或区域性农业技术推广、动植物疫病防控、农产品质量监管等公共服务机构的要求，尽快明确职责、健全队伍、完善机制、保障经费，切实增强服务能力。创新管理体制和运行机制，采取公开招聘、竞聘上岗等方式择优聘用专业技术人员。改革考评、分配制度，将服务人员收入与岗位职责、工作业绩挂钩。将农业公共服务机构履行职责所需经费纳入地方各级财政预算。逐步推进村级服务站点建设试点。

（7）2010 年的中央一号文件《关于加大统筹城乡发展力度　进一步夯实农业农村发展基础的若干意见》提出提高农业科技创新和推广能力。抓紧建设乡镇或区域性农技推广等公共服务机构，扩大基层农技推广体系改革与建设示范县范围。积极发展多元化、社会化农技推广服务组织。启动基层农技推广机构特设岗位计划，鼓励高校涉农专业毕业生到基层农技推广机构工作。推进农用工业技术改造。加快发展农业机械化，大力推广机械深松整地，支持秸秆还田、水稻育插秧等农机作业。创建国家现代农业示范区。

（8）2012 年的中央一号文件《关于加快推进农业科技创新　持续增强农产品供给保障能力的若干意见》聚焦农业科技，提出持续加大财政用于“三农”的支出，改善农业科技创新条件，着力抓好种业科技创新，加快农业机械化。对明确农业科技创新方向、突出农业科技创新重点、完善农业科技创新机制、改善农业科技创新条件、着力抓好种业科技创新、强化基层公益性农技推广服务、引导科研教育机构积极开展农技服务、培育和支持新型农业社会化服务组织、振兴发展农业教育、加快培养农业科技人才等方面进行了详尽的阐述。

（9）2013 年的中央一号文件《关于加快发展现代农业　进一步增强农村发展活力的若干意见》提出要强化农业公益性服务体系。不断提升乡镇或区域性农业技术推广、动植物疫病防控、农产品质量监管等公共服务机构的服务能力。继续实施基层农技推广体系改革与建设项目，建立补助经费与服务绩效挂钩的激励机制。继续实施农业技术推广机构条件建设项目，不断改善推广条件。支持高等学校、职业院校、科研院所通过建设新农村发展研究院、农业综合服务示范基地等方式，面向农村开展农业技术推广。加强乡镇或小流域水利、基层林业公共服务机构和抗旱服务组织、防汛机动抢险队伍建设。充分发挥供销合作社在农业社会化服务中的重要作用。加快推进农村气象信息服务和人工影响天气工作体系与能力建设，提高农业气象服务和农村气象灾害防御水平。

（10）2014 年的中央一号文件《关于全面深化农村改革　加快推进农业现代化的若干意见》提出要推进农业科技创新。深化农业科技体制改革，对具备条件的项目，实施法人责任制和专员制，推行农业领域国家科技报告制度。明晰和保护财政资助科研成果产权，创新成果转化机制，发展农业科技成果托管中心和交易市场。采取多种方式，引导和支持科研机构与企业联合研发。加大农业科技创新平台基地建设和技术集成推广力度，推动发展国家农业科技园区协同创新战略联盟，支持现代农业产业技术体系建设。加强以分子育种为重点的基础研究和生物技术开发，建设以农业物联网和精准装备为重点的农业全程信息化和机械化技术体系，推进以设施农业和农产品精深加工为重点的新兴产业技术研发，组织重大农业科技攻关。继续开展高产创建，加大农业先进适用技术推广应用和农民技术培训力度。发挥现代农业示范区的引领作用。加强农用航空建设。将农业作为财政科技投入优先领域，引导金融信贷、风险投资等进入农业科技创新领域。推行科技特派员制度，发挥高校在农业科研和农技推广中的作用。

（11）2015 年的中央一号文件《关于加大改革创新力度　加快农业现代化建设的若干意见》提出要强化农业社会化服务。发挥农村专业技术协会在农技推广中的作用。采取购买服务等方式，鼓励和引导社会力量参与公益性服务。加大中央、省级财政对主要粮食作物保险的保费补贴力度。将主要粮食作物制种保险纳入中央财政保费补贴目录。中央对政补贴险种的保险金应覆盖直接物化成本。加快研究出台对地方特色优势农产品保险的中央财政以奖代补政策。扩大森林保险范围。支持邮政系统更好地服务“三农”。创新气象为农服务机制，推动其融入农业社会化服务体系。

（12）2016 年的中央一号文件《关于落实发展新理念　加快农业现代化　实现全面小康目标的若干意见》提出要强化现代农业科技创新推广体系建设。农业科技创新能力总体上达到发展中国家领先水平，力争在农业重大基础理论、前沿核心技术方面取得一批达到世界先进水平的成果。统筹协调各类农业科技资源，建设现代农业产业科技创新中心，实施农业科技创新重点专项和工程，重点突破生物育种、农机装备、智能农业、生态环保等领域关键技术。强化现代农业产业技术体系建设。加强农业转基因技术研发和监管，在确保安全的基础上慎重推广。加快研发高端农机装备及关键核心零部件，提升主要农作物生产全程机械化水平，推进林业装备现代化。大力推进“互联网+”现代农业，应用物联网、云计算、大数据、移动互联等现代信息技术，推动农业全产业链改造升级。大力发展智慧气象和农业遥感技术应用。深化农业科技体制改革，完善成果转化激励机制，制定促进协同创新的人才流动政策。加强农业知识产权保护，严厉打击侵权行为。深入开展粮食绿色高产高效创建。健全适应现代农业发展要求的农业科技推广体系，对基层农技推广公益性与经营性服务机构提供精准支持，引导高等学校、科研院所开展农技服务。

（二）农业科技推广体系建设的现实意义

农业科技推广无论是在传统农业发展阶段，还是在现代农业发展阶段，都是一项推动农业发展和技术进步的非常重要且富有成效的事业，这一点已被国内外农业及农业科技发展的历史所证实。新中国成立以来，我国农业科技推广事业有了长足的发展，为农业生产和农村经济的持续发展做出了重要贡献。

（1）建立了农业技术推广服务体系，保证了农业技术推广工作的有序进行。我国已拥有一支涉及农业产前、产中、产后不同学科领域，中央、省、地、县（市）、乡、集体、个人等不同层次，研究、开发、应用等不同环节的较为完善的农业科学技术体系，具备了相当的基础和实力。全国拥有 1587 个科研机构，其中农学类 1009 个、林学类 296 个、畜牧类 148 个、水产类 127 个。科技人员和干部职工总数近 150 万人。国家、省、地、县（市）、乡农技推广机构 24.5 万个，技术推广与服务人员 117 万多人。农业大专院校 84 所，农业中等专业学校 496 所。

（2）推广了一大批先进、适用的农业新技术、新品种，为我国农业发展做出了历史性贡献。农作物、畜、禽、鱼新品种的更新换代，新技术、新机具的试验、示范和推广，使我国农业由传统农业逐步向现代农业过渡。以丰收计划为例，从 1987 年实施到现在，共推广适用技术 257 类，新增粮食 500 多亿公斤，皮棉 12 亿公斤，油料 40 亿公斤，肉蛋类 15 亿公斤，水产品 9 亿公斤，新增总产值 850 多亿元；培训各级各类科技人员 100 万人次，农民 4 亿人次，显示出“科技兴农”的巨大威力，为丰富城乡人民的“米袋子”、“菜篮子”立下了汗马功劳。

（3）开展技术培训，提高了农民科技、文化素质，为实施“科教兴农”战略打下了良好基础。各级农业技术推广机构通过广播电视讲座、现场讲授示范、科技宣传栏、技术咨询点、科技大集、“电波入户”等活动，把科学技术送到千家万户。另外，通过实施“绿色证书工程”等，开展了对农民的系统培训。2012 年，启动了《2013~2015 年万名农技推广骨干人才培养计划》，在

2013～2015年，围绕种植业、畜牧业、渔业和农机技术推广重点，完成1万名农技推广骨干人才的全员轮训和1800名农技推广骨干人才实地培养工作，并使他们成为本地农技推广工作的首席专家。

（4）积极参与农业执法和监督管理，有效地保护了农民的切身利益。农业技术推广部门在从事农业技术推广工作的同时，还积极参与农业执法和监督管理，包括动植物检疫、种子质量检验、动物防疫及其监督、农资质量监督、农业机械监理、农民负担监督、农业承包合同管理等，有效地预防了动植物病虫害传播和假种子坑农害农等事件的发生，保护了农民的切身利益和人们的身体健康。2012年8月，又新颁布实施了《中华人民共和国农业技术推广法》，进一步深入指导和监督农技推广工作。

（三）主要经验与做法

（1）国家政府计划支持在我国农业科技推广中起决定性的主导作用。我国目前农技推广主要有三种形式，第一种是国家组织、实施的科技推广计划，如丰收计划、国家重点技术成果推广计划等；第二种是农业技术市场或科技企业，通过技术交易或新产品推销，实现技术成果转化或技术服务；第三种是各类农民专业技术协会等组织，农民自主参与，引进新技术成果转化应用。从实施规模及效果、组织力度及社会影响来看，国家计划都占主导地位。如丰收计划不仅推广范围大、直接效果显著，同时也带动地方各级政府设立了不同类型、不同层次的地方丰收计划。据不完全统计，1987～2000年中央累计安排了丰收计划专项资金6.7亿元，而地方配套和农民集资近80亿元，其引导与聚合效应之大可见一斑。

（2）加强推广体系建设和发挥推广队伍积极性是保证农业科技推广发展的关键。健全和规范农业科技推广体系，不断提高农技推广效率，是促进我国农业技术进步极为关键的环节。农技推广的目标主要体现在两个方面：一是国家农业科学发展需要，服务于国民经济发展的战略要求；二是农民自身需要，引导农民接纳新技术，提高自身素质和生产管理能力，实现生活改善和经济发展。这对我国完善农业科技推广体系和稳定农业推广队伍意义重大，尤其是在农业科技推广中的作用不可替代。

（3）有重点地开展重大农业新技术成果及有突破性的关键技术的推广应用。全国每年有大批农业科技成果出现，在组织农业科技推广过程中，有重点地选择一批技术成熟、实用，覆盖面广，转化力强，能取得显著经济效益和社会、生态效益的科技成果进行推广应用，可以从整体上较快地推进农业科技水平的提高。如我国杂交水稻、杂交玉米、地膜覆盖技术、水稻旱育稀植及抛秧技术、优化配方施肥技术、热作管理及收获技术等的推广应用，均取得了巨大的经济效益和社会效益。

（4）农业科技示范推广基地建设是加速科技成果转化的重要措施。农业科技示范推广基地是农业新技术成果转化、示范、培训的关键环节，在我国农业科技成果开发及转化中起着非常重要的作用。“典型引路，全面推进”是农业科技成果转化的成功经验。通过示范基地建设，实现先进技术的适应性改进与技术组装配套，可为带动大范围区域发展提供成熟的模式、技术和经验。

（四）面临的问题与困难

1. 农业推广资金投入不足，制约着推广力度

发达国家农技推广经费一般占到农业总产值的 0.6%~1.0%，发展中国家也在 0.5%左右，但我国不足 0.2%，人均经费更少，导致了技术推广的高成本与家庭联产承包责任制下农户分散经营之间存在一定的矛盾。由于经费不足等原因，部分地方政府为了“卸包袱”，把一些地方的推广服务部门推向市场，有的甚至被拍卖或撤销，造成人员离岗和流失，出现了“线断、网破、人散”的被动局面。此外，推广部门与科研、教学部门没有联结成整体，推广网络体系不完善等都制约着农技推广工作的进展。

2. 农民对现代农业高新技术接纳能力差，基层推广人员综合素质不高，影响农业新技术成果推广转化质量

目前，我国县级推广人员仍以中专生为主体，乡级则以全民制合同工为主体，其中相当一部分是高中以下文化程度且未经过农业专业技术训练的“安置者”。这支队伍知识更新慢，难以适应技术发展的需要。首先，由于环境及待遇不好，基层农村推广部门很难吸引高学历人才，加上一些非专业人员进入，造成推广队伍整体知识水平低。其次，基层推广部门缺乏知识更新和进修深造机会，对现代农业新技术的熟悉程度和操作能力不够。再次，推广机构专业分工过细，推广人员知识结构单一，不能很好地适应当前市场经济与高效农业的多样化发展，对农民缺乏足够的权威感。最后，广大农村普遍存在农民科技、文化素质低的问题。这些问题在一定程度上影响着农业科技推广整体质量的提高。

3. 面对加入世界贸易组织，农业产量与品质、农民增产与增收的矛盾更为突出

长期以来，我国农业科研、推广基本以提高农产品数量为主要目标。进入

农业新阶段，尤其是加入世界贸易组织，将意味着国内农产品直接参与国际市场竞争，而目前我国主要农产品，由于生产成本高和品质差，不仅在国际市场竞争优势不强，可能在国内市场也要受冲击。农业产量与品质的矛盾、农民增产与增收的矛盾将愈加突出，传统的农业科技推广从机制、技术上都面临挑战。

4. 我国农业科技推广中的技术市场和科技企业发展缓慢

广大农村集体经济比较薄弱，难以支撑农业技术的推广应用，且农村科技示范户、专业户的力量单薄，农业技术的推广应用的速度较慢。随着现代农业和市场经济迅速发展，农业技术市场和科技企业对农业科技推广的作用会更为突出，但我国在这方面起步晚、基础差，对科技成果转化应用的力度和贡献都较弱，与国外发达国家相比差距悬殊。如何培育农业技术市场和农业科技产业化快速发展，也是当前农业科技推广面临的任务和难题。

5. 基层农业科技推广体系的体制改革有待进一步深化

基层农业科技服务机构按行业设置，乡镇农业科技服务机构对照县级政府涉农机构设置农科、林业、水利、兽医、农经、农机等，即“七所八站”，造成了机构臃肿、人员偏多的局面。由于各站隶属于不同的政府主管部门，部门利益比较突出，形成了多元化利益结构，易造成“有利可图争着做、无利工作无人做”的局面，工作出现空挡或难以落实，严重阻碍农业技术的推广。另外，乡镇农业技术服务机构以分块管理为主，普遍受当地政府影响大，不可避免地承担了乡镇的不少行政事务，甚至成为乡镇政府的附属机构，科技服务职能名存实亡。

6. 科技成果供求双方之间难以实现对接

农业服务体系中服务主体和需求逐渐多元化，而投资主体也呈多元化发展，包括政府、教育、科研、推广、生产和商贸组织等。供求双方多元化未能如愿实现的关键在于保障机制的缺乏。

一方面，农民自身抵御新技术推广的风险比较弱，而且习惯于政府的无偿援助，难以承担有偿服务的全部成本。另一方面，各投资主体与服务主体之间存在脱节现象或目标利益不一致，表现为农业教育部门（大中专院校）培养的人才与农业实践结合不够紧密，特别是未能有效发挥基层农业教育部门（职业学校或农民中专）的作用；科研开发中存在脱节的问题，科技成果与农村实际需要有一定的差距，转化率比较低（我国只有42%，而国外发达国家高达70%）；在农业技术推广中，由于风险较大，推广机构和生产者都不具备足够的风险承受能力，因而实用价值高但风险大的农业新技术难以推广应用；

基层商贸组织和中介组织的规模较小，抵御市场风险能力弱，难以完全承担本区域农产品的交易任务。

7. 农业科技服务的内涵需进一步拓宽

当前的农业科技服务注重产中服务，缺乏产前、产中、产后的系列服务；服务质量缺乏高效、低耗、优质的规范化服务；服务方式缺乏技农贸一体化的多样化服务；服务体系缺乏技术、资金、物资相配套的标准化服务。

国家给县级农业推广机构的财政拨款最多只能保证人员的基本工资发放，充其量是“有钱养兵”，但仍“无钱打仗”。乡镇农业科技推广机构多数县未按规定将其纳入财政拨款的范畴，即使纳入财政拨款的也只是象征性拨款，主要靠其创收来维持生存，不少地方还出现“减粮、断奶、抽血”的情况。为解决“生存问题”，农业技术推广部门被“逼上梁山”走农资经营之路，客观上出现了重经营轻推广或以经营代推广的局面。

二、基层农技推广体系改革与建设问题研究
——以湖南省为例

（一）湖南省农技推广体系的现状研究

“十一五”期间，湖南全省农业科技进步贡献率达到了 53%，比“十五”末期提高了 9 个百分点。全省拥有在职的农业科技人员 3900 多人，先后设立了杂交水稻工程研究中心、省生命科学联合中心等一批国家级、省级重点实验室，极大地改善了农业科技条件。具体而言，湖南省农技推广现状大致如下：

1. 农技推广体系的机构设置情况

湖南省辖 14 个市州，123 个县（市、区），截至 2012 年底，湖南 108 个县（市、区）都构建了农技入户快速通道，提倡“三个体系两个机构”，“三个体系”是指农技推广、动植物疫病防控、农产品质量监管等体系，“两个机构”是指按相近专业合并设置机构，即农技和农机合并组建农业技术推广服务站（加挂农产品质量监管服务站牌子），畜牧和水产合并组建畜牧水产技术推广服务站（与动物防疫合署办公）。截至 2012 年，全省共有农机、农技、种子、土肥、林业、动物防疫等机构 12127 个，事业编制 86362 名，登记注册的农民专业合作社 6777 个，农民专业协会 5191 个。全省乡（镇）级农技推广站各专业站中，由县农业主管部门管理的占 18. 1%，由乡镇政府管理的占

41.8%，实行双重管理的占 40.1%。这些机构主要设置在县乡两级，运行良好，为湖南省农业科技提供了有力的支撑。

2. 农技推广体系的经费保障情况

2012 年中央财政共投入 1.26 亿元，在湖南省的 108 个县（市、区）实施基层农技推广补助项目，覆盖 2000 多个乡镇，4 万多个村。2012 年，乡镇农技人员的工资（含津补贴）被全额纳入了财政预算，与乡镇其他事业站所人员待遇基本一致，公益性农技推广工作经费较 2011 年明显增加，省财政按照国贫县补 7000 元/人、省贫县补 6500 元/人、其他县补 4000 元/人的标准给予补助。对于农技推广站的建设，按照办公场地规范化、仪器设备现代化、农业培训电教化、科技服务便捷化的总体要求，省相关部门联合下发了关于基层农技推广服务体系建设项目投资计划的通知，明确了建设主体、建设内容、投资标准、项目管理、地方配套等关键内容。省站房建设按照原建设规划中央和地方 1∶1 落实地方配套资金，并对中西部站房建设分别按 50%和 20%配套，其余由乡镇站所在县级财政配齐。2012 年，省级配套资金达到 13303.8 万元，其中，乡镇农技站仪器设备省级配套 6041 万元，中部和西部分别按照不低于中央投资的 50%和 20%配套，全部由省级财政承担；乡镇农技站站房省级配套 7262.8 万元，并按照中部和西部乡镇分别不低于中央投资标准的 50%和 20%的比例落实地方配套。

3. 农业技术人员的结构情况

湖南农技体系人员结构中，省、地市、县及县以下人员比例为 1∶11∶337，县乡人员比例为 1∶2.8，且种植业和畜牧兽医两个机构的人数较多，超过了湖南省基层农技推广总人数的 50%。省地两级大专以上学历者占 65.3%，拥有职称的占 53.7%（其中拥有高级职称的占 14.4%），五年内参加培训的占 59.4%，35 岁以下的占 27.9%。县乡两级中大专以上学历者占 31.7%，拥有职称的占 45.7%（其中拥有高级职称的占 1.6%），五年内参加培训的占 58.1%，乡级人员参加培训的占其总人数的 44%，35 岁以下的占 31.2%。在人员选择上，各地严把农技推广人员入口关，通过考试考核、竞争上岗、择优聘用，同时兼顾各类专业人员之间的合理比例，确保在一线从事农技推广工作的人员不低于全县农技推广人员总编制数的 2/3，专业农业技术人员占总编制的比例不低于 80%。在岗位设置上，所有的县（市、区）都结合当地实际，按照精简、高效原则，在乡镇农技站实行 AB 岗位制，综合设置了植保、农产品质量监管、栽培等公益性岗位。

4. 农业推广体系的管理体制

明确了县乡管理职责，县级农业主管部门的管理职责得到强化，95%以上的乡镇农技推广机构的人、财、事、物归县级管理。目前，湖南省 130 多个县（市、区）都出台了基层农技推广机构改革文件，其中出台乡镇机构综合改革文件的有 90 余个，另有 30 来个县（市、区）出台了农业行业机构改革文件；改革文件符合 71 号文件精神及湖南省农业厅改革主张的县（市、区）约 100 个，基本符合的县（市、区）约 30 个。95%以上的县（市、区）完成了公益性岗位竞争上岗，其余的县（市、区）正在抓紧实施。全省共设置乡镇农技推广机构 2000 多个，妥善安置分流人员 1500 多人。

（二）湖南省基层农技推广体系改革与建设的主要模式及评价

改革开放前，湖南基层农业技术推广主要是通过各级政府组织利用行政命令来进行的，推广对象为以生产队为基础的农民集体。改革开放后，推广对象变成了千家万户的小农户，农业技术服务的对象扩大了几十倍，再加上农业新技术环节多，服务和掌握难度加大，传统的政府主导的自上而下的单一基层农技推广模式已严重滞后于农业经济发展的需要。为此，各农业技术推广主体伴随着改革开放的进程，不断对基层农业技术推广体系进行改革和创新，试图解决农业科技成果与农户需求“两张皮”的现象。湖南省基层农技推广体系改革和建设主要呈现出体现区域特征的多元化模式，具体包括以下几种：

1. 农技推广机构主导型模式

以地方政府为主导，市、县、乡（镇）三级农业技术推广站组成的基层农技推广体系是湖南省基层农技推广的主体，也是农业科技成果转化和扩散的重要渠道，为农技推广、农户获得现代农业科学技术成果、农业增产和增效发挥了巨大作用。目前农业推广机构主导型模式主要体现为区域站、专业站和综合站三种。

（1）跨乡镇设置的区域站模式。改革与建设运行情况：2005 年，湖南省南县和醴陵市率先进行了基层农技推广体系建设跨乡镇设置的区域站模式的试点。县级实行行业内综合，将种植业的粮油站、经作站、植保站、土肥站、环境监测站、培训中心、农科所、农校整合，组建农业技术推广中心，将农机化技术推广站、农机培训学校等整合，组建农机技术推广中心。农业技术推广中心和农机技术推广中心分属农业局和农机局管理，均为财政全额拨款的事业单位，其人、财、物、事相对独立，业务上接受行业主管局的领导。县以下整合农技和农机设立区域站，每个区域站服务 2~4 个乡镇，种植业按照每千公顷配备2人和每1万户农户配备5人的标准核定公益性人员。农机化按照每6000~7000千瓦配备1人的标准配备核定人员编制。各个区域站属县农业技术推广中心的派出机构，经费全额纳入县财政预算。在人员分流上，采用提前退养、提供经营性工作岗位、辞职、辞退、自谋职业和清退等途径平稳实施。在经费保障上，上岗人员全部由县财政实行工资统发。提前退养的发给生活补助，直至领取退休金为止，具体标准是：原属财政全额拨款编制人员，每月按基本工资的90%发放，经费由县财政负担；原属财政差额拨款的人员，每月按基本工资的90%发放，经费由县乡财政各负担50%。自愿不参与竞聘上岗和竞聘落岗的，再就业之前，每月发放一定的生活补助费，具体标准是：自愿不参与竞聘上岗，按基本工资的80%发放；竞聘落岗的，按基本工资的70%发放；原属财政全额拨款的人员，经费全部由县财政负担；原属财政差额拨款的人员，经费由县乡财政各负担50%。

（2）按乡设立的专业站模式。改革与建设运行情况：2004年，湖南省东安县和株洲县进行了基层农技推广体系建设按乡设立专业站模式的试点。县农业局分设行政、农技推广中心、农业执法大队及乡镇企业局四大块。行政股室有办公室、政工股、计财股、监察室、法规科教股，农技推广中心下辖粮油站、经作站、植保站、土肥站、信息站、蔬菜站、农产品质量检验检测站，农业执法大队下辖种子管理站、农药肥料管理站、农业环保站；乡镇则以行政区划为单位设立乡镇农技站，为财政全额拨款事业单位，隶属县农技推广中心管理。2004年，乡镇农技站公益性人员按照每万亩农作物播种面积配0.5人，每1万农户配3.5人的标准配备公益性农技人员岗位。各乡镇农技站设站长、副站长、粮油、经作、植保、土肥、农业信息、农业环境监测、农业科教、农业执法、蔬菜和能源专干等5~12个公益性推广工作岗位，其中大站一人一职，小站一人兼多职。分流人员仍由所在乡镇农技站统一管理，其干部、职工身份不变，工龄连续计算，参加正常职称评聘和正常工资晋级。分流人员每两年通过“人员动态管理机制”实行竞争上岗。公益性人员经费全额纳入财政预算，实行工资统发，县财政解决养老、失业、医疗、生育保险和住房公积金，给予每个站工作经费基数2000元，此外人头经费每人每年1500元，解决每站上网经费800元，工作目标奖每人500元左右。分流人员也由县财政全额列入财政预算，解决养老、失业、医疗、生育保险和住房公积金，发给部分工资，不足部分由经营创收解决，达到退休年龄时办理退休手续，按规定领取退休养老金。

（3）综合站模式。改革与建设运行情况：2005年，湖南省沅江市进行了基层农技推广体系建设综合站模式的试点。沅江是湖南省农村税费综合配套改革试点市，其改革已于2005年底基本完成。沅江市乡镇事业单位实行综合设置，设置人口和计划生育办公室与计划生育服务站（合署办公）、农业综合服务站、村镇建设站和文体站四个以乡镇管理为主的事业机构，设置水利管理站、动物防疫站和林业管理站三个以市管为主的事业机构。农业综合服务站整合农技、农机、水产等机构，承担农技、农机、水产新技术试验示范、培训推广和病虫害预测预报及防治指导、乡镇企业服务等工作。农业综合服务站为全额拨款事业单位，人、财、物、事以乡镇政府管理为主，本市农口各局负责技术指导。农业综合服务站按照乡镇的大小，分为一、二、三类乡镇，按照一类乡镇14人、二类乡镇11人、三类乡镇8人的标准核定编制。通过竞争分流，鼓励乡镇事业单位分流人员创办、领办民营企业，分流人员可以凭个人所长，依法组建专业化中介服务组织或经济实体。上岗人员全额纳入县级财政预算，实行工资统发，所在乡镇根据财力情况，按照每人5000~8000元/年的标准核定公益性人员的工作经费，将养老保险和医疗保险的单位应缴部分纳入县级财政预算。竞岗落聘人员在未就业前每月发给一定的生活补助，主动不参与竞争上岗的，其生活补助按高于竞争落岗人员生活补助10%的标准发放，自愿与单位解除关系的可以给予适当的经济补偿。

优劣势分析：总体来看，农技推广机构主导型模式的主要优势在于：整合了基层农技资源，精简了农技推广队伍，将农业技术推广的公益性职能与经营性职能作了有效的区分，明确了农技员的责任，经费流向清晰且有一定的保障，农技推广体系中：省—市—县—乡连接完整，对行政推广的农业技术发动力度大、普及面广、推广速度快，效果明显。但存在的问题也是明显的，具体表现在：①没有反映农业技术需求主体农民的意愿，没有有效解决农户难以获得现代农业技术的问题，容易造成农业科技成果与农村一线农业生产、农民技术需求的脱节。特别是跨乡镇设置的区域站模式，农技员离农民和田间地头的距离越来越远，难以对农业生产实践进行有效指导。②农技推广机构主导型模式还是没能调动农技员农技推广与农民农技需求的积极性。实地工作的艰难和单位农技员负责面积的广阔，使得在现实中难以有效地监督和测评农技推广成效，“搭便车”是农技推广中的一种常态，加之农技员收入相对偏低，农业员推广农业技术的积极性较低。对农户而言，由于对公益性农业技术的长期期盼没有实现，再加上自身素质等因素，其农业技术需求的积极性随着自身年龄的增长而逐渐降低，甚至消失。③市场作用不大，长效机制不完善。农技推广机构在实践中与市场的其他主体（农业科研院所、农业科研企业）有一定的协作，但多为农技推广主体间的短期合作，形象工程较多，农民实惠较少，合作一旦完成，该种类型的农技推广即告结束，市场发挥作用的长效机制没有建立。

2. 政府科技项目带动型模式

改革开放以来，特别是20世纪90年代以来，湖南省作为农业大省，根据自己的农业发展需要，选定了一批重大适用的农业技术成果作为推广项目，通过各类农业科技推广计划及项目的实施，有效推广了一些先进、适用、成熟的农业新技术、新品种，实现了农业科研、教育与推广机构的有效对接。具体的模式主要有农业科技“110服务”模式、科技示范园区（基地）模式、科技特派员模式、科技入户模式、农业院校和农户连接的“双百工程”。总体来看，政府科技项目带动型模式能有效地连接农业技术推广工作各个主体的利益，在局部实现农业技术供给与农民需求的均衡，较好地弥补农业技术推广部门留下的洼地，是农民较欢迎的农技推广模式。但也存在一些问题：①没有形成系统而稳定的网络，多表现在一定的点上，无线也无面。结果是短期效益明显，打一枪（项目）换一个地方，绝大多数农户，特别是偏远地方的农户不知国家推广的新技术为何物。②重展示、轻实效，重经营、轻公益。项目实施地区的经验难以对外扩散和模仿，对周边地区的带动和辐射能力较弱，实效性及实用性不够。③经费投入缺乏长效保障，影响项目实施地工作的稳定和持续展开，加之农业技术推广主体及农民自身科技知识及能力的不足，项目设计的初衷难以全部实现。

3. 市场引导型模式

市场引导型模式作为湖南省农业技术推广体系的补充，是实现农业科技成果转化的辅助推广模式。农业科技企业既是农业技术推广的主体，也是农业技术推广的载体。目前该模式主要体现为两种形式：企业产业化（公司+农户）服务模式，农业技术协会或农业合作经济组织服务模式。市场引导型模式的特点是分散生产、集中经营，把原来分散的小规模农户组织起来，成为企业的生产基地，通过订单形式，实现企业对农户的技术服务，包括新品种、生产资料和新农业技术的推广等，较为有效地解决了小农户与大市场的矛盾。但存在的问题也是明显的：①农业科技企业与农户没有建立平等的对话机制，在农产品价格制定上，企业比农户拥有垄断性的话语权。因此，在利益分配上，企业承担了低风险，获得了高收益；农户承担了高风险（自然与市场双重风险），却获得了较低的收益。②企业与农户的契约常常表现为软约束。当出现违约现象时，组织农户处置违约的交易成本高昂，使得契约对交易双方约束力有限，结果是违约现象在现实中经常出现。③大部分农业科技企业规模较小，资金、技术力量薄弱，导致农业先进技术难以在农业中进行有效推广。农业技术协会和专业合作经济组织也常常因为资金不足、结构松散和本身缺乏技术等因素，没有在农业科技成果转化中发挥应有的作用。

三、湖南省基层农技体系改革与建设的实证分析

湖南省作为中国的水稻生产大省，其对基层农业技术推广体系的改革与建设一直在进行探索和创新。为更好地了解农业技术推广各个主体和农业技术接受主体——农民在改革中的意愿、认知和实际积极性，以及基层农技体系建设与创新的现状、存在的主要问题和绩效，课题组于 2012 年 5 月在湖南省农业厅农业技术推广总站举行了座谈会，来了解湖南基层农技推广体系改革与建设的总体格局。特别是 2012 年 6~7 月，课题组深入湖南省张家界市慈利县、邵阳市邵阳县、长沙市长沙县（分别代表贫困山区、丘陵地区和较发达平原产区）农村一线，选取了 8 个乡镇 16 个行政村，基于农户视角和政府涉农技人员视角，分别采取座谈和问卷形式进行了深入调查，发放调查问卷 520 份，收回有效问卷 498 份（慈利县为 162 份，邵阳县为 180 份，长沙县为 156 份），问卷有效率为 95.8%，其中农户问卷 308 份，基层农技人员问卷 190 份。具体情况分析如下。

（一）调查地区数据统计的描述性分析

1. 被调查者的基本情况

（1）农户的基本情况：在抽样调查的 308 户农户中，2012 年户均耕种面积约为 6.12 亩。按文化程度将农户分为小学、初中、高中、大专及以上四个层次，其中户主文化程度为小学的有 84 户，为初中的有 174 户，为高中的有 47 户，为大专及以上的有 3 户。同时表 17-1 显示，在年龄、文化水平、年收入水平这三个方面基本呈“两头小、中间大”的趋势，如年龄方面主要集中于 30~60 这一年龄段（占 86.04%），其中尤以 40~50 岁这一年龄段为主（约占 37.66%）；文化水平主要为初中以下水平（约占 83.76%），其中以初中水平为主（约占 56.49%）；年收入水平多在 0~2 万元，约占调查总数的 75.32%；被调查的 308 户农户中，共有 232 户农户接受过技术指导，占 75.32%，其中，有 62 户农户对当地的农技推广持满意态度，155 户基本满意，不满意的为 15 户，分别占接受过技术指导农户的 26.72%、66.81%、6.47%。

调查还发现，随着农村市场化的进展和农户自主意识增强，农民多赞成“乡村带头，农民自愿”和“干部带头，农民自愿”的技术指导方式，占调查农户总数的80.85%。

表17-1 被调查农户基本情况

年龄	比例（%）	文化水平	比例（%）	年收入水平（万元）	比例（%）	愿意接受的技术指导方式	比例（%）
0~30岁	3.57（11）	小学	27.27（84）	0~1	25.97（80）	统一进行	19.16（59）
30~40岁	26.95（83）	初中	56.49（174）	1~2	49.35（152）	乡村带头，农民自愿	62.99（194）
40~50岁	37.66（116）	高中	15.26（47）	2~3	14.61（45）	干部带头，农民自愿	17.86（55）
50~60岁	21.43（66）	大专及以上	0.97（3）	>3	10.06（31）		
>60岁	10.39（32）						

资料来源：根据调查问卷统计整理得出。

（2）政府涉农技术人员及农技推广机构基本情况：此次共调查政府涉农技术人员190人，其中县级机构75人，乡镇机构115人。表17-2显示，调查的农技人员具大专及以下学历的技术推广人员为136人，占71.58%；具中级及以下职称的农技推广人员为140人，约占73.68%；从事农技推广工作少于10年的农技推广人员有54人，10~20年的农技推广人员有74人，20年以上的有62人，分别占调查对象的28.42%、38.95%、32.63%。调查的农技人员以种植业为主，占58.95%，其年均下乡天数为112天。从事的技术推广工作与所受培训对口的农技推广人员有170人，占调查对象的89.47%，且大部分所从事的技术推广服务均为无偿服务，技术推广有偿服务的仅占5.4%。考虑到农技信息化服务为以后农技推广体系建设的一种趋势，笔者就农技信息化服务建设情况进行了调查，在调查的三个地区，农业技术推广机构建立了农技信息化服务网络系统的占64.9%。

表 17-2　政府涉农技术人员基本情况

学历	比例（%）	职称	比例（%）	推广年限（年）	比例（%）	近五年主要从事的农技推广工作	比例（%）	工作与所受培训是否对口	比例（%）
本科	28.42（54）	高级	26.32（50）	0~5	11.58（22）	种植业	58.95（112）	对口	89.47（170）
大专	33.68（64）	中级	53.16（101）	5~10	16.84（32）	畜牧兽医	14.74（28）	不对口	10.53（20）
中专	33.16（63）	其他	20.52（39）	10~20	38.95（74）	水产	8.95（17）		
中专以下	4.74（9）			>20	32.63（62）	经济管理	4.74（9）		
						农机	13.68（26）		

资料来源：根据调查问卷统计整理得出。

2. 农户采用新技术的主要来源渠道

为了解当前农户采用新技术的主要来源渠道，调查问卷设计了“请问您采用农业新技术的主要来源渠道是（若有多种，请按由主到次依序排列）”，可供选项有：A. 邻居；B. 农业技术推广部门；C. 电视和广播；D. 农民协会和农业合作经济组织；E. 书籍、传单等印刷品；F. 网络；G. 其他（请说明）。由于各被调查农户的排序结果不可能是完全一致的，为此，在对样本进行统计分析时，我们对调查所得数据进行转换，即用各渠道所在的位次×该次序所对应的权重，使得可对各技术来源渠道进行比较。为简单起见，将排在第一位的赋予权重值7，排在第二位的赋予权重值6，依次类推，排在第七位的赋予权重值1。考虑到实际调查所回收的问卷中有部分农户并未对其所采用新技术的主要来源渠道进行排序，针对此种情况，此次调查将该农户所选渠道一律赋予中间权重值4，即对“未排序”部分统一赋予权重值4。调查汇总结果如表17-3所示。

表 17-3　农户采用新技术的主要来源渠道排序结果

次序	各主要来源渠道排序位置次数							权重值
	A	B	C	D	E	F	G	
1	11	102	18	10	2	5		7
2	3	18	24	16	3		7	6

续表

次序	各主要来源渠道排序位置次数							权重值
	A	B	C	D	E	F	G	
3		1		1	8	10	5	5
4		4	1		1	2		4
5				2				3
6					2			2
7						2		1
未排序	2	9	3	3	1		4	4
总得分	103	879	286	189	86	95	83	—

资料来源：根据调查问卷统计整理得出。

由表 17-3 的综合得分可知，农户采用新技术的主要来源渠道依次为：农技推广部门，电视和广播，农民协会和农业合作经济组织，邻居，网络，书籍、传单等印刷品，其他。这表明，农户采用新技术对农技推广部门的依赖性较强，农技推广部门推广新技术的能力、宣传和实际行动将很大程度地影响农户在农业生产中的科技投入和生产经营行为；电视和广播作为当前农民的主要消遣和获取外部信息的方式，已经成为部分农民获取农业科技信息的重要载体；随着近年来国家的大力扶持，农民协会和农业合作经济组织在农户获取新技术的渠道中作用越来越明显；虽然目前农户利用网络获取新技术的能力依然有限，但农业技术服务信息化作为农技推广的一种新趋势，在农民采用新技术的途径中已经超越传统的书籍等印刷品。

3. 农民的技术需求程度

从农户视角了解农业技术推广体系推广技术的有效性是十分必要的，因此，关于农户对农业技术的需求，调查表设计的选项为：A. 推荐新品种；B. 育秧技术；C. 移栽技术；D. 田间管理技术；E. 施肥技术；F. 病虫害防治技术；G. 畜牧兽医技术（养殖、水产等）；H. 产后加工技术；I. 节水灌溉技术；J. 农药减施技术；K. 机械化技术。并要求农户在多选的情况下依据自身的需求程度进行强到弱排序。由于各个被调查农户的排序结果并不一样，在对调查所得数据进行统计分析时，数据处理方法与“农户采用新技术的主要来源渠道”的数据处理方法相同。

从表 17-4 分析可知，被调查农户对技术需求由强→弱依次为：推荐新品种、病虫害防治技术、田间管理技术、育秧技术、移栽技术、施肥技术、畜牧兽医技术（养殖、水产等）、机械化技术、产后加工技术、农药减施技术、节水灌溉技术。说明当前农民在农业生产中，动植物新品种是其增产甚至增收的关键农业技术。此外农业机械化技术近年来越来越多地应用于农业的生产领域，将逐步成为规模生产中农户需求的重要技术之一。

表 17-4　农户技术需求排序结果

次序	农户技术需求排序位置次数											权重
	A	B	C	D	E	F	G	H	I	J	K	
1	75	5	2	11	2	18	6		1		3	7
2	1	40	10	30	11	21	6	2	2		1	6
3	3	7	31	19	13	15	5	1		4	6	5
4	3	2	2	12	12	16	6	5	2		4	4
5	2		2	5	4	18	10	3	1	3	5	3
6										1		2
7											1	1
未排序	30	19	31	27	18	29	14	5	2	6	4	4
总得分	684	394	367	523	277	561	213	66	38	57	105	—

资料来源：根据调查问卷统计整理得出。

4. 农户采纳新技术的阻碍因素

农户是否采纳农业新技术和适用技术的影响因素是多样的，为了解各个因素对农户采纳新技术的影响程度，问卷设计障碍因素的选项为：A. 资金不足；B. 技术采纳风险较大；C. 技术指导不到位；D. 不知道有什么新技术；E. 采纳技术之后，效果不明显，甚至亏本。农户在选择的基础上对选项进行由主到次的排序。统计采用了与上述相同的权重指数分析方法，将排第一位的赋予权重值 3，第二位的赋予权重值 2，第三位的赋予权重值 1，对农户已选但未予以排序的选项，统一赋予中间权重值 2，得到如表 17-5 所示调查汇总结果。

表 17-5　农户采用新技术的阻碍因素排序结果

次序	农户采用新技术的阻碍因素排序位置次数					权重
	A	B	C	D	E	
1	58	16	23	5	7	3
2	18	11	9	11	20	2

续表

次序	农户采用新技术的阻碍因素排序位置次数					权重
	A	B	C	D	E	
3	20	2	1	4	7	1
未排序	19	11	10	2	8	2
总得分	268	94	108	45	84	—

资料来源：根据问卷调查统计整理得出。

从表 17-5 中可发现，资金不足（分值为 268）是阻碍农户采纳新技术的最主要的因素，现实的表现是新技术（主要表现在新品种、新农药等）的价格相对于农民的可支配收入所占的比例过高。其次依次为技术指导不到位（分值 108），技术采纳风险较大（分值 94），采纳新技术之后，效果不明显（分值 84）和不知道有什么新技术（分值 45），从中可以看出，对风险规避的农民而言，农业技术推广部门的技术指导的耐心和能力对农民是否采纳新农业技术的影响是较大的。

5. 农技部门推广农业技术的主要方式

对于农技部门推广农业技术的主要方式，主要从农户的视角进行了考察。调查问卷的设计是："请问农技推广部门传播技术的方式主要是（若有多种，请按由主到次依序排列）：A. 行政命令；B. 板报；C. 农技人员下乡；D. 示范田；E. 网络；F. 其他（请说明）。统计仍然采取同"农户采用新技术的主要来源渠道"的权重指数分析方法，调查汇总结果如表 17-6 所示。

表 17-6　农技部门农技推广方式排序结果

次序	农技部门农技推广方式排序位置次数						权重
	A	B	C	D	E	F	
1	5	26	65	8	4	35	6
2	—	1	21	23	2	15	5
3	3	3	3	7	2	10	4
4	2	—	—	1	3	4	3
5	—	2	—	—	—	1	2
6	—	—	—	—	1	1	1
未排序	3	4	15	14	8	9	3.5
总得分	58.5	191	549.5	243	80	371.5	—

资料来源：根据问卷调查统计整理得出。

表 17-6 表明，农技人员下乡是农技部门进行农技推广的主要方式，其次为其他，在其解释中，90%以上的农户认为农业技术推广部门根本没有进行新技术的推广，仅在购买其农业生产资料并进行咨询时有一些使用说明。利用示范田的技术扩散效应进行农技推广，农民比较容易掌握，但调查地区示范田的建设普及率不高，仅为 10%左右。网络作为农技部门进行农技推广的新型方式，总得分仅为 80，说明其目前还没有成为农村一线农业技术推广的主渠道。

6. 农技推广存在的主要困难

基层农技推广体系建设离不开农业技术人员，因此我们从基层农业技术员的视角考察了农技推广在当前实践中存在的主要困难。可供选项有：A. 推广经费不足；B. 人员配备不足；C. 自己时间不够；D. 农户技术需求意愿不足；E. 技术供给源不足；F. 技术推广风险大；G. 其他。要求基层农技人员选择并进行主次排序，采用权重指数分析方法得到表 17-7 的汇总结果。

表 17-7 农技推广存在的困难排序结果

次序	目前农技推广中存在的困难排序位置次数							权重值
	A	B	C	D	E	F	G	
1	69	11	—	3	—	3	—	7
2	8	32	2	6	15	4	—	6
3	2	—	4	14	9	16	—	5
4	2	3	4	9	7	6	1	4
5	—	4	—	3	8	—	—	3
6	—	—	6	—	—	1	3	2
7	—	—	—	—	—	—	2	1
未排序	22	10	2	9	12	6	1	4
总得分	637	333	56	208	235	175	16	—

资料来源：根据调查问卷统计整理得出。

表 17-7 表明，目前农技推广部门进行农技推广工作存在的困难突出体现在推广经费不足和人员配备不足方面，其次为技术供给源不足和农户技术需求意愿不足，由于农业所面临的双重风险，农业技术推广风险大也是影响农技推广工作绩效的因素之一。

（二）基层农技推广体系改革与建设存在的问题及思考

基层农业技术推广体系建设的主体主要由中央、地方农业技术推广机构及其他推广单位（农业科研院所、农业科研企业、农业合作经济组织等）和农民构成。我们的调查主要考察了基层农业技术推广机构的农业技术人员和农业技术的需求主体（农户），关键在于弄清楚农民到底需要哪些新技术、期望怎样的技术传播方式和采纳农业新技术时存在的主要问题；农业技术推广体系和农业技术人员目前的困境，改革的目标和方向；如何发挥这两级主体的积极性等问题。由此我们在数据描述统计分析的基础上，结合座谈和实地调查的感性认识，认为基层农技推广体系存在如下的问题：

1. 思想观念滞后，管理体制创新不明显

目前我国农业整体已进入了买方市场阶段，在资源和市场的双重约束下，培育各级推广主体的风险意识，稳定增加农民收入是广大农村工作者，包括科技人员的中心任务。其中科技是农业内部增收，具有长效机制最关键的环节。但调查的现实情况是上至政府的一把手和主管农业、科技的领导，下至各推广站的普通员工，并没有真正认识到农业的新情况、新问题，没有把农民看成农村市场经济的理性人，没有把创新推广体系纳入农村长期规划，部分管理体制还是50年前自上而下的政府传递模式，扩散的技术项目市场导向性较差，无法反映农民系统的技术需求，更使得多元化组织间难以形成和协调发展，造成恶性竞争和有限推广经费的浪费。

2. 农技推广体系改革进程缓慢

基层农技推广体系改革涉及面广、任务重，所以基层农技推广体系改革进程比较缓慢。一是人员编制难以确定。国发［2006］30号和湘政发［2007］15号文件中，对基层公益性农技推广人员编制测算标准没有做出规定，导致各地在贯彻实施过程中，无据可依。二是改革成本较大。据调查，湖南省种植业乡镇农技站在过去几年工作中，负债总额已达2.8亿多元，共拖欠养老保险金达1.2亿元，单解决“负债”和“养老”两个问题，就需要资金4亿多元，全省122个县市区，平均每个县都要拿出320多万元。此外，县级财政要全额保障基层农技推广人员的工资和基层农技推广机构的运转经费，所需改革成本巨大。若加上乡镇的“七站八所”的改革成本，县级财政支出压力非常大。三是富余人员分流难。乡镇农技站作为政策性安排就业人员的主要机构之一，富余人员多；且多数富余人员为编制内人员，分流成本高。

3. 政府农技推广部门的农技推广方式

农技推广方式以农技人员下乡和示范田建设为主，辅以板报和行政命令的形式，但行政命令只占很小的一部分（得分为58.5），这与被调查农户采用新技术的主要来源渠道相吻合。调查发现，农业技术推广部门、电视和广播是农户采用新技术的主要来源渠道，其次为农民协会和邻居，书籍、传单等印刷品的发放并未成为农户采纳新技术的主要来源渠道，其原因主要是农户知识程度的有限性（小学文化程度者占 27.27%）和宣传资料所载的技术与农户所需要的技术不相吻合。在调查的 308 户农户中，2008 年平均耕种面积约为 6.12 亩，耕种规模较小，风险规避程度相对较高，由于新技术相对于传统熟悉的技术而言，效益的不确定性和风险程度较高，使得农户不敢贸然使用新技术，如果采用，则需要农技推广部门来弥补其技术知识方面的缺陷，或需要科技示范户的带头示范来降低其心中的不确定性。因此通过农技人员下乡和示范田建设这一农技推广方式，既可解决农户在新技术知识方面的迷惑，又能将示范田建设的效果实实在在地呈现在农户面前，使得农户有了稳定的预期，提高了农户采纳新技术的概率。调查还发现，越是在较偏远的地方，农民越是认为农业技术人员没有进行农业技术推广（得分为 371.5）。

4. 动植物新品种和病虫害防治是当前农民最急需的农业技术

在调查的 308 户农户中，目前其急需的五种技术依次为：新品种、病虫害防治、田间管理技术、育秧技术及移栽技术。调查表明，资金不足是制约农户采纳新技术的主要因素，远远高于其他制约因素的分值，且被调查农户的年收入主要集中在 0~2 万元，占调查总数的 75.32%，但农民收入中多数部分不以现金形式存在，造成农民的实际可支配收入的相对不足和对风险的规避，从而直接导致农民对价格较高农业新技术成果的有效需求意愿不足。在实地调查和访谈中发现，农民对价廉物美，能够创出高收益的农业新技术是热切期盼的。这就要求政府考虑到农业技术成果比一般工业技术具有更强公共产品的特点，采取有效的支持和补贴方式，实现理性农民的期盼。

5. 基层农业推广投入比例偏低，农业技术人员短缺

长期以来重研究轻推广，研究、开发、推广环节严重脱节，加之农业投入总量少，推广经营严重短缺，造成基层农业推广体系经常处于“有钱养兵，无钱打仗”的局面，远不能满足农民对科技成果的需求。调查表明：推广经费不足和人员配备不足是制约农技部门农技推广的两大主要因素，得分分别为 637 和 333。无事业经费、无推广经费或经费不足的乡镇占调查地区的 90%以上。70%的乡镇近十年没有新进的农业大专院校的专业学生（调查表明 71.58%的农业技术员从事推广的年限在 10 年以上），有新进人员的主要也是无农技专业特长的转业军人。在政策层面和学术界，近年来都大力呼吁实施农业推广的公益性与经营性职能分离，加大农技推广经费投入，鼓励农业专业技术人员进入农技推广体系。但关键是目前调查地区的人头经费只有 6000~8000

元/年，每个乡镇基本配备的农技人员为3~5人。作为理性人的农业技术人员根本没有从事公益性农业技术推广的积极性，即使具有很强的奉献精神，也难以在全乡镇进行有效的农业技术推广，特别是在山地和丘陵地区。

6. 基层农技推广的模式仍然较为单一

由于农村特殊性造成农业技术公共产品强的特点，农业技术推广的主体当然是农业技术推广机构，但也要清楚地认识到政府农技部门并不是农技推广的唯一主体。政府、企业、农业大户、合作组织、农民协会、高等院校、科研院所等均可成为农技推广的主体，把这些单个的农技推广主体进行排列组合可产生出多种农技推广模式，如政府机关+农技推广站+农户、高等院校（科研院所）+农户、企业+农户、企业+农协+农户等。由于地域、自然条件等因素的影响，有效的农技推广模式不是单一的，这也为舒尔茨的有效区位理论所说明，也表明基层农技改革模式不是单一的，不是简单地将某些职能进行合并，整合资源，发展区域站、综合站所能解决的，还需要一整套的配套措施。对已有农技推广成功模式进行考察不难发现，这些模式最终都是面向市场、农业产品销售相对有保障的农技推广模式，面向市场、农户采用新技术生产的产品销售有保证，进而收入有保证，农户愿采纳。

7. 改革后的培训和基础设施建设工作任务重

近五年来，调查地区基层农技推广系统内新进人员不足5%，五年内参加培训的占58.1%，其中培训3个月以上的只占12.4%。由于新进人员少，培训力度不够，造成当前农技推广队伍知识结构老化，专业结构单一，工作中缺少园艺、加工、经营等方面的人员。调查显示，从事畜牧、水产、农经管理、农机的农业技术人员的比例分别为14.74%、8.95%、4.74%和13.68%，因而难以满足社会需要。据调查，目前有办公用房的基层站仅占23.7%，其他办公设备和工作仪器更少。因而，要确保农业推广公益性职能的履行，在培训和基础设施建设上任务较重。

四、国外农技推广的模式、经验及对我国的启示

（一）国外主要的农业技术推广模式

健全、有效的农业社会服务化体系是发达国家农业处于领先地位的重要原因。综观世界各国的农业科技服务体系，大致可将其分为三种类型：

1. 国家投资建立的农业科技推广体系

国家投资建立的农业科技推广体系是以行政管理部门推动为主导，结合研究与教育部门，联合实施。这一类型下，美国和以色列做得颇为成功。美国农业科技服务体系设四个层次，国家农业部下设技术推广主管机构，各州和县均设立技术推广服务站，镇（村）有专门从事技术推广的政府工作人员。州技术推广服务站主要负责技术的引进和示范，县和镇（村）推广人员主要负责提供技术服务，解决农业生产中存在的技术问题。以色列的科技推广体系也相当完备，从中央到地方都设有农业技术推广中心，并按照农业生产需要设立了 15 个专门委员会，在不同区域设九个区域推广中心。推广工作和研究工作互相衔接，使农业科技成果转化率非常高，在干旱贫瘠的沙土化地上创造出当今世界的农业奇迹。

2. 民营组织型的农业科技推广体系

合作化的农业科技推广体系依靠市场，形成社会化的服务组织，通过农民自己组织协会、建立合作社等形式，实现自主管理，自我服务。这一类型下，日本、丹麦做得非常成功。日本农业科技服务组织的形式有以下几种：第一，农民成立自治的农民协会。协会通过多渠道筹资，开展产前、产中、产后的技术服务，包括：加工、包装、储藏等各阶段；聘请专家传授技术；创建协会的农产品品牌；等等。第二，各级政府设农业技术推广机构，聘请专家进行技术指导；设专项经费资助农业科技研究和农学院学生学习。第三，农协出面引进先进的设备和技术，各级政府都给予一定的资助，资助额度的多少，依据技术的先进程度确定，最高达到总技术经费的 70%。丹麦的农业科技服务机构是农民通过自己的组织——丹麦农民联合会和丹麦家庭农民协会建立和管理的，从管理体制来看，主要分为两个层次：地方级的农业咨询服务中心和国家级的丹麦农业咨询服务中心。两个层次的服务职责明晰、相互补充、运转协调，构成一个遍布全国、面向每个农户的高效农业咨询服务体系。正是这支专门从事咨询服务的队伍，作为桥梁和纽带，每日及时将最新的研究成果、技术信息和管理方法传递给千万农民，对推动丹麦农业高效发展起着不可估量的作用，使人口占全世界人口的千分之一、农业劳动力占世界农业劳动力总数的万分之一、可耕地面积仅占世界可耕地面积的 0.18%的丹麦的农产品却在国际市场上占有不小的份额。

3. 商业化运作模式的农业科技推广体系

根据市场需求，按商业化模式运作的服务企业和机构。美国农民仅占从业人口总数的 2%，但是还有 17%，近 2000 万人，以大大小小的公司形式为农民提供各类科技产品，支撑着仅占2%的农民的生产活动。这些公司有的提供软产品，如信息咨询服务、专业技术指导、专业技术培训等，有的提供产前、产中、产后所需要的各种生产资料和机械工具，如种苗、农药、化肥、现代化的整地播种采收机械等。这些为农民服务的公司，是美国现代农业的重要组成力量，也是科技成果转化率能达到70%以上的主要因素。荷兰是世界花卉业大国，它的生产、销售、科研、推广培训、相关设备等各个环节，一般都是由独立的专门公司承担。一般情况下，生产者不参与销售，销售者不直接从事生产，种花的不繁殖种苗，繁殖种苗的不生产花卉，分工极其明确，这既有利于花卉业主集中精力专心致志地从事单项工作，提高生产经营水平和效率，又有利于花卉生产、加工、包装、储藏、运输的机械化和自动化。商业化的农业服务公司完全根据市场需求维持自我生存和发展，它们的触角会深入到每个领域，它们的服务有很强的针对性，因此发达国家农民更多的是从这一类公司寻求技术服务。

上述各种类型的农业科技服务模式都是在国外取得成功的模式，有些国家不止实施一种模式，比如美国、荷兰等发达国家，既有政府支持的技术服务体系，也有大量民间的行业协会组织，还有商业化的农业技术服务公司，这些组织在市场这只“无形的手”的调控下，协同运作，共同填补各种市场的空白，满足了农民各种不同的需求，也为农业带来了成功。

（二）世界农技推广的发展趋势

1. 政府兴办农业推广是当今的主流趋势

农业推广体系（Agricultural Extension System）是农业推广工作的基础和组织保证。据记载，我国早在尧舜时代就有农业推广活动。在西欧，农业推广活动的历史可以追溯到文艺复兴时期。客观地讲，无论是我国早期的推广活动，还是西欧19世纪中叶的推广活动，都仅局限于简单的技术传递和转移。直到20世纪初，一些西方国家才开始走上由国家建立推广体系进行推广工作的正规化道路。根据世界粮农组织的调查，全世界约有农业推广人员54.2万（中国仅包括种植业部分）。其中：非洲约5.9万人，占全世界的10.9%；亚太地区约39万人，约占72.0%；欧洲1.5万人，约占2.8%；拉丁美洲约3.3万人，约占6.1%；北美约1.5万人，约占2.8%；中东地区约3万人，约占5.5%。

现有的农业推广体系可细分为六大类：第一类为以政府农业部为基础的农业推广体系。这类推广体系的特征是，推广体系隶属政府农业部直接领导，农业部下属的推广局和推广站（中心）负责组织、管理和实施全国的农业推广工作。第二类为以大学为基础的农业推广体系。这类推广体系的典型代表是美国，其特点是农业教育、科研、推广三位一体，大学建立农业推广站（中心），大学的推广部门负责组织、管理和实施基层推广工作。一些曾接受过美国援助的国家，如菲律宾、印度等也部分地采用了这种推广体系。第三类为商品专业化农业推广体系。这类推广体系是指一些商品生产组织或一些开发机构所附属的推广体系。如马来西亚的橡胶生产和咖啡生产组织等都建有自己独立的推广体系。第四类为非政府性质的推广体系。这类推广体系是指一些协会和宗教组织所属的推广机构，如英国、法国等国农民协会和一些宗教组织经常从事社会经济和家政等方面的推广工作。第五类为私人农业推广体系。这类推广体系是指一些私人企业为推销产品所组建的产品推销部门。如英国、法国等的一些农药、化肥、种子生产企业为推销产品而成立的推销部。第六类为其他形式的农业推广体系。这类推广体系是指在欧洲一些国家的青年组织和妇女组织。它们以农村青年和妇女为推广对象，向他们推广一些实用的农业技术、健康、保健等知识。

在这些推广体系中，以农业部为基础的农业推广体系占全球推广体系总数的 81%，以大学为基础的农业推广体系占 1%，附属性的农业推广体系占 4%，非政府的推广体系约占 7%，私人推广体系占 5%，其他类型的推广体系仅占 2%。因此，以农业部为基础的农业推广体系仍是当今农业推广体系建立与发展的主流，我国和许多发展中国家都是以采用这种推广体系为主。

2. 政府财政支持是农业推广经费的主要来源

根据世界粮农组织的调查，由于各国政府的重视，财政的大力支持，全球农业推广经费呈逐年上升趋势，1959 年全球推广经费为 14 亿美元，1970 年为 27 亿美元，1980 年为 34 亿美元，1988 年为 46 亿美元，当前约为 60 亿美元，平均每个推广员经费为 1.1 万美元。就全球而言，农业推广经费占农业部经费的百分比在 12%左右。其中北美国家占比低，约占 1%；非洲国家占比最高，约占 22%。农业推广经费占农业生产总值的比重，北美国家约占 0.4%，发展中国家约占 1.17%，世界平均约占 0.5%。

世界上许多国家通过立法，确立推广事业和推广机构的法律地位，从而也保证了推广经费的来源。美国是推广工作开始较早的国家之一。早在 1914 年，第 63 届国会就通过了《史密斯—利弗法》（*The Smith-Lever Act of 1914*）。该法规定，由联邦农业部与赠地大学合作，在每州建立一个从事农业推广和普及的机构，即州合作推广站（Cooperative Extension Service）。合作推广站的任务是向农民提供各种培训，将大学的科研成果和新技术迅速推广给农民。该法还规定，推广经费由农业部、州政府、县政府合作负担，国家承担20%~25%，州政府承担50%，县政府承担20%~25%，私人捐款仅占一小部分。全美现有3300个推广机构，近两万名推广人员，近20万志愿者。全年联邦、州和县三级政府约拨给推广经费10亿美元。

日本的农业普及（推广）事业由国家、都、道、府、县各级共同兴办，称为协同农业普及事业。早在1948年7月15日，日本就颁布了《农业改良促进法》，该法为日本农业方面的一部基本法律，对农业改良普及（推广）的任务、机构设置、经费、农业改良普及职员的任用、待遇、进修等问题都做出了明确的规定。全日共有532个普及改良所，12000名推广人员，全年推广经费约750亿日元（约6.5亿美元）。

英国的农业推广工作由政府推广组织、商业公司、农民组织和私人顾问承担。政府从中央到地方都设有推广咨询机构，配有农业顾问从事农业推广和咨询工作。推广组织的经费开支由各级政府提供。政府每年约提供4.2亿美元用于农业开发研究、推广和一些法定的服务工作。

荷兰的国家推广体系由中央、区域和省三级组成。因国家小，农业比率小，农业推广员人数也较少，约1500人。国家每年在推广方面的投入约9000万美元，国家推广体系的经费由政府拨给。政府原计划每年递减推广经费，到2000年政府和农协各占50%。这一改革自20世纪90年代开始，由于种种原因，改革还没有完成。

丹麦的农业推广工作由全国农业咨询中心和87个地区农业咨询中心组成。全国雇有约2000名咨询专家，每年全国约需农业咨询费用1亿美元，分别由农业部、农协和咨询机构三方共同筹集。

（三）国外农业科技推广体系对我国的启示

综观世界各国农业技术推广的历史和现状，尽管各国的政治制度、经济水平、农业装备、技术条件以及农民的文化技术素质不同，但大多农业发达国家的农业推广体制近些年都有民营化、用户化、多元化及综合化的特点，而且在农业推广建设中分别引入农业经济学、经营管理学、计划与规划学、市场学等经济科学和乡村社会学、心理学、组织学、教育学、传播学等行为科学，使农业推广逐渐步入良性循环轨道。国外对农业技术推广的研究，起初是美国人研究美国的成果，其后转向欧洲，由不系统到系统。世界粮农组织（FAO）的资料显示，以政府农业部为基础的农业推广组织占80%以上，这说明绝大多数国家都是将以政府为主导的官办机构作为农业推广组织的主要形式，即使美、英两国是经济发达、资源丰富型国家的代表，其粮食等主要农产品生产大量过剩，但也未放弃将政府办的农业推广组织作为主体。政府支持农户、农场主、农业技术推广机构、农业行业协会等采用农业新技术，充分体现了这些国家对农业推广的重视程度。在运行机制上，国外大多数国家农业推广组织都与农业科研、教育密切相连，形成信息畅通、互通有无、通力合作的运行机制，有效地解决了农业推广、科研、教育三者的结合问题。西方国家的共同特点是注重农业服务效率（如互联网的应用），注重农产品研发（如积极申请欧盟农业项目），注重农业技术发展规划的制定与落实，注重对农场主的支持，注重对公益性农业推广体系的保护和资金支持，这些都值得我们借鉴和学习。

五、我国基层农技推广体系建设的对策与建议

（一）加快推进农技推广机构主导型模式的组织制度改革与创新

按照《中共中央关于推进农村改革和发展若干重大问题的决定》规定，结合国务院的《国务院关于深化改革加强基层农业技术推广体系建设的意见》的要求，将农业技术的公益性职能和经营性职能相分离，对具有公共产品特性的公益性农业技术，应由政府及相关涉农公益性部门承担推广任务。大多数农业技术成果具有较强的非排他性特点，加之农民的现金收入较低，使得农业技术成果的公共产品特点明显，农业技术推广的非营利性是推广体系中的主流。因此，目前农技推广机构主导型模式是基层农业技术推广体系中的第一模式选择，其改革与建设直接关系到这个农业技术推广体系改革与建设的成败。具体而言，在省级层次，将目前的省级农业技术推广总站改组为隶属农业厅的省级农业技术推广局，其主要职能是：协同国家农业技术推广部门制定地方农业技术推广事业的方针和政策以及推广计划；指导县级农业技术推广机构的设立与运作，进行全省农业技术人员的培训、进修和咨询服务；实施地方农业技术推广项目的管理、监督和评估；促进农业技术研究、教育和推广三大部门间的沟通与信息交流；建立全省公共农业技术信息服务网络。在地市层次，为与我国“省管县”行政管理体制改革相适应，考虑到基层农技推广的实际情况，建议不设立农业技术推广机构。在县级层次：设立县级农业技术推广综合办公室，由原农业技术推广中心、畜牧水产局、林业局和农机局的农业技术推广部门组成，行政隶属县政府管理，业务隶属省级农业技术推广局指导。其主要职能

是：制定本县的农业技术推广计划，选定重点农技推广项目；选聘基层农业技术人员并进行指导和培训；做好与农业技术供给机构的信息交流并引进适用于本地区的农业技术成果；做好本县农业技术推广的资金预算和分配；监督、评估乡—村级农业技术员的推广实效。在乡—村级层次：设立农业技术推广综合站作为县农技推广办的派出机构，行政与业务隶属县农技推广办。结合各地方实际，在人员较分散的山地、丘陵地区，建议以乡镇为单位设立农技推广综合站；在交通便利的平原、城郊地区，建议跨乡镇设立区域性农业推广综合站；在村级配备农业技术员（可由村干部兼任）。其主要职能是：了解农民的农业技术需求意愿；组织实施本地区的农业技术推广项目和农业技术服务；向上级单位反馈已推广技术与农民意愿的对接情况和实际绩效。

（二）建立以政府财政投入为主体、其他各种形式投入为重要组成的多元化农业科技投入体系

根据西方财政理论，财政供给存在边际报酬递减规律，政府在提供公共产品、配置社会资源方面也要遵循市场效益原则，提高资源效率。因此，应在稳定增加公共财政投入的基础上，完善激励机制，广辟筹资渠道，形成多元化的农业科技服务投入体系。一是确立政府投入主体地位，加大财政支农总量，提高农业科技服务支出占支农资金中的比重，特别是农业科技三项费用支出的绝对量和相对量的增加，是现代农业发展战略目标的关键环节。二是引导和劝告各种涉农银行、金融机构采取无息或低息的形式向基层推广主体融资，促进先进、成熟、实用的农业科技成果转化、推广。三是按照“谁投资、谁受益”的原则，制定相关优惠政策，吸收社会力量投资农业科技服务事业，拓宽农业科技服务投资体制和机制。

（三）创新农技推广体系的运行机制

农技推广运行机制是农技推广系统为实现工作目标而采取的运行管理方式。运行机制创新是增强农技推广活力的基本保证，是重塑农技推广队伍形象的重要手段，也是防止向旧体制回归的重要措施。应抓住机遇，积极推动运行机制创新，提高农技推广效率，恢复提升基层农业技术推广体系的公众形象和社会地位。一要建立科学的用人制度。要研究基层农技推广机构的组织结构和岗位设置方式，科学设岗、竞聘上岗、以岗定人，能进能出，逐步实现农技人员的资格准入。二要建立推广责任制度。根据政府推广目标和农民技术需求，明确推广机构和各类农技人员的责任，不仅要将推广工作的内容落实到岗位责任中，

还要将推广机构和农技人员的基本情况、联系方式等信息向社会公布，以便公众对其职责的履行情况进行核查和监督。三要健全考核评价制度。这是运行机制的核心，因为考评的内容、标准具有导向性。要明确服务内容，量化考核指标，实行工作日志制度，建立由服务对象、服务区域乡镇政府和主管部门三方参与的考评机制，并将考评结果与奖金分配、职务晋升、职称评聘、解聘续聘等挂钩。四要建立农民技术需求定期征询制度。要通过定期走访农户、问卷调查等方式，了解农民技术需求，以更准确地制定推广工作计划。五要建立区域内各方协作推广制度。这是发挥依托作用的重要内容。要动员协调农民合作经济组织、涉农企业、其他社会力量围绕政府的农村工作目标共同做好服务工作。

（四）进行推广技术和方式的创新

①继续与有关部门配合，深入开展科技培训、推广、服务等工作，推进科技进村入户进程，逐步建立发散型、浸染型的科技推广体系，形成覆盖农村的科技推广网络，使科技知识惠及农村的各个角落，促进县区经济快速发展。②积极探索多种形式的以农业科技企业为龙头，以优质品种推广和科学种植、养殖技术服务农户，产学研相结合的新模式，鼓励扶持新型农民专业合作组织建设，提高农民的组织化程度和科技应用水平。③充分利用农广校、农函大、现代远程教育等部门培训资源和社会培训设施，调动农业科研、教学、推广机构和广大科技人员的积极性，建立科技专家服务团，开通“科技 110”咨询热线，组织科技推广和普及志愿者队伍，广泛动员农业企业、技术服务组织等社会力量投身农业生产实践。④发挥科技示范基地和示范户在科技培训、项目推广和技术应用等方面的辐射带动作用，使示范户逐步成为农村合作经济组织的带头人和骨干力量，并通过以户带户、以户带村、以村带乡，使农业新技术、新成果进入千家万户，形成“市场牵龙头、龙头带基地、基地带农户”的良性发展之路。⑤深化农民科技经纪人示范工程。进一步发挥农民科技经纪人的作用，上联市场和企业，下联基地和农户，为农民致富提供传、帮、带功能。尽快完善省、市、县三级共享的农业科技专家、农业科技成果、农民科技经纪人、农业实用技术等数据库建设，搭建互动式农业科技信息。

（五）完善培训体制，提升农业技术人员的能力

农技推广不能仅从技术、自身、部门的角度出发，要转变推广观念，从农民需求和农村产业的角度来思考推广内容和方式，通过互动式、启发式讨论，引导农民主动思考生产中的问题，提出解决的对策；这比灌输式培训效果更

好，能调动农民的主动性，发挥农户在技术应用上的主体作用，同时对农技人员的能力提出了更高的要求。省级农业部门虽然每年也组织继续教育培训，但受经费制约，参加人数有限。农业技术人员是技术转化的最后一个环节，是实施科技成果转化“最后一道坎”和技术推广“最后一公里”的执行者，其素质高低和推广能力大小直接关系到农业科技推广的效果。随着现代农业与农村经济的发展，现有农技推广人员的知识结构、管理手段已远远不能满足形势发展的需要，因此必须创造条件，强化培训，积极组织实施农技推广人才工作。建议完善培训体制，由此推动农业专业技术队伍整体素质不断提高。一是将继续教育经费列入各级财政预算，专项用于专业技术人员的继续教育，从资金上予以保证。二是实行轮训制。如同组织部门对领导干部、中青年干部实行轮训一样，每五年对专业技术人员进行一次轮训。轮训实行分级实施，即省培训到县，县培训到乡镇一级。三是有计划地选送业务骨干到农业院校进修，组织技术骨干到产业发达的地区学习、观摩。四是鼓励和支持专业技术人员参加函授学习或脱产进修，多层次、多渠道培养造就一批专业技术过硬、具有开阔的视野和现代思维意识的产业技术带头人。

（六）突破单一政府主导型农技推广模式，建立分工明确的多元化农业技术推广体系

通过创新体制和机制，建立起公益性职能和经营性职能相分离，公益性机构、涉农企业和中介组织相协调，无偿服务与有偿服务相结合的新型多元化的农业科技推广体系。具体而言：①具有公共产品特性的纯公益性农业技术，应由政府及相关涉农公益性部门承担推广任务。如：具有共性的关键技术的推广与示范，动物疫病的免疫预防和植物病虫害的预防控制，实施农产品生产的质量安全控制、农业公共信息服务，对农民进行培训教育等。②具有私人产品特性的经营性农业技术，依赖市场机制，向农户提供有偿科技服务。因此，应由中介组织或涉农企业以盈利为目的进入农技社会化服务领域。如种子、肥料、机械、农膜等农资的经营活动，疫病诊疗，牲畜阉割，畜牧生产资料经营等。③具有准公共产品特性的准公益性农业技术，一般由公益性部门或中介组织推广应用。要积极发挥农业科技龙头企业在农业技术推广中的作用。对涉农企业、农业产业化过程中的各种龙头企业制定优惠政策，鼓励它们积极投身于那些能够物化的、知识产权能得到较好保护的经营性农业技术推广方面。积极发挥农业科技型龙头企业在农业推广中的作用，是新农村产业发展、农民增收的必然选择。

（七）支持农资企业或农资超市建设

农技推广，一是要明确农民的主体地位，用互动式参与式的讨论充分调动农民参与的积极性和应用技术的主动性。二是要用心推广，切实从农民需求和产业发展的角度考虑农技推广的内容和手段。调查发现农资支出是农民从事农业生产的主要成本之一，其价格高昂，直接阻碍了农民对相应新技术的采用。农资企业或超市面向市场，可为农户提供信息、技术和资源支持，使得农户的技术采纳具有较强的针对性，一定程度上解决了面对各种新技术，农户不知道采用哪种的难题。虽然农资企业及超市建设属于经营性农业技术范畴，但完善的体系与网络建设仍需要政府的引导、支持和监管。并通过农民协会和农业合作经济组织的健全和完善，增强农民的信息和谈判优势，有效解决单个农户相对于农业企业而言，在市场谈判中处于不利地位的问题。

本章小结

（一）基本结论

本章围绕新阶段农业和农村经济结构战略性调整的中心任务和增加农民收入的基本目标，运用先进、科学、客观的分析和研究方法，对现行农业科技服务体系的运行机制进行研究，以构建适应我国新阶段农村经济发展水平的基层农业科技服务体系，促进农业技术成果的推广转化，为推动我国农业科技进步、推动农业和农村经济发展提供政策建议。通过本研究获得了以下几个方面的基本结论：

（1）我国现行农技推广体系建设的现状研究。基本经验有：国家政府计划支持，加强推广体系建设，提高推广队伍积极性，有重点地开展重大农业新技术成果及突破性的关键技术的推广应用，以及农业科技示范推广基地建设。存在的问题和困难有：农业推广资金投入不足；农民对现代农业高新技术接纳能力差，基层推广人员综合素质不高；面对加入世界贸易组织，农业产量与品质、农民增产与增收的矛盾更为突出；我国农业科技推广中的技术市场和科技企业发展缓慢；基层农业科技推广体系的体制改革有待进一步深化；科技成果供求双方之间难以实现对接；农业科技服务的内涵需进一步拓宽。

（2）基层农技推广体系改革与建设问题。以湖南省为例，对基层农技推广现状进行了深入分析，得出以下结论。基层农技推广的主要类型有：农技推广机构主导型模式、政府科技项目带动型模式、市场引导型模式。制约基层农技推广体系建设的主要障碍有：思想观念滞后，管理体制创新不明显；农技推广体系改革进程缓慢；政府农技推广部门的农技推广方式以农技人员下乡和示范田建设为主；动植物新品种和病虫害防治是当前农民最急需的农业技术；基层农业推广投入比例偏低，农业技术人员短缺；基层农技推广的模式仍然较为单一；改革后的培训和基础设施建设工作任务重。

（3）国外农技推广的模式、经验及对我国的启示。通过对国外三种主要的农技推广体系，即国家投资建立的农业科技推广体系、民营组织型的农业科技推广体系、商业化运作模式的农业科技推广体系的研究，得到启示：应注重农业服务效率（如互联网的应用），注重农产品研发（如积极申请欧盟农业项目），注重农业技术发展规划的制定与落实，注重对农场主的支持，注重对公益性农业推广体系的保护和资金支持。同时政府兴办农业推广体系是当今农技推广的主流趋势，政府财政支持是农业推广经费的主要来源。

（4）农技推广体系改革与建设的对策。一是加快推进农技推广机构主导型模式的组织制度改革与创新。二是建立以政府财政投入为主体，其他各种形式投入为重要组成的多元化农业科技投入体系。三是创新农技推广体系的运行机制。四是进行推广技术和方式的创新。五是完善培训体制，提升农业技术人员的能力。六是突破单一政府主导型农技推广模式，建立分工明确的多元化农业技术推广体系。七是支持农资企业或农资超市建设。

（二）政策建议

国外完善的农业科技服务体系的构建并有效运行，是与该国政府的经济实力密切相关的，以美国为代表的西方国家工业经济发展水平很高，通过工业反哺农业来促进农业科技的开发与推广应用。我国基层农业科技服务体系经过三个阶段的演变，取得了一定的成绩，促进了农业科技的研发与转化，但面临新阶段农村与农业经济的新形式，基层农业科技服务体系的运行中存在一些突出问题，严重制约了我国农业科技的发展，加上我国的现实国力与国外还存在较大的差距，不能照搬国外的成功模式，只能根据我国的实际情况，走具有中国特色的道路，设计出适应我国国情的基层农业科技服务体系。

一是要建设一支队伍，通过建立待遇、事业、感情留人机制使农技队伍保持稳定，并充分发挥其骨干作用。二是要探索和完善一套推广服务的方式方法，通过基层农技部门积极加盟农技 110、测土配方施肥、农产品质量安全检测、沼气综合服务流动服务站和植物流动医院建设，创新推广的方式方法。三是要创新一套运行机制，通过建立农民、乡镇、主管部门三方考评的绩效评估体系和评选科技推广标兵等激励机制，提高农技推广的活力和效率。

参考文献

[1] Achim Kemmerling, Andreas Stephan. The Contribution of Local Public Infrastructure to Private Productivity and Its Political Economy: Evidence from a Panel of Large German Cities [J]. Public Choice, 2002, 113 (3/4): 403-424.

[2] Afonso A., Fernandes S.. Assessing and Explaining the Relative Efficiency of Local Government [J]. Social Science Electronic Publishing, 2008, 37 (5): 1946-1979.

[3] Aidemark L. G.. The Meaning of Balanced Scorecards Health Care Organization [J]. Financial Accountability & Management, 2001, 17 (1): 23-40.

[4] Alejandro Onofri, Lilyan E. Fulginiti. Public Inputs and Dynamic Producer Behavior: Endogenous Growth in US Agriculture [J]. Journal of Productivity Analysis, 2008 (30): 13-28.

[5] Alfredo Marvão Pereira, Oriol Roca-sagalés. Spillover Effects of Public Capital Formation: Evidence from the Spanish Regions [J]. Journal of Urban Economics, 2003, 53 (2): 238-256.

[6] Alston J. M., P. G. Pardey. Making Science Pay: The Economics of Agricultural R&D Policy [M]. The American Enterprise Institute Press, Washington D. C., 1996.

[7] Alston J.. Principles and Practice of Agricultural Research Evaluation and Priority Setting [M]. CABI Publishing: London, UK. Science Under Scarcity, 1998.

[8] Andrew Moxey, Ben White and Adan Ozanne. Efficient Contract Design for Agri-Environtnent Policy [J]. Journal of Agricultural Economics, 1999, 50 (2): 187-202.

[9] Anselin Luc, Bongiovanni R. and Lowenberg-DeBoer J. M.. A Spatial Econometric Approach to the Economics of Site-Specific Nitrogen Management in Corn

Production [J]. American Journal of Agricultural Economics, 2004, 86 (3): 675-687.

[10] Anselin Luc, Getis Arthur. Spatial Statistical Analysis and Geographic Information Systems [J]. Perspectives on Spatial Data Analysis, 2010 (26): 35-47.

[11] Antle John M.. Infrastructure and Aggregate Agricultural Productivity: International Evidence [J]. Economic Development & Cultural Change, 1983, 31 (3): 609-619.

[12] Arasingham S. R.. Agricultural Extension in United States [J]. Tropical Agriculturist, 1981 (137): 41-54.

[13] Aschauer D. A.. Is Public Expenditure Productive [J]. Journal of Monetary Economics, 1989, 23 (2): 177-200.

[14] Ashutosh Sarker . Design Principles in Long-ending Insitution of Japanese Irrigation Common-pool Resources [J]. Agricultural Water Management, 2001 (48): 33-51.

[15] Baronet A. M., Gerber G. J.. Client Satisfaction in a Community Crisis Center [J]. Evaluation & Program Planning, 1997, 20 (4): 443-453.

[16] Binswanger H. P., Deininger K., Feder G.. Power, Distortions, Revolt and Reform in Agricultural Land Relations [J]. Handbook of Development Economics, 1995, 3 (95): 2659-2772.

[17] Bjørk I. T., Samdal G. B., Hansen B. S., Torstad S., Hamilton G. A.. Job Satisfaction in a Norwegian Population of Nurses: A Questionnaire Survey [J]. International Journal of Nursing Studies, 2007, 44 (5): 747-757.

[18] Blodgett T., Newfarmer G.. Performance Measurement: (Arguably) The Hottest Topic in Government Today [J]. Public Management, 1996, 78 (1): 6.

[19] Boarnet M. G.. Spillovers and the Locational Effects of Public Infrastructure [J]. Journal of Regional Science, 1998, 38 (3): 381-400.

[20] Boyne G. A.. Concepts and Indicators of Local Authority Performance: An Evaluation of the Statutory Frameworks in England and Wales [J]. Public Money & Management, 2002, 22 (2): 17-24.

[21] Boyne G. A., Walker R. M.. Total Quality Management and Performance: An Evaluation of the Evidence and Lessons for Research on Public Organizations [J]. Public Performance & Management Review, 2002, 26 (2): 111.

[22] Bronzini R., Piselli P.. Determinants of Long-Run Regional Productivity

with Geographical Spillovers: The Role of R&D, Human Capital and Public Infrastructure [J]. Regional Science and Urban Economics, 2009, 39 (2) : 187-199.

[23] Byrnes P., Hayes K.. Efficiency and Ownership: Further Evidence [J]. Review of Economics & Statistics, 1986, 68 (2): 337-341.

[24] Caselli F., G. Esquivel., F. Lefort. Reopening the Convergence Debate: A New Look at Cross-Country Growth Empirics [J]. Journal of Economic Growth, 1996 (1): 363-389.

[25] Cheng Xu. Anex Ploration on the Policy and Technology of Sustainable Agriculture in China: Review Prospects and Future [J]. Agricultural Research in the Arid Areas, 1998, 16 (1): 63-69.

[26] Chen S. T., Kuo H. I., Chen C. C.. The Relationship between GDP and Electricity Consumption in 10 Asian Countries [J]. Energy Policy, 2007, 35 (4): 2611-2621.

[27] Chen Xiwen. Review of China's Agricultural and Rural Development: Policy Changes and Current Issues [J]. China Agricultural Economic Review, 2009, 1 (2): 121-135.

[28] Choi Yongrok, Oh Dong-hyun, Zhang Ning. Environmentally Sensitive Productivity Growth and Its Decompositions in China: A Meta-Frontier Malmquist Luenberger Productivity Index Approach [J]. Empirical Economics, 2015 (49): 1017-1043.

[29] Chow G. C.. Capital Formation and Economic Growth in China [J]. Quarterly Journal of Economics, 1993, 108 (3): 809-842.

[30] Chow G., Kui-Wai Li. China's Economic Growth: 1952-2010 [J]. Economic Development & Cultural Change, 2002, 51 (1): 247-256.

[31] Cohen J. and Paul C.. Public Infrastructure Investment, Interstate Spatial Spillover and Manufacturing Costs [J]. The Review of Economics and Statistics, 2004, 86 (2): 551-560.

[32] Coughlin R. E., J. R. Pease, F. Steiner and L. Papazian. The Status of State and Local LESA Programs [J]. Journal of Soil and Water Conservation, 1994, 49 (1): 6-13.

[33] César Calderòn, Enrique Moral-benito and Luis Servén. Is Infrastructure Capital Productive? A Dynamic Heterogeneous Approach [R]. Banco de España Working Paper, 2011.

[34] Dalehite E. G.. Determinants of Performance Measurement: An Investigation into the Decision to Conduct Citizen Surveys [J]. Public Administration Review, 2008, 68 (5): 891-907.

[35] David Hume. An Enquiry Concerning the Principles of Morals [M]. New York: Oxford University Press, 1999.

[36] Dawson J. W.. Institutions, Investment and the Growth: New Cross-Country and Panel Data Evidence [J]. Economic Inquiry, 1998, 36 (4): 603-619.

[37] Deniel Ben, Michael Baxter. Training and Visit Extension [M]. The World Band, 1984.

[38] Doss Cheryl R.. Analyzing Technology Adoption Using Microstudies: Limita-tions, Challenges, and Opportunities for Improvement [J]. Agricultund Co-nomics, 2006 (5): 207-219.

[39] Duggal V. G., Saltzman C., Klein L. R.. Infrastructure and Productivity: An Extension to Private Infrastructure and It Productivity [J]. Journal of Econometrics, 2007, 140 (2): 485-502.

[40] Elhorst J. P.. Matlab Software for Spatial Panels [R]. Presented at the Ⅳth World Conference of Spatial Econometrics Association, Chicago, 2010.

[41] Ellis F., Kutengule M., Nyasulu A.. Livelihoods and Rural Poverty Reduction in Malawi [J]. World Development, 2003, 31 (9): 1495-1510.

[42] Etsuro Shioji. Public Capital and Economic Growth: A Convergence Approach [J]. Journal of Economic Growth, 2001, 6 (3): 205-227.

[43] Evans P., Karras G.. Are the Government Activities Productive? Evidence from a Panel of U. S. States [J]. The Review of Economics and Statistics, 1994, 76 (1): 1-12.

[44] Evensong R. E.. Observations on Institutions, in Structure Technology and Women in Rice Farming [M]. Gower, Publishing Company, Great Britain, 1985.

[45] Everaert G., Heylen F.. Public Capital and Productivity Growth: Evidence for Belgium, 1953 -1996 [J]. Economic Modelling, 2001, 18 (1) : 97-116.

[46] Extension Handbook: By Donald. Blackbum [M]. University of Gulp, 1984.

[47] Fan S.. Effects of Technological Change and Institutional Reform on Production Growth in Chinese Agriculture [J]. American Journal of Agricultural Economics, 1991 (73): 266 -275.

[48] Fan Shenggen, Hazell P. B. R.. Are Returns to Public Investment Lower in Less-Favored Rural Areas? An Empirical Analysis of India [R]. EPTD Discussion Paper 43, International Food Policy Research Institute, 1999.

[49] Fan S., Nyange D. and Rao N.. Public Investment and Poverty Reduction in Tanzania: Evidence from Household Survey Data [R]. DSGD Discussion Paper 18, Washington, D. C.: International Food Policy Research Institute (IFPRI), 2005.

[50] Fan S., Zhang X.. Infrastructure and Regional Economic Development in Rural China [J]. China Economic Review, 2004, 15 (2): 203-214.

[51] FAO. Expert Consultation on Extension, Rural Youth Programs and Sustainable Development [M]. Rome, 1996.

[52] FAO. Improving Agricultural Extension: A Reference Manual [M]. Rome: FAO, 1997.

[53] Farrow A., Larrea C., Hyman and Lema G. Exploring the Spatial Variation of Food Poverty in Ecuador [J]. Food Policy, 2005 (25): 203-214.

[54] Fernald J. G.. Roads to Prosperity? Assessing the Link between Public Capital and Productivity [J]. American Economic Review, 1999, 89 (3): 619-638.

[55] Gerdie Everaert. Balanced Growth and Public Capital: An Empirical Analysis with I (2) Trends in Capital Stock Data [J]. Economic Modelling, 2003, 20 (4): 741-763.

[56] Gibson J., Rozelle S.. Poverty and Access to Roads in Papua New Guinea [J]. Economic Development and Cultural Change, 2003 (52): 159-185.

[57] Goldsmith R. W.. A Perpetual Inventory of National Wealth [R]. NBER Working Paper, 1951.

[58] González Andrés, Teräsvirta Timo, Dijik Dick van. Panel Smooth Transition Regression Models [R]. SSE/EFI Working Paper Series in Economics and Finance, 2005.

[59] Greene W. H.. On the Asymptotic Bias of the Ordinary Least Squares Estimator of the Tobit Model [J]. Econometrica, 1981, 49 (2): 505-513.

[60] Griffin T. W., Dobbins C. L., Vyn T., Florax R. J. G. M. and Lowenberg-DeBoer, J. M.. Spatial Analysis of Yield Monitor Data: Case Studies of On-Farm Trials and Farm Management Decision-Making [J]. Precision Agriculture, 2008, 9 (5): 269-283.

[61] Grilliches. An Exploration of the Economics of Technological Change [J]. Econometrical, 1957 (12): 329-353.

[62] Hatry H. P.. Performance Measurement: Getting Results [M]. Washington D. C. : The Urban Institute Press, 1999.

[63] Haughwout Andrew F.. Public Infrastructure Investments, Productivity and Welfare in Fixed Geographic Areas [J]. Journal of Public Economics, 2002, 83 (3): 405-428.

[64] Holtz-Eakin D., Lovely M. E.. Scale Economies, Returns to Variety, and the Productivity of Public Infrastructure [J]. Regional Science & Urban Economics, 1995, 26 (95): 105-123.

[65] Holtz-Eakin D.. Public-Sector Capital and the Productivity Puzzle [J]. Review of Economics and Statistics, 1994 (1): 12-21.

[66] Hsu S. H.. Developing an Index for Online Customer Satisfaction: Adaptation of American Customer Satisfaction Index [J]. Expert Systems with Applications, 2008, 34 (4): 3033-3042.

[67] H. Y. Liu, Li Jian, Ge Yun-Xian. Design of Customer Satisfaction Measurement Index System of EMS Service [J]. The Journal of China Universities of Posts and Telecommunications, 2006 (1): 109-113.

[68] Jack Diamond. Performance Measurement and Evaluation [R]. OECD Working Papers, 1994.

[69] Jaeob D. Benediet. Efficiency, Justice, Equality and Community: The Case for Coexistence through Capitalism [EB/OL]. http: //www. AB417. org, 2006.

[70] James M. Buchanan. An Economic Theory of Clubs [J]. Economic, New Series, 1965, 32 (125): 1-14.

[71] J. Mabry. Canals and Communities, Small-scale Irrigation Systems [R]. Edited by University of Arizona Press, 1996.

[72] Jorgenson Dale, Mark Blaug. Economics of Productivity [A] //The International Library of Critical Writings in Economics [C]. Northampton: Edward Elgar, 2009.

[73] Jorgenson D. W., Gollop F. M.. Productivity Growth in U. S. Agriculture: A Postwar Perspective [J]. American Journal of Agricultural Economic, 1992 (3): 745-750.

[74] Jumbe C. B. L.. Co-integration and Causality between Electricity Consumption and GDP: Empirical Evidence from Malawi [J]. Energy Economics, 2004, 26 (1): 61-68.

[75] Kamps Christophe. Is There a Lack of Public Capital in the European Union? European Investment Bank Papers [J]. 2005, 10 (1): 73-93.

[76] Kamps C.. New Estimates of Government Net Capital Stocks for 22 OECD Countries, 1960-2001 [R]. IMF Staff Papers, 2004, 53 (1): 120-150.

[77] Kelsey, David Lincoln and Hearn Cannon Chiles. Cooperative Extension Work [R]. Ithaca, New York: Comstock Publishing Associate, a Division of Cornell University Press, 1949.

[78] Kidd A. D., Lamers J. P. A. and Ficarelli P. P., et al.. Privatizing Agricultural Extension: Caveat Emptor [J]. Journal of Rural Studies, 2000 (16): 95-102.

[79] Kumbhakar S. C., Lovell C. A. K.. Stochastic Frontier Analysis [M]. Cambridge: Cambridge University Press, 2000.

[80] Lall Somik V.. The Role of Public Infrastructure Investments in Regional Development Experience of Indian States [J]. Economic and Political Weekly, 1999, 34 (3): 20-26.

[81] Lau L. J., D. T. Jamison, S. C. Liu and S. Rivkin. Education and Economic Growth: Some Cross-sectional Evidence from Brazil [J]. Journal of Development Economics, 1993 (41): 45-70.

[82] Leggesse David, Michael Burton, Adam Ozanne. Duration Analysis of Technological Adoption in Ethiopian Agriculture [J]. Journal of Agricultural Economics, 2004 (3): 613-631.

[83] LeSage J. and Pace R. K. P.. Introduction to Spatial Econometrics [M]. CRC Press, Boca Raton, US, 2002.

[84] Lin, Justin Yifu. Rural Reforms and Agricultural Growth in China [J]. American Economic Review, 1992 (82): 34-51.

[85] Lin. Rural Reforms Agricultural Growth in China [J]. American Economic Review, 1992 (82): 781-807.

[86] Lockheed M. E., T. Jamison and L. J. Lau. Farmer Education and Farm Efficiency: A Survey [J]. Economic Development and Cultural Change, 1980 (29): 37-76.

[87] Lynde C., Richmond J.. The Role of Public Capital in Production [J]. Review of Economics & Statistics, 1992, 74 (1): 37-44.

[88] MacMillan J., J. Whallcy and Zhu. The Impact of China's Economic Reform on Agricultural Productivity Growth [J]. Journal Political Economy, 1989 (97): 781-807.

[89] Mamatzakis E. C.. Public Infrastructure and Productivity Growth in Greek Agriculture [J]. Agricultural Economics, 2003, 29 (2): 169-180.

[90] Mao Weining, Koo Won W.. Productivity Growth, Technological Progress and Efficiency Change in Chinese Agriculture after Rural Economic Reforms: A DEA Approach [J]. China Economic Review, 1997 (2): 157-174.

[91] Marianne Fay, Tito Yepes. Investing in Infrastructure: What Is Needed from 2000 to 2010 [R]. Policy Research Working Paper, 3102, The World Bank, 2003.

[92] Mastromarco C., Woitek U.. Public Infrastructure Investment and Efficiency in Italian Regions [J]. Journal of Productivity Analysis, 2006, 25 (1-2): 57-65.

[93] Mcmillan J., Whalley J., Zhu L. G.. The Impact of China' s Economic Reforms on Agricultural Productivity Growth [J]. Journal of Political Economy, 1989 (97): 781-807.

[94] Meinzen Dick , R.. Groundwater Markets in Pakistan: Participation and Productivity [R]. Research Reports (International Food Policy Research Institute), Washington, D. C., 1996.

[95] Mendes S. M., Teixeira E. C. and Salvato M. A.. Effect of Infrastructure Investments on Total Factor Productivity (TFP) in Brazilian Agriculture [R]. International Association of Agricultural Economists 2009 Conference, 2009: 16-22.

[96] Morrison C. J., Schwartz A. E.. State Infrastructure and Productive Performance [J]. The American Economic Review, 1996 (86): 1095-1111.

[97] Oh D. H.. A Meta-Frontier Approach for Measuring an Environmentally Sensitive Productivity Growth Index [J]. Energy Economics, 2010 (32): 146-157.

[98] Oh D. H., Lee J. D.. A Meta - Frontier Approach for Measuring Malmquist Productivity Index [J]. Empirical Economics, 2010 (32): 46-64.

[99] Olivier Cadot, Lars - hendrik Röller, Andreas Stephan. Contribution to Productivity or Pork Barrel: The Two Faces of Infrastructure Investment [J]. Journal

of Public Economics, 2006, 90 (6-7): 1133-1153.

[100] Oscar Bajo-rubio, Carmen Díaz Roldán. Optimal Endowments of Public Capital: An Empirical Analysis for the Spanish Regions [J]. Regional Studies, 2005, 39 (3): 297-304.

[101] P. C. Chen, Yu Ming-Miin, C. C. Chang, S. H. Hsu. Total Factor Productivity Growth in China's Agriculture Sector [J]. China Economic Review, 2008, 19 (4): 580-593.

[102] Pendlebury M. W.. Achieving Economy, Efficiency and Effectiveness in the Public Sector : C. R. Tomkins ICAS (Edinburgh 1987). 115 [J]. The British Accounting Review, 1988, 20 (1): 100-101.

[103] Pereira A. M., O. Roca-Sagales. Spillover Effects of Public Capital Formation: Evidence from the Spanish Regions [J]. Journal of Urban Economics, 2003, 53 (2): 238-256.

[104] Phillips J. M. and R. P. Marble. Farmer Education and Efficiency: A Frontier Production Function Approach [J]. Economics of Education Review, 1986 (5): 257-264.

[105] P. O. Demetriades, T. P. Mamuneas. Intertemporal Output and Employment Effects of Public Infrastructure Capital: Evidence from 12 OECD Economics [J]. The Economic Journal, 2000, 110 (465): 687-712.

[106] Poister T. H.. Measuring Performance in Public and Nonprofit Organizations [M]. San Francisco: Jossey-Bass, 2003.

[107] Pradhan S.. Evaluating Public Spending: A Framework for Public Expenditure Reviews [R]. World Bank Discussion Papers, 1996.

[108] Pritchett Lant. Mind Your P's and Q's: The Cost of Public Investment Is Not the Value of Public Capital [R]. Policy Research Working Paper Series 1660, The World Bank, 1996.

[109] Pula G.. Capital Stock Estimation in Hungary: A Brief Description of Methodolgy and Results [R]. MNB Working Papers, 2003.

[110] Qun H. L., Guan Y. C., Wen C., D. and Hai P., N.. Spillover Effect of Environmental Investment: Evidence from Panel Data at Provincial Level in China [J]. Frontiers of Environmental Science & Engineering, 2012, 6 (3): 412-420.

[111] Rawls J.. The Agenda of Social Justice [M]. Anamika Publishers &

Distributors (P) Ltd., 1999.

[112] Rivera W. M., Alex G.. Decentralized Systems [R]. Agriculture and Rural Development Discussion Paper 8, World Bank, 2004a (1).

[113] Rivera W. M., W. Zip. Contracting for Agricultural Extension, Case Studies and Emerging Practices [Z]. London: CABI International, 2001.

[114] Rogers, E. M.. Diffusion of Innovations (Third Edition) [M]. New York: The Free Press, 1983.

[115] Rongen G.. Efficiency in the Provision of Local Public Goods in Norway [J]. European Journal of Political Economy, 1995, 11 (94): 253-264.

[116] Rose Boom J., McMahon M., Ekanayake I., John-Abraham I.. Institutional Reform of Agricultural Research and Extension in Latin America and Caribbean [J]. En Breve, 2006 (90): 1-3.

[117] Rosenstein - Rodan P.. Problems of Industrialization of Eastern and South-Eastern Europe [J]. Economic Journal, 1943 (53): 202-211.

[118] Rostow W. W.. The Stages of Economic Growth: A Non - Communist Manifesto [M]. Cambridge: Cambridge University Press, 1960.

[119] Ruifa H., Zhijian Y., Peter K., Jikun H.. Agricultural Extension System Reform and Agent Time Allocation in China [J]. China Economic Review, 2009 (20): 303-315.

[120] Rwelamila P. D.. Total System Intervention: An Integrate Approach to Time, Cost and Quality Management [J]. Construction Management and Economics, 1995 (13): 235-241.

[121] Samuel Son , Paul A.. The Pure Theory of Public Expenditure [J]. The Review of Economics and Statistics , 1954, 36 (4): 386-389.

[122] Seong-Hoon Cho, Roland K. Roberts and Seung Gyu Kim. Negative Externalities on Property Values Resulting from Water Impairment: The Case of the Pigeon River Watershed [J]. Ecological Economics, 2011, 70 (12): 2390-2399.

[123] Serdar Yilmaz, Kingsley E. Haynes and Mustafa Dinc. Geographic and Network Neighbors: Spillover Effects of Telecommunications Infrastructure [J]. Journal of Regional Science, 2002 (42): 339-360.

[124] Swanson B. E., Rajalahti R.. Strengthening Agricultual Extension and Advisroy Systems: Procedures for Assessing, Transforming and Evaluating Extension Systems [J]. Agricultural and Rural Development Discussion Paper 45, World

Bank, 2010.

[125] Talbot C.. Public Performance towards a New Model [J]. Public Policy and Administration, 1999, 14 (3): 15-34.

[126] Tang Anthony. Chinese Agriculture: Its Problem and Prospects [R]. Vanderbilt University, Department of Economics, Working Paper No. 82 W09, 1981.

[127] Teruel R. G., Kuroda Y.. Public Infrastructure and Productivity Growth in Philippine Agriculture, 1974-2000 [J]. Journal of Asian Economics, 2005, 16 (3): 555-576.

[128] Tiebout C. M.. A Pure Theory of Local Expenditures [J]. Journal of Political Economy, 1956, 64 (5): 416-424.

[129] Tillmann G.. The Equity-efficiency Trade-off Reconsidered [J]. Social Choice & Welfare, 2005, 24 (1): 63-81.

[130] Tomkins. Achieving Economy, Efficiency and Effectiveness in the Public Sector [M]. London: Kogan Page, 1987.

[131] Tong Tingting, Tun-Hsiang Edward Yu, Seong-Hoon Cho, Kimberly Jensen, Daniel De La Torre Ugarte. Evaluating the Spatial Spillover Effects of Transportation Infrastructure on Agricultural Output Across the United States [J]. Journal of Transport Geography, 2013 (30): 47-55.

[132] Witold J. Henisz. The Institutional Environment for Infrastructure Investment [J]. Industrial and Corporate Change, 2002, 11 (2): 355-389.

[133] W. M. Rivera. Agricultural Extension in Transition Worldwide: Structural Financial and Managerial Reform Strategies [J]. Public Administration and Development, 1996 (16): 151-161.

[134] Yao Z. Z., Zou S. F.. Labor Mobility and the Regional Difference [J]. World Economy, 2003, 19 (4): 35-44.

[135] Yoo S. H.. Electricity Consumption and Economic Growth: Evidence from Korea [J]. Energy Policy, 2005, 33 (12): 1627-1632.

[136] Young, Alwyn. Gold into Base Metals: Productivity Growth in the People's Republic of China during the Reform Period [R]. NBRE Working Paper 7856, 2000.

[137] [美] 埃莉诺·奥斯特罗姆. 公共事务的治理之道——集体行动制度的演进 [M]. 余逊达, 陈旭东译. 上海: 上海三联出版社, 2000.

［138］艾亮辉，吴次芳，赵小敏等．基于 GIS 的低产田改造研究——以江西省为例［J］．水土保持学报，2005，16（6）：76-78.

［139］白林，万忠，罗其友，林伟君，方伟．中国农业全要素生产率构成及区域趋同性分析——基于 1996~2010 年 Malmquist 指数法［J］．农业现代化研究，2012（5）：552-555.

［140］蔡立辉．西方国家政府绩效评估的理念及其启示［J］．清华大学学报（哲学社会科学版），2003（1）：76-85.

［141］蔡荣，蔡书凯．村庄规模、收入不均等性与村庄集体行动——以安徽省 102 个村庄的农田灌溉设施建设为例［J］．经济评论，2014（1）：48-57.

［142］曹建海，朱波，赵锦辉．公共投资、私人投资与经济增长关系的实证研究——一个向量误差修正模型［J］．河北经贸大学学报，2005，26（2）：1-7.

［143］柴盈．交易成本与中国农村的基础设施治理结构选择——以灌溉、电力、公路和饮用水设施为例［J］．中国农村观察，2009（1）：22-32.

［144］柴盈．农业基础设施建设的一个制度分析框架——以中国封建时期灌溉设施建设为例［J］．中国农村观察，2008（1）：19-30.

［145］柴盈．中国农村基础设施治理与供给制度创新研究——基于嵌套性规则体系视角的分析［M］．北京：经济科学出版社，2009.

［146］晁毓欣．公共品政府供给绩效评价［D］．济南：山东大学博士学位论文，2011.

［147］车维汉，杨荣．技术效率、技术进步与中国农业全要素生产率的提高——基于国际比较的实证分析［J］．财经研究，2010（3）：113-123.

［148］陈洪友．我国农村小型农田水利设施建设存在的问题及对策［J］．科技创新导报，2011（9）：119.

［149］陈厚基．美国现代农业基础设施的兴建［J］．农业经济问题，1991（5）：61-64.

［150］陈厚基．世界农业基础设施建设［J］．世界农业，1991（4）：11-14.

［151］陈继宁．农民采用新技术影响因素分析［J］．社会科学研究，1998（2）：39-42.

［152］陈杰．制度缺陷：农业基础设施建设滞后的根源［J］．调研世界，2001（8）：33-34.

［153］陈卫平．中国农业生产率增长、技术进步与效率变化：1990~2003［J］．中国农村观察，2006（1）：18-23.

［154］陈文科，林后春．农业基础设施与可持续发展［J］．中国农村观察，2000（1）：9-21.

［155］陈银娥，刑乃千，师文明．农村基础设施投资对农民收入的影响——基于动态面板数据模型的经验研究［J］．2012（1）：97-103.

［156］陈云鹏，陈艳珍．对农田水利设施建设的思考［J］．理论探索，2011（4）：80-82.

［157］池泽新，汪固华．基于农户视角的念头企业绩效评价研究——以江西省为例［J］．江西农业大学学报（社会科学版），2011（9）：26-33.

［158］丛树海，周炜，于宁．公共支出绩效评价指标体系的构建［J］．财贸经济，2005（3）：37-41.

［159］崔治文，石丽竹．基于农民消费倾向的农村公共产品供给优先序研究［J］．北方经济（综合版），2009（16）：31-32.

［160］戴和清．2013 年湖南省建成 430 万亩高标准基本农田［N］．潇湘晨报，2013-03-01.

［161］邓念国，翁胜杨．"理性无知"抑或"路径闭锁"：农民公共服务需求表达欠缺原因及其对策［J］．理论与改革，2012（5）：74-77.

［162］董明涛，周慧．农村基础设施与经济增长的互动关系：基于省际面板数据的分析［J］．贵州农业科学，2014，42（9）：276-280.

［163］杜君楠，阎建兴．农业基础设施投资主体行为分析［J］．西北农林科技大学学报（社会科学版），2008，8（2）：10-14.

［164］杜明军．中国农田水利设施体制机制研究的综述与展望［J］．水利科技与经济，2009（12）：1044-1048.

［165］杜威漩．中国农业水利基建投资的实证研究［J］．农业技术经济，2005（3）：43-47.

［166］杜鹰．加强农田水利建设　促进农业可持续发展［J］．中国水利，2013（21）：4.

［167］樊胜根，张林秀，张晓波．经济增长、地区差距与贫困——中国农村公共投资研究［M］．北京：中国农业出版社，2002.

［168］樊胜根，张林秀，张晓波．中国农村公共投资在农村经济增长和反贫困中的作用［J］．华南农业大学学报（社会科学版），2002，1（1）：1-13.

［169］范九利，白暴力．基础设施投资与中国经济增长的地区差异研究［J］．人文地理，2004（2）：35-38.

［170］范丽霞，李谷成．全要素生产率及其在农业领域的研究进展［J］.

当代经济科学，2012，34（1）：109-119+28.

［171］方福前，张艳丽．中国农业全要素生产率的变化及其影响因素分析［J］．经济理论与经济管理，2010（9）：5-12.

［172］费振国，卢东宁，侯军岐．农业政策性金融支持中小型农业基础设施建设问题研究［J］．经济经纬，2007（2）：114-116.

［173］冯锐等．四川省中江县高标准基本农田建设时序与模式分区［J］．农业工程学报，2012（22）：243-251.

［174］高帆．我国区域农业全要素生产率的演变趋势与影响因素——基于省级面板数据的实证分析［J］．数量经济技术经济研究，2015（5）：3-19.

［175］高俊才．统筹兼顾改革创新加快推进中国特色农业现代化——学习 2014 年中央一号文件体会［J］．中国经贸导刊，2014（6）：52-57.

［176］高鸣，宋洪远．中国农业碳排放绩效的空间收敛与分异——基于 Malmquist Luenberger 指数与空间计量的实证分析［J］．经济地理，2015（4）：142-148.

［177］高启杰．农业技术推广中的农民行为研究［J］．农业科技管理，2000（1）：47-50.

［178］高启杰．我国农业推广投资现状与制度改革的研究［J］．农业经济问题，2002（8）：27-33.

［179］高铁梅．计量经济分析方法与建模：EViews 应用及实例（第 2 版）［M］．北京：清华大学出版社，2009.

［180］高彦彦，周勤，郑江淮．为什么中国农村公共品供给不足？［J］．中国农村观察，2012（6）：40-52.

［181］高远东，花拥军．地方财政农业支出对地区农业经济增长作用研究——基于空间面板协整与空间误差修正模型［J］．经济学动态，2011（12）：54-61.

［182］龚六堂，谢丹阳．我国省份之间的要素流动和边际生产率的差异分析［J］．经济研究，2004（1）：45-53.

［183］顾海，孟令杰．中国农业 TFP 的增长及其构成［J］．数量经济技术经济研究，2002（10）：15-18.

［184］顾新洲，董晓敏．从旱店子村机井承包看小型水利工程管理体制改革的必要性［J］．海河水利，2001（增刊）：35.

［185］管红良，汤锦如，戴云海．农民采用新技术过程、文化素质和推广方法关系的研究［J］．农业科技管理，2005（2）：41-43.

［186］管新帅，王思文．中国地方公共品供给效率地方差距测度［J］．兰州大学学报（社会科学版），2009（4）：43-47.

［187］郭海洋．农业技术推广体系的改革进展及思考［J］．河南农业，2007（11）：45-46.

［188］郭海洋．我国农业科技推广体制创新研究［J］．中国种业，2008（7）：33-35.

［189］郭剑雄，鲁永刚．人力资本门槛与农业增长的多重均衡：理论与中国的经验证据［J］．清华大学学报（哲学社会科学版），2011（6）：136-146.

［190］郭江平．构建市场主导型的农业科技推广体制［J］．科技进步与对策，2004（7）：28-29.

［191］郭劲光，高静美．我国基础设施建设投资的减贫效果研究：1987~2006［J］．农业经济问题，2009（9）：63-70.

［192］郭开源．农业推广工作管理［M］．北京：农业出版社，1987.

［193］郭亮．劳动力成本：规模经营的结构性限制——基于对林镇规模农业的调查［J］．中共杭州市委党校学报，2012（3）：15-20.

［194］郭庆旺，贾俊雪．基础设施投资的经济增长效应［J］．经济理论与经济管理，2006（3）：36-41.

［195］郭熙保等．速水佑次郎对农业与发展经济学的贡献［J］．经济学动态，2013（3）：101-108.

［196］郭小东，武少芩．中国公共投资与经济增长关系的 PVAR 分析——以中国 31 个省级单位的公路建设为实证研究案例［J］．学术研究，2007（3）：40-48.

［197］郭勇．三元结构条件下中国农村基础设施供给问题研究［J］．社会主义研究，2005（3）：66-69.

［198］郭珍，曾福生．农业基础设施资本存量估算及地区差距测度［J］．西北农林科技大学学报（社会科学版），2013（6）：91-96.

［199］郭志斌．论政府激励性管制［M］．北京：北京大学出版社，2002.

［200］韩海彬，张莉．农业信息化对农业全要素生产率增长的门槛效应分析［J］．中国农村经济，2015（8）：11-21.

［201］韩俊等．破解三农难题——30 年农村改革和发展［M］．北京：中国发展出版社，2008.

［202］韩青，李珠怀，刘丹．中国不同地区水利建设投入对粮食产量的影响分析［J］．技术经济，2010，29（1）：48-51.

[203] 韩清轩．我国农田水利设施建设存在的问题与对策——从公共产品视角进行的分析［J］．山西财政税务专科学校学报，2007（1）：6-10.

[204] 郝建平等．农业推广原理与实践［M］．北京：中国农业科技出版社，1998.

[205] 何彬，范硕．中国地区国有经济生产率演变及收敛性——基于共同前沿 Malmquist 生产率指数的分析［J］．经济经纬，2013（4）：27-32.

[206] 何枫，陈荣，何林．我国资本存量的估算及其相关分析［J］．经济学家，2003（5）：29-35.

[207] 何平均．农业基础设施财政投入绩效分析——基于公共财政的视角［J］．农村经济，2010（11）：60-63.

[208] 何平均．中国农业基础设施供给效率研究［D］．长沙：湖南农业大学博士学位论文，2012.

[209] 何晓萍．基础设施的经济增长效应与能耗效应——以电网为例［J］．经济学（季刊），2014（4）：1513-1532.

[210] 贺菊煌．我国资产的估算［J］．数量经济与技术经济研究，1992（8）：24-27.

[211] 贺雪峰，郭亮．农田水利的利益主体及其成本收益分析——以湖北省沙洋县农田水利调查为基础［J］．管理世界，2010（7）：86-97.

[212] 胡碧奎，陈晓明．改革创新——农业科技推广的必由之路［J］．湖北农业科学，2004（5）：10-12.

[213] 胡俊菊，阎晓波．农村小型水利工程产权制度改革工作浅议［J］．现代农业，2007（2）：73-74.

[214] 胡学良，李燕妮．湖南省小型农田水利工程管理与建设现状及对策［J］．中国农村水利水电，2008（10）：58-60.

[215] 胡煜，李红昌．交通枢纽等级的测度及其空间溢出效应——基于中国城市面板数据的空间计量分析［J］．中国工业经济，2015（5）：32-43.

[216] 皇甫丰远．对加强农田水利设施项目竣工建后管护的建议［J］．甘肃农业，2007（12）：86.

[217] 黄勇峰，任若恩，刘晓生．中国制造业资本存量永续盘存法估计［J］．经济学（季刊），2002（2）：337-396.

[218] 黄勇民，李军．多层次农业基础设施体系建设的投融资机制创新研究［J］．南方农村，2005（6）：17-20.

[219] 黄志冲．农村公共产品供给机制创新研究［J］．现代经济探讨，

2000（10）：28-30.

［220］［美］黄宗智．长江三角洲小农家庭与乡村发展［M］．北京：中华书局，2000.

［221］［美］黄宗智．华北的小农经济与社会变迁［M］．北京：中华书局，2000.

［222］［英］加雷斯·迈尔斯．公共经济学［M］．匡小平译．上海：上海财经大学出版社，2001.

［223］贾康，孙洁．农村公共产品与服务提供机制的研究［J］．管理世界，2006（12）：60-66.

［224］贾志军，甄定艳．农村小型水利工程管理体制改革浅议［J］．河北水利，2004（6）：30.

［225］江易城．当代中国县级政府公共服务绩效评估指标体系的理论构建与实证研究［M］．北京：中国社会科学出版社，2010.

［226］姜太碧．统筹城乡协调发展的内涵和动力［J］．农村经济，2005（6）：13-15.

［227］姜太碧．我国农业科技推广：体制障碍与改革思路［J］．西南民族大学学报（人文社科版），2004（10）：178-180.

［228］姜涛．中国农村基础设施公共投资与农业增长研究［D］．武汉：华中科技大学博士学位论文，2009.

［229］蒋和平，温思美．建立农业科技投入新机制的构想［J］．经济体制改革，1996（2）：44-48.

［230］蒋建兴，王绪奎．江苏高标准农田建设现状及对策思考［J］．江苏农村经济，2012（9）：28-30.

［231］焦占力，林青等．搞好农业科技推广　加速科研成果转化［J］．黑龙江农业科学，2006（3）：42-44.

［232］金戈．中国基础设施资本存量估算［J］．经济研究，2012（4）：4-14.

［233］鞠晴江．基础设施与农村经济发展关系的实证分析［J］．安徽大学学报（哲学社会科学版），2006（3）：113-116.

［234］鞠晴江，庞敏．基础设施对农村经济发展的作用机制分析［J］．经济体制改革，2005（4）：89-92.

［235］康煌，胡汉荣．以科学发展观，推进丘陵地区高标准农田建设［J］．经济研究导刊，2013，203（21）：51.

［236］康云海．农业产业化中的农户行为分析［J］．农业技术经济，1998

(1)：6-11.

[237] 柯龙山．我国农田水利设施供给机制：变迁、困境与创新——基于南方旱涝灾害的思考 [J]. 农业现代化研究，2010 (5)：534-538.

[238] 匡远配，陈梅美．农村人口老龄化对农业全要素生产率影响的实证分析 [J]. 燕山大学学报（哲学社会科学版），2015 (1)：15-21.

[239] 匡远配，汪三贵．中国农村公共产品供求理论综述 [J]. 兰州学刊，2006 (3)：173-177.

[240] 旷宗仁，梁植睿，左停．我国农业科技推广服务过程与机制分析 [J]. 科技进步与对策，2011，28 (1)：26-30.

[241] 兰徐民，赵冬缓．我国农业科技进步障碍因素分析与对策探讨 [J]. 农业技术经济，2002 (3)：15-18.

[242] 李成，田懋，刘生福．公共投资对全要素生产率影响的空间面板分析 [J]. 山西财经大学学报，2015 (2)：13-22.

[243] 李纯英．国家投资进行农业基础设施建设是增加农民收入的新途径 [J]. 经济问题，2001 (12)：41-43.

[244] 李存才．农业综合开发新增粮食产能 1970 亿斤 [N]. 中国财经报，2011-10-27.

[245] 李谷成，范丽霞，闵锐．资源、环境与农业发展的协调性——基于环境规制的省级农业环境效率排名 [J]. 数量经济技术经济研究，2011 (10)：21-32.

[246] 李谷成，冯中朝．中国农业全要素生产率增长：技术推进抑或效率驱动——一项基于随机前沿生产函数的行业比较研究 [J]. 农业技术经济，2010 (5)：4-14.

[247] 李谷成．技术效率、技术进步与中国农业生产率增长 [J]. 经济评论，2009 (1)：60-68.

[248] 李谷成，尹朝静，吴清华．农村基础设施建设与农业全要素生产率 [J]. 中南财经政法大学学报，2015 (1)：141-147.

[249] 李涵，唐丽淼．交通基础设施投资、空间溢出效应与企业库存 [J]. 管理世界，2015 (4)：126-136.

[250] 李鹤，江彬，顾涛．小型农田水利设施管理市场化改革出现的问题与对策 [J]. 湖南社会科学，2011 (6)：99-101.

[251] 李焕彰，钱忠好．财政支农政策与中国农业增长：因果与结构分析 [J]. 中国农村经济，2004 (8)：38-43.

［252］李继明．我国现行农用地评价体系比较研究［J］．地域研究与开发，2009，28（3）：87-91.

［253］李建琴，李永强．论水利工程管理体制改革［J］中国西部科技，2008（16）：69-70.

［254］李杰波．我国村级基础设施有效供给研究——基于产权角度的思考［D］．西安：陕西师范大学硕士学位论文，2011.

［255］李尽法，吴育华．河南省农业全要素生产率变动实证分析——基于Malmquist指数方法［J］．农业技术经济，2008（2）：96-102.

［256］李军鹏．政府公共供给指标体系研究［J］．行政论坛，2003（9）：5-9.

［257］李莉亚．农业技术推广问题及建议［J］．中国集体经济，2012（15）：11-12.

［258］李强，罗仁福，刘承芳等．新农村建设中农民最需要什么样的公共服务——农民对农村公共物品投资的意愿分析［J］．农业经济导刊，2006，27（10）：156.

［259］李琴，李大胜，佘建斌．地方财政支农、农村税费改革与农户投资——基于26个省动态面板数据的实证分析［J］．南开经济研究，2008（1）：133-142.

［260］李琴，熊启泉，李大胜．中国财政农业投入的结构分析［J］．中国农村经济，2006（8）：10-16.

［261］李锐．农村公共基础设施投资效益的数量分析［J］．农业技术经济，2003（2）：5-9.

［262］李少帅，郧文聚．高标准基本农田建设存在的问题及对策［J］．资源与产业，2012（3）：189-193.

［263］李伟军，洪功翔，骆永民．城市化对非农产业的溢出效应——基于面板VAR模型［J］．财经科学，2011（5）：88-95.

［264］李宪文，林培．国内外耕地利用与保护的理论基础及其进展［J］．地理科学进展，2001，20（4）：305-312.

［265］李学婷，黄汉俞．华中地区农村基础设施建设现状的农民满意度分析——以湖北省荆州市岑河镇为例［J］．中国农业大学学报，2013（5）：205-212.

［266］李燕凌．农村公共品供给效率研究［D］．长沙：湖南农业大学博士学位论文，2007.

[267] 李燕凌，曾福生．农村公共品供给农民满意度及其影响因素分析[J]．数量经济技术经济研究，2008（8）：3-18.

[268] 李宗璋．农村基础设施投资对农业全要素生产率的影响研究［D］．广州：华南理工大学博士学位论文，2013.

[269] 连玉君，苏治．融资约束、不确定性与上市公司投资效率［J］．管理评论，2009，21（1）：19-26.

[270] 林豪森．世界农业推广体制变革对我国的启示［J］．福建农林大学学报（哲学社会科学版），2004，7（1）：36-39.

[271] 林后春．论农业基础设施的发展［J］．农村经济与社会，1994（6）：31-35.

[272] 林毅夫．加强农村基础设施建设　启动农村市场［J］．农业经济问题，2000，21（7）：2-3.

[273] 刘丙申．农业综合开发投资的公共品属性分析与对策［J］．中国农村经济，2002（7）：45-50.

[274] 刘秉镰，武鹏，刘玉海．交通基础设施与中国全要素生产率增长——基于省域数据的空间面板计量分析［J］．中国工业经济，2010（3）：54-64.

[275] 刘成玉，孙小燕．产权改革：理顺农田水利设施管护体制的突破口［J］．农村经济，2006（11）：3-5.

[276] 刘建民，王蓓，陈霞．财政分权对环境污染的非线性效应研究——基于中国 272 个地级市面板数据的 PSTR 模型分析［J］．经济学动态，2015（3）：82-89.

[277] 刘娟．农业水旱灾害与水利投资相关性分析［J］．山东水利，2006（6）：9-12.

[278] 刘伦武．基础设施投资对经济增长的推动作用研究［M］．北京：中国财政经济出版社，2004.

[279] 刘伦武．农村基础设施建设：农民增收的基础［J］．农业经济，2002（9）：35.

[280] 刘伦武．农业基础设施发展与农村经济增长的动态关系［J］．财经科学，2006（10）：91-98.

[281] 刘生龙，胡鞍钢．基础设施的外部性在中国的检验：1988～2007［J］．经济研究，2010（3）：4-15.

[282] 刘生龙，胡鞍钢．交通基础设施与经济增长：中国区域差距的视角

[J]. 中国工业经济, 2010 (4): 14-23.

[283] 刘生龙, 周绍杰. 基础设施的可获得性与中国农村居民收入增长——基于静态和动态非平衡面板的回归结果 [J]. 中国农村经济, 2011 (1): 27-36.

[284] 刘石成. 我国农田水利设施建设中存在的问题及对策研究 [J]. 宏观经济研究, 2011 (8): 40-44.

[285] 刘天军, 唐娟莉, 霍学喜, 朱玉春. 农村公共物品供给效率测度及影响因素研究——基于陕西省的面板数据 [J]. 农业技术经济, 2012 (2): 63-73.

[286] 刘铁军. 产权理论与小型农田水利设施治理模式研究节水灌溉 [J]. 节水灌溉, 2007 (3): 50-53.

[287] 刘铁军. 新时期小型农田水利设施投资主体研究 [J]. 水利发展研究, 2004 (7): 34-37.

[288] 刘文. 我国农业基础设施建设与管理研究 [D]. 武汉: 华中农业大学博士学位论文, 2007.

[289] 刘文勇, 吴显亮, 乔春阳. 我国农村公共产品供给效率的实证分析 [J]. 贵州财经学院学报, 2008 (5): 75-78.

[290] 刘晓昀, 辛贤, 毛学峰. 贫困地区农村基础设施投资对农户收入和支出的影响 [J]. 中国农村观察, 2003 (1): 31-37.

[291] 刘新卫, 李景瑜, 赵崔莉. 建设4亿亩高标准基本农田的思考与建议 [J]. 中国人口·资源与环境, 2012, 22 (3): 1-5.

[292] 刘延风. 农业增长方式及评价方法 [J]. 农业技术经济, 1996 (1): 62-64.

[293] 刘彦随. 土地利用优化配置系列模型的应用 [J]. 地理科学进展, 1999, 18 (1): 26-31.

[294] 刘志扬. 发展现代农业必须创新科技推广体系 [J]. 农业经济, 2007 (4): 24-26.

[295] 刘卓珺, 于长革. 公共投资的经济效应及其最优规模分析 [J]. 经济科学, 2006 (1): 30-41.

[296] 吕玲丽. 农民采用新技术的行为分析 [J]. 经济问题, 2000 (11): 19-27.

[297] 吕雁琴, 张丽峰. 深化农业技术推广体制改革之我见 [J]. 山西科技, 2007 (1): 30-31.

［298］罗必良．农地经营规模的效率决定［J］．中国农村观察，2000（5）：18-24.

［299］罗仁福，张林秀，黄季焜．村民自治、农村税费改革与农村公共投资［J］．经济学（季刊），2006（4）：1295-1310.

［300］罗仁福，张林秀，赵启然，黄季焜．从农村公共基础设施变迁看未来农村公共投资方向［J］．中国软科学，2011（9）：30-40.

［301］罗兴佐，刘书文．市场失灵与政府缺位——农田水利的双重困境［J］．中国农村水利水电，2005（6）：24-26.

［302］罗义云．农田水利体制转型中的集体化、家庭化、市场化：湖北的证据［J］．农业经济导刊，2006（11）：157.

［303］骆永民，樊丽明．农村基础设施的经济效应及农民满意度研究——基于山东省 44 个行政村的实地调查分析［J］．经济问题探索，2008（12）：67-73.

［304］骆永民，樊丽明．中国农村基础设施增收效应的空间特征——基于空间相关性和空间异质性的实证研究［J］．管理世界，2012（5）：71-87.

［305］骆永民，樊丽明．中国农村基础设施增收效应的空间特征——基于空间相关性和空间异质性的实证研究［J］．管理世界，2012（5）：71-87.

［306］马林靖，张林秀，罗仁福．中国农村农田水利灌溉基础设施投资实证研究［J］．现代经济探讨，2007（8）：20-25.

［307］马培衢．关于农业基础建设制度变迁内在机理的制度分析——基于徐闻县的案例调查［J］．中国农村观察，2009（1）：33-42.

［308］马树才，孙长清．经济增长与最优财政支出规模研究［J］．统计研究，2005（1）：15-20.

［309］马晓河，方松海．我国农村公共品的供给现状、问题与对策［J］．农业经济问题，2005（4）：22-29.

［310］马晓河．中国农业收益与生产成本变动的结构分析［J］．中国农村经济，2011（5）：4-11.

［311］马雪彬，魏鑫．政府公共投资的区域经济增长效应比较——基于门槛回归分析的实证研究［J］．贵州财经学院学报，2012（6）：8-14.

［312］马雪彬，谢恒．基础设施市场化供给中的政府角色探析［J］．石家庄经济学院学报，2011，34（5）：90-93.

［313］［美］曼瑟尔·奥尔森．集体行动的逻辑［M］．陈郁，郭宇峰，李崇新译．上海：格致出版社，上海三联书店，上海人民出版社，1994.

[314] 孟令杰，李新华．FDI 对我国农业全要素生产率的影响研究［J］．农业经济与管理，2014（1）：12-19.

[315] 孟令杰．中国农业产出技术效率动态研究［J］．农业技术经济，2000（5）：1-4.

[316] 米建伟，梁勤，马骅．我国农业全要素生产率的变化及其与公共投资的关系——基于 1984~2002 年分省份面板数据的实证分析［J］．农业技术经济，2009（3）：4-16.

[317] 闵锐，李谷成．环境约束条件下的中国粮食全要素生产率增长与分解——基于省域面板数据与序列 Malmquist Luenberger 指数的观察［J］．经济评论，2012（5）：34-42.

[318] 潘文卿．中国区域经济发展：基于空间溢出效应的分析［J］．世界经济，2015（7）：120-142.

[319] 彭长生，孟令杰．异质性偏好与集体行动的均衡：一个理论分析框架［J］．南开经济研究，2007（6）：142-150.

[320] 彭代彦．农村基础设施投资与农业解困［J］．经济学家，2002（5）：79-82.

[321] 彭国甫．基于 DEA 模型的地方政府公共事业管理有效性评价［J］．中国软科学，2005（8）：128-133.

[322]［美］皮特·纽曼．新帕尔格雷夫法经济学大辞典［M］．北京：法律出版社，2003.

[323]［美］普雷姆詹德．公共支出管理［M］．王卫星等译．北京：经济科学出版社，2002.

[324] 齐亚伟，陶长琪．我国区域环境全要素生产率增长的测度与分解——基于 Global Malmquist Luenberger 指数［J］．上海经济研究，2012（10）：3-36.

[325] 全炯振．中国农业全要素生产率增长的实证研究［J］．中国农村经济，2009（9）：36-47.

[326] 任静．金川区高标准农田建设的现状、问题及对策研究［J］．山西农业大学学报（社会科学版），2013，12（3）：236-239.

[327] 任静，陆迁．基于拥挤效应的陕西省水利投资最优规模研究［J］．中国人口·资源与环境，2014，24（4）：169-176.

[328] 任若恩，刘晓生．关于中国资本存量估计的一些问题［J］．数量经济技术经济研究，1997（1）：19-24.

［329］［美］萨尔瓦托雷·斯基亚沃—坎波，丹尼尔·托马西．公共支出管理［M］．张通译校．北京：中国财政经济出版社，2001.

［330］沈明等．省级高标准基本农田建设重点区域划定方法研究——基于广东省的实证分析［J］．中国土地科学，2012（7）：28-33，90.

［331］沈能，赵增耀．农业科研投资减贫效应的空间溢出与门槛特征［J］．中国农村经济，2012（1）：69-79.

［332］沈淑霞，秦富．财政农业投入性支持的规模效率分析［J］．农业技术经济，2004（4）：45-51.

［333］沈尤佳．关于政府投资向农村基础设施倾斜之我见［J］．农业经济，2005（1）：22-23.

［334］石爱虎．国外农业基础设施建设的经验及其启示［J］．中国软科学，1997（6）：105-108.

［335］石爱虎，霍雪喜．农业基础设施建设的经济效应分析［J］．科学·经济·社会，1996（2）：35-38.

［336］石泓，余志刚，张占友．黑龙江省农业财政支持与农业经济增长的实证分析［J］．农业技术经济，2009（6）：86-90.

［337］石慧，孟令杰，王怀明．中国农业生产率的地区差距及波动性研究［J］．经济科学，2008（3）：20-33.

［338］史明霞，陆迁．农业基础设施投资促进经济增长的有效性分析［J］．西北农林科技大学学报（社会科学版），2007（2）：11-15.

［339］宋保胜．河南省粮食核心区农田水利设施状况调查［J］．江苏农业科学，2012（3）：361-363.

［340］宋洪远，吴仲斌．推进产权制度与管理体制改革，加强小型农田水利设施建设［J］．红旗文稿，2007（23）：7.

［341］宋洪远，吴仲斌．小型水利设施产权制度改革的政策建议［J］．农村工作通讯，2007（12）：50-51.

［342］宋洪远．盈利能力、社会资源介入与产权制度改革——基于小型农田水利设施建设与管理问题的研究［J］．中国水利，2011（6）：56-62.

［343］宋军，胡瑞法，黄季等．农民的农业技术行为分析［J］．农业技术经济，1998（6）：36-44.

［344］苏建明．公共服务型政府的内涵、职能及对策研究［J］．科学决策，2009（5）：1-9.

［345］苏静，胡宗义，唐李伟，肖攀．农村非正规金融发展减贫效应的门

槛特征与地区差异——基于面板平滑转换模型的分析［J］．中国农村经济，2013（7）：58-71.

［346］孙传旺，刘希颖，林静．碳强度约束下中国全要素生产率测算与收敛性研究［J］．金融研究，2010（6）：17-33.

［347］孙翠清，林万龙．公共产品需求揭示方法及其在农村公共产品需求研究中的应用［J］．农村经济，2009（2）：23-25.

［348］孙良．我国农业基础设施存在的主要问题及对策［J］．农业经济，2002（4）：5-7.

［349］孙希复．农业推广法［M］．北京：商务印书馆，1935.

［350］孙小燕．产权改革反思：小型农田水利设施建设与管理路径选择——基于山东省 10 县（市）的调查［J］．宏观经济研究，2011（2）：89.

［351］孙志亮，杨焕玲，童莉莉．我国农村公共产品供给的优先序研究［J］．陕西农业科学，2006（2）：103-104.

［352］孙致陆，李先德．农业 FDI 提升了中国农业全要素生产率吗？——基于面板数据随机前沿函数模型的分析［J］．国际商务（对外经济贸易大学学报），2014（3）：54-61.

［353］覃琼霞，江涛．市场化改革与市场结构：一个农田水利基础设施建设的制度框架［J］．南方经济，2007（2）：3-10.

［354］谭理思．新农村建设中的财政支持农业基础设施建设研究［D］．成都：西南财经大学硕士学位论文，2008.

［355］谭霖，邓伟平．金融发展与全要素生产率互动：农业视角［J］．南方金融，2011（8）：23-26.

［356］谭淑豪．现行农地经营格局对农业生产成本的影响［J］．农业技术经济，2011（4）：71-77.

［357］唐娟莉，朱玉春，刘春梅．农村公共服务满意度及其影响因素分析［J］．当代经济学，2010（1）：110-116.

［358］唐任伍，唐天伟．政府效率的特殊性及其测度指标的选择［J］．北京师范大学学报（社会科学版），2004（2）：100-106.

［359］唐永金，敬永周．农民自身因素对采用创新的影响［J］．绵阳经济技术高等专科学校学报，2000（6）：37-40.

［360］陶勇．农村公共产品供给与农民负担问题探索［J］．财贸经济，2001（10）：74-77.

［361］田国双，王敏．我国农业基础设施投融资的问题及对策探讨［J］．

理论探讨，2011（2）：78-81.

［362］涂俊，吴贵生．农业科技推广体系的“三重螺旋”制度创新——以宝鸡市农业专家大院为例［J］．研究与发展管理，2006，18（4）：117-122.

［363］涂圣伟．农民主动接触、需求偏好表达与农村公共物品供给效率改进［J］．农业技术经济，2010（3）：32-41.

［364］［荷］W．范登班，［澳］H．S．霍金斯．农业科技推广［M］．张宏爱译．北京：北京农业大学出版社，1990.

［365］万波．湖南省连续 13 年实现耕地占补平衡［N］．湖南日报，2013-03-08.

［366］万广华，程恩江．规模经济、土地细碎化与我国的粮食生产［J］．中国农村观察，1996（3）：31-36.

［367］汪锦军．构建公共服务的协同机制：一个界定性框架［J］．中国行政管理，2012（1）：18-22.

［368］汪三贵，刘晓展．信息不完备条件下贫困农民接受新技术行为分析［J］．农业经济问题，1996（12）：31-36.

［369］汪小勤，姜涛．基于农业公共投资视角的中国农业技术效率分析［J］．中国农村经济，2009（5）：79-86.

［370］汪旭，刘桂芝．农户参与农村公共产品供给：方式、前提条件与实现路径［J］．湖湘论坛，2014（5）：61-66.

［371］王艾敏．中国农村信息化存在“生产率悖论”吗？——基于门槛面板回归模型的检验［J］．中国软科学，2015（7）：42-51.

［372］王爱学．公共产品政府供给绩效评估理论与实证分析［D］．合肥：中国科学技术大学博士学位论文，2008.

［373］王爱学，肖朝阳，赵定涛．安徽省 17 个市公共产品政府供给绩效实证研究——基于 AHP 方法的分析［J］．财贸研究，2008（2）：76-84.

［374］王炳春．黑龙江省农业综合开发高标准农田建设研究［J］．北方经贸，2012（1）：45-46.

［375］王朝才，傅志华．“三农”问题：财税政策与国际经验借鉴［M］．北京：经济科学出版社，2004.

［376］王广起，张德升．我国农村基础设施供给机制的完善与创新［J］．经济纵横，2006（5）：29-31.

［377］王昊．甘肃农业基础设施供给问题研究——以农业物质基础设施为例［D］．兰州：兰州大学硕士学位论文，2006.

[378] 王红林，张林秀．农业可持续发展中公共投资作用研究——以江苏省为例［J］．中国软科学，2002（10）：21-25.

[379] 王济民．我国贫困地区农户技术应用行为的实证分析［J］．农业技术经济，1995（3）：20-24.

[380] 王建平．新时期小型农田水利设施管理模式探讨［J］．农业考古，2011（6）：241-245.

[381] 王金田，王学真，高峰．全国及分省份农业资本存量K的估算［J］．农业技术经济，2007（4）：64-70.

[382] 王俊岭，赵辉，单彦名．北京农村基础设施配置标准研究［J］．北京规划建设，2006（3）：25-27.

[383] 王奎武，吴金明．谈农业科技推广体制的调整战略［J］．湖南农业大学学报，1996（4）：398-401.

[384] 王蕾，朱玉春．基于农户视角的农村饮水供给效果评价［J］．农业技术经济，2013（2）：64-71.

[385] 王敏，田国双．我国农业基础设施建设对农业经济增长的影响分析［J］．东北农业大学学报（社会科学版），2011（6）：22-25.

[386] 王明昊，赵阳．准公共品供给机制与需求满意度的实证研究——以农村公路为例［J］．农业经济问题，2008（9）：77-82.

[387] 王树宝，陈文顺．“一事一议”政策与农田水利建设［J］．中国农村水利水电，2007（11）：37-38.

[388] 王栓全，邓西平，刘冬梅等．燕沟基本农田粮食稳产高产综合配套技术及试验示范［J］．干旱地区农业研究，2001，19（4）：26-31.

[389] 王思明．诱致性技术与制度变迁——论明清以来的中国农业［J］．古今农业，2002（1）：35-43.

[390] 王为农．努力实现“九五”农业增长目标［J］．农业经济问题，1995（8）：19-23.

[391] 王喜波．县域小型水利工程管理体制改革方向与措施［J］．中国水利，2004（2）：50-52.

[392] 王欣兰，闫宇光，刘艳春．辽宁政府农业投资与经济增长协整效应研究——基于向量自回归模型的分析［J］．地方财政研究，2011（10）：22-27.

[393] 王永莲．我国农村公共产品供给机制研究［D］．西安：西北大学博士学位论文，2009.

[394] 王育进．浅谈县域小型水利工程管理体制改革［J］．中国科技信

息，2006（3）.

［395］王志刚等．农业规模经营：从生产环节外包开始——以水稻为例［J］．中国农村经济，2011（9）：4-12.

［396］王自锋，孙浦阳，张伯伟，曹知修．基础设施规模与利用效率对技术进步的影响：基于中国区域的实证分析［J］．南开经济研究，2014（2）：118-135.

［397］温来成．目前我国城乡社区公共品供给方式的现实选择［J］．中国行政管理，2010（10）：81-84.

［398］温铁军，张林秀．社会主义新农村的基础设施建设与管理问题研究［M］．北京：科学出版社，2011.

［399］吴聪贤．农业推广学［M］．中国台北：台湾中正书局，1983.

［400］吴聪贤．农业推广学原理［M］．中国台北：台北联经出版事业公司，1988.

［401］吴方卫．我国农业资本存量的估计［J］．农业技术经济，1999（6）：34-38.

［402］吴海洋．高要求与硬任务迸发新动力——谈如何推进农村土地整治和建设 4 亿亩高标准基本农田［J］．中国土地，2011（10）：16-18.

［403］吴清华，周晓时，冯中朝．基础设施对农业经济增长的影响——基于 1995~2010 年中国省际面板数据的研究［J］．中国经济问题，2015（3）：29-37.

［404］吴清华，周晓时，冯中朝．基础设施降低了农业生产成本吗？——基于分位数回归方法［J］．华中农业大学学报（社会科学版），2014（5）：53-59.

［405］吴毅，杨震林．道中“道”：一个村庄公共品供给案例的启示——以刘村三条道路的建设为个案［J］．江西社会科学，2004（1）：30-33.

［406］［美］西奥多·舒尔茨．改造传统农业［M］．梁小民译．北京：商务印书馆，2007.

［407］夏国锋，乌家峰，王啸等．村庄类型与农民公共精神的差异性呈现［J］．西北农林科技大学学报（社会科学版），2013（3）：121-125.

［408］肖焰恒．我国农业技术应用的宏观取向与农户技术采用行为诱导［J］．科技导报，2002（5）：47-50.

［409］肖志成，刘兰芳，谷鹏飞．湖南省衡南县农田水利设施建设与管理的调查与分析［J］．中国农村水利水电，2012（11）：157-159.

［410］谢长青，钱文荣．我国小城镇基础设施规模经济效应研究［J］．农

业技术经济，2009（10）：59-66.

［411］谢海军，翟印礼．辽宁省农业基础设施水平与农村经济增长——基于 Panel Data 模型的实证分析［J］．农业技术经济，2008（4）：106-111.

［412］谢杰．工业化、城镇化在农业现代化进程中的门槛效应研究［J］．农业经济问题，2012（4）：84-90.

［413］谢里，曹清峰，隋杨．公共投资与全要素生产率：基于中国省际数据的经验研究［J］．财经理论与实践，2011（7）：99-103.

［414］谢小蓉，李雪．农业基础设施与粮食生产能力的实证研究——吉林省例证（1989~2012 年）［J］．学术研究，2014（7）：91-97.

［415］谢小蓉，李雪．农业基础设施与粮食生产能力的实证研究——吉林省例证（1989~2012 年）［J］．学术研究，2014（7）：91-97.

［416］解宗方．粮食生产过程中的不协调性分析——以河南省为例［J］．农业现代化研究，2012，33（3）：281-285.

［417］辛毅．农业生产成本与农村基础设施建设相关性的理论与实证分析［J］．价格理论与实践，2006（7）：46-47.

［418］邢新友．农村小型水利工程产权制度改革现状及对策［J］．陕西水利，2007（5）：22-24.

［419］熊巍．我国农村公共产品供给分析与模式选择［J］．中国农村经济，2002（7）：36-44.

［420］熊鹰等．湖南省生态经济分区及其发展研究［J］．经济地理环境，2003，12（4）：431-435.

［421］胥巍，曹正勇，傅新红．我国东、西部财政支农对农业经济增长贡献的比较研究——基于协整分析与误差修正模型［J］．软科学，2008，22（5）：95-99.

［422］徐成波，王薇，温立萍．小型农田水利工程运行管护中的主要问题和建议［J］．中国水利，2011（7）：23-25.

［423］徐崇波，梅国平．我国农村公共产品供给绩效评价实证分析——以江西省 80 个县（市）为例［J］．当代财经，2010（7）：19-24.

［424］徐淑红．农村基础设施投资效率研究［D］．哈尔滨：哈尔滨工业大学博士学位论文，2009.

［425］徐淑红．农村基础设施投资资本存量测算［J］．系统管理学报，2010（2）：177-190.

［426］徐勋华．农民采用先进农业科技的制约因素分析［J］．湖南农业大

学学报（社会科学版），2001（3）：22-24.

［427］许静波．我国农业基础设施建设的现状问题及对策［J］．东北农业大学学报（社会科学版），2011（2）：9-13.

［428］许庆，尹荣梁，章辉．规模经济、规模报酬与农业适度规模经营——基于我国粮食生产的实证研究［J］．经济研究，2011（3）：59-71.

［429］许耀祖等．试论农技推广［M］．南宁：广西民族出版社，1988.

［430］亚洲开发银行．公共支出管理［M］．北京：经济科学出版社，2001.

［431］晏强．粮食主产区农村基础设施投资效果研究［D］．长春：吉林大学博士学位论文，2014.

［432］杨发相，李国振，左恒治等．新疆阿勒泰地区中低产田及其改造措施［J］．干旱区地理，2000，23（3）：239-243.

［433］杨飞虎，周全林，伍琴．经济长周期内中国公共投资最优规模探析［J］．河南社会科学，2014，22（5）：48-55.

［434］杨林，韩彦平，孙志敏．公共财政框架下农村基础设施的有效供给［J］．宏观经济研究，2005（10）：56-59.

［435］杨骞，刘华军．中国二氧化碳排放的区域差异分解及影响因素——基于 1995~2009 年省际面板数据的研究［J］．数量经济技术经济研究，2012（5）：36-49.

［436］杨印生，张充．公共投资对粮食主产区农业生产率增长的驱动效应分析——基于吉林省 1989~2006 年数据的实证检验［J］．数理统计与管理，2010，29（4）：571-578.

［437］杨雪梅，王征兵．村干部在农村基础设施建设中的职能及博弈分析［J］．农村经济，2013（7）：109-112.

［438］杨雍哲．规模经营的关键在于把握条件和提高经营效益［J］．农业经济问题，1995（5）：15-18.

［439］杨子晖．经济增长、能源消费与二氧化碳排放的动态关系研究［J］．世界经济，2011（6）：100-125.

［440］姚旭兵，罗光强．农业经济增长与产业结构升级的互动关系研究——基于 PVAR 模型的实证分析［J］．湖南农业大学学报（社会科学版），2015（6）：7-11.

［441］姚依农．耕地警戒线前，湖南突围［N］．湘声报，2012-05-18.

［442］尹成杰．关于加强农业基础设施建设的思考［J］．中国特色社会主义研究，1999（4）：38-40.

［443］尹成杰．关于提高粮食综合生产能力的思考［J］．农业经济问题，2005（1）：5-9.

［444］尹雷，沈毅．农村金融发展对中国农业全要素生产率的影响：是技术进步还是技术效率——基于省级动态面板数据的 GMM 估计［J］．财贸研究，2014（2）：32-40.

［445］应加康，张松达．小型农田水利设施产权制度改革探索与实践［J］．浙江水利科技，2004（3）：86-87.

［446］应瑞瑶，潘丹．中国农业全要素生产率核算结果的差异性研究——基于 Meta 回归分析方法［J］．农业技术经济，2012（3）：47-54.

［447］于帝平，霍进臣，孙宝林等．辽东山区水土保持生态修复中坡地种植模式探讨［J］．中国水土保持，2006（3）：22-24.

［448］余国新，张建宏．水利基础设施建设与农业经济增长——基于新疆的实证分析［J］．乡镇经济，2008，24（6）：75-79.

［449］余佶．我国农村基础设施：政府、社区与市场供给——基于公共品供给的理论分析［J］．农业经济问题，2006（10）：21-24.

［450］俞雅乖．"一主多元"农田水利基础设施供给体系分析［J］．农业经济问题，2012（6）：55-60.

［451］苑德宇，陈工．政府公共投资、地区经济增长与效应差异——基于我国省际面板数据的经验分析［J］．财贸经济，2011（12）：37-45.

［452］曾福生，郭珍，高鸣．中国农业基础设施投资效率及其收敛性分析——基于资源约束视角下的实证研究［J］．管理世界，2014（8）：173-174.

［453］曾福生，郭珍．中国省际农业基础设施供给效率及影响因素研究——基于 DEA-Tobit 两步法的分析［J］．求索，2013（4）：5-8.

［454］曾福生，匡远配，周亮．农村公共产品供给质量的指标体系构建及实证研究［J］．农业经济问题，2007（9）：12-19.

［455］曾福生，李飞．农业基础设施对粮食生产的成本节约效应估算——基于似无相关回归方法［J］．中国农村经济，2015（6）：4-12.

［456］［美］詹姆斯·N. 罗西瑙．没有政府的治理［M］．张胜军，刘小林等译．南昌：江西人民出版社，2001.

［457］张兵，翁辰．农村金融发展的减贫效应——空间溢出和门槛特征［J］．农业技术经济，2015（9）：37-47.

［458］张朝华．农户农业基础设施需求及其影响因素——来自广东的证据［J］．经济问题，2010（12）：84-87.

［459］张从丽．基础设施与经济发展关系探析［J］．经济与管理，2008，22（6）：10-13.

［460］张光辉．农业规模经营与提高单产并行不悖——与任治君同志商榷［J］．经济研究，1996（1）：55-58.

［461］张光南，洪国志，陈广汉．基础设施、空间溢出与制造业成本效应［J］．经济学（季刊），2013，13（1）：285-304.

［462］张红宇．准确把握农业农村经济发展大趋势——关于若干问题的分析与判断［J］．农村工作通讯录，2011（1）：48-50.

［463］张军，高远，傅勇，张弘．中国为什么拥有了良好的基础设施？［J］．经济研究，2007（3）：4-19.

［464］张军扩．“七五”期间经济效益的综合分析——各要素对经济增长贡献率的测算［J］．经济研究，1991（4）：8-17.

［465］张军，吴桂英，张吉鹏．中国省际物质资本存量估算：1952～2000［J］．经济研究，2004（10）：35-44.

［466］张军，章元．对中国资本存量 K 的再估计［J］．经济研究，2003（7）：35-43.

［467］张林秀，罗仁福，刘承芳，Scott Rozelle．中国农村社区公共物品投资的决定因素分析［J］．经济研究，2005（11）：76-86.

［468］张萍．关于深化农业技术推广体制改革的思考与对策［J］．新疆农业科技，2007（2）：4.

［469］张淑欣．推进小型农田水利设施建设的财税政策［J］．西南农业大学学报（社会科学版），2011（3）：32-36.

［470］张晓波，樊胜根，张林秀等．中国农村基层治理与公共物品提供［J］．经济学（季刊），2003（4）：947-960.

［471］张学良．中国交通基础设施促进了区域经济增长吗？——兼论交通基础设施的空间溢出效应［J］．中国社会科学，2012（3）：60-77.

［472］张屹山，崔晓．资源、环境与农业可持续发展——物料平衡原则下的省级农业环境效率计算［J］．农业技术经济，2014（6）：21-30.

［473］张毅，牛冲槐．考虑地区技术差距的区域物流业生产率指数的研究——基于共同前沿 Malmquist 指数方法［J］．数理统计与管理，2013，32（6）：1100-1113.

［474］张玉霞．社会主义新农村建设中财政支农资金存在的问题及对策研究［J］．商场现代化，2008（5）：273-372.

[475] 张德元，钱海燕．对农村土地制度的再思考［J］．江西财经大学学报，2003（1）：41-43.

[476] 张梓明．关于基本建设资金监管问题的探讨［J］．广东财经职业学院学报，2002（4）：14-16.

[477] 章憐，姜丽．黑龙江省农业基础设施竞争力研究［J］．农场经济管理，2004（4）：23-24.

[478] 章之汶等．农业科技推广［M］．北京：商务印书馆，1936.

[479] 赵宏斌．改革开放以来中国农业技术进步率演进的研究［J］．财经研究，2004（12）：91-100.

[480] 赵纪昌．提高耕地质量建设高标准基本农田［J］．农机化研究，2006（1）：48-49.

[481] 赵俊．保障我国农业基础设施有效供给的财政政策分析［D］．天津：天津商业大学硕士学位论文，2011.

[482] 赵连阁，王学渊．农户灌溉用水的效率差异——基于甘肃、内蒙古两个典型灌区实地调查的比较分析［J］．农业经济问题，2010（3）：71-77.

[483] 赵龙群，孙希琪，孙明贞等．我国农民采用新技术的行为特点及其对策研究［J］．农业科技管理，1997（2）：42-45.

[484] 赵明华．农田水利建设的现状及措施［J］．中国新技术新产品，2010（1）：60.

[485] 赵伟，马瑞永，何元庆．全要素生产率变动的分解——基于 Malmquist 生产力指数的实证分析［J］．统计研究，2005（7）：37-42.

[486] 赵予新，宋璟璟，陈元姣．粮食核心生产区中小型农田水利设施建设融资问题研究［J］．农村经济与科技，2009（10）：67-68.

[487] 郑风田．农村基础设施投资体制改革的“双重两难”［J］．贵州社会科学，2010（7）：4-14.

[488] 郑云．中国农业全要素生产率变动、区域差异及其影响因素分析［J］．经济经纬，2011（2）：55-59.

[489] 周晓平．基于网络分析法（ANP）的小型农田水利工程治理绩效评价研究［J］．江苏农业学报，2009（6）：1400-1406.

[490] 周晓平．农田水利设施产权制度改革原理和制约性分析［J］．江苏农业科学，2009（6）：1-3.

[491] 周亚雄．基础设施、区域经济增长和区域差距的关系研究［D］．天津：南开大学博士学位论文，2013.

[492] 周衍平，陈会英．中国农户采用新技术内在需求机制的形成与培育——农业踏板原理及其应用［J］．农业经济问题，1998（8）：9-18.

[493] 朱明芬．农民工职业转移特征与影响因素探讨［J］．中国农村经济，2007（6）：9-20.

[494] 朱希刚，赵绪福．贫困山区农业技术采用的决定因素分析［J］．农业技术经济，1995（5）：18-26.

[495] 朱喜，史清华，盖庆恩．要素配置扭曲与农业全要素生产率［J］．经济研究，2011（5）：86-98.

[496] 朱信凯．农业是一个永恒的魅力产业［J］．农产品市场周刊，2013（12）：24-25.

[497] 朱玉春，唐娟莉，刘春梅．基于 DEA 方法的中国农村公共服务效率评价［J］．软科学，2010（3）：37-43.

[498] 朱玉春，唐娟莉，罗丹．农村公共品供给效果评估：来自农户收入差距的响应［J］．管理世界，2011（9）：74-80.

[499] 朱志刚．公共支出绩效评价研究［M］．北京：中国财政经济出版社，2003.

后　记

本书是我们承担的国家自然科学基金项目“农业基础设施供给绩效评价：基于双‘QE’框架”（项目编号：71273086）的最终研究成果，历时四年。

本书在介绍农业基础设施供给的理论框架及总结农业基础设施必要性的基础上，构建了基于“双 QE”框架的农业基础设施供给绩效评价体系。宏观研究和个案论证并举，深入探讨了农业基础设施的供给绩效。从农业基础设施的规模效应、技术效应、结构效应、成本节约效应及空间溢出效应等视角实证分析了农业基础设施对于农业经济发展的重要意义和价值；对农业基础设施供给绩效评价方式进行拓展，将现有研究中的单一供给效率评价拓展到数量、质量、效率和公平性的四维综合性评价，具有一定的理论创新价值。最后，建立了农业基础设施有效供给的多中心协同治理机制和实现模式，并以湖南省农业基础设施为研究对象，对小型农田水利、高标准农田建设和基层农技推广体系建设等问题做了相关个案研究，形成了系统的理论体系与政策建议。

本课题由曾福生教授主持，郭珍、李飞、夏玉莲作为主要成员参与课题研究。另外，匡远配教授、刘辉教授、何平均教授以及曾福生教授指导的博士、硕士研究生吕诚伦、段旭斌、邹念、黄伟南、王玥、罗超烈、张艺晟等也参与了课题的调研及相关章节的撰写工作。

农业基础设施建设问题内容博大，意义重大，我们课题组在这几年虽作了一些探索性研究，取得了部分阶段性成果，但尚有许多不足，请读者多多批评指正。我们将一如既往地以此为学术研究方向，不断探索前进。